Vorwort Dieses Lernbuch eignet sich für den Einsatz in allen Schulformen. Bei der Auswahl der Geräte, Maschinen, Systeme usw. wurden das Büro der Gegenwart und die Entwicklungstendenzen für die Zukunft berücksichtigt.

„Büro aktuell" ist als Nachfolger des bewährten Buches „Büro 2000" zu sehen. Die gründlichen Überarbeitungen berücksichtigen die neuen technischen Entwicklungen im Büro- und Computerbereich.

Der Aufbau des Buches trägt zur Motivation der Lernenden bei, jedes Hauptthema wird durch ein Beispiel aus der Berufspraxis eingeleitet. Die Problemlösungen mit Informationen, Lernimpulsen und Anwendungsmöglichkeiten geben sowohl dem Lehrer als auch dem Schüler einen guten Überblick. Die allgemeinen Informationen unter dem Leitwort „Wissenswertes" wurden abwechslungsreich gestaltet. Als Verbindung zwischen Theorie und Praxis sind die „Praxistipps" anzusehen. Kurze Merksätze vor den Aufgabenseiten sollen das Wesentliche „auf einen Blick" vermitteln.

Das Internet wurde als Informationsmedium stark einbezogen. Die Rubrik „Praxistipps und Internethinweise" enthält zahlreiche Internetseiten. Die Aufgabenseiten beinhalten Fragen und Probleme, die mithilfe des Internets gelöst werden können.

„Büro aktuell" ist in erster Linie nach methodischen und didaktischen Gesichtspunkten für die Anwendung im Unterricht konzipiert, es eignet sich jedoch auch für ein Selbststudium. Für jeden Anwendungsbereich wünsche ich viel Erfolg. Vorschläge und Anregungen nehme ich gern unter meiner E-Mail-Adresse santozki@yahoo.de entgegen. Gern sende ich Ihnen auch einen „Newsletter", der über die Neuerungen auf dem Gebiet der Bürotechnik informiert.

Fischbeck, im Frühjahr 2008 Klaus Santozki

Inhalt

43794

01

Problemlösungen mit Informationen, Lernimpulsen und Anwendungsmöglichkeiten zu folgenden Fragen:

> **Welche Faktoren wirken sich auf die Umwelt und Arbeitssicherheit im Büro aus?**

> **Welche Anforderungen sollte die Büroeinrichtung erfüllen?**

> **Welche Unterschiede sind bei den Arbeitsräumen der verschiedenen Abteilungen zu beachten?**

Aus der Berufspraxis Yvonne Kellermann, eine 17-jährige Schülerin, hat seit drei Tagen eine Praktikumsstelle in einem Büro und chattet abends mit ihrem Freund Tobias. Folgende Sätze, die sich auf die Arbeit im Büro beziehen, werden hier wiedergegeben:

Tobias: Wie gefällt es dir denn so?

Yvonne: Die Arbeit macht mir Spaß, aber es ist ein sehr kleiner Raum, in dem wir mit vier Personen arbeiten. Da geht es recht eng zu.

Tobias: Sind es Männer oder Frauen?

Yvonne: Es sind leider nur Frauen, eine ältere und zwei jüngere.

Tobias: Hey, hey – und unterhaltet Ihr Euch manchmal?

Yvonne: Ja klar, aber die haben auch oft Streit miteinander. Die Ältere möchte nicht, dass die Fenster geöffnet werden, obwohl es manchmal über 25 Grad im Raum und sehr stickig ist.

Tobias: Das ist ja schlimm, das wär' nichts für mich.

Yvonne: Mir gefällt es auch nicht so gut, denn ich habe keinen vernünftigen Computer. Die Anlage steht genau gegenüber vom Fenster und die Sonne spiegelt sich im Bildschirm. Außerdem ist der Bildschirm so hoch, dass ich mich ständig recken muss.

Tobias: Da siehst Du erst mal, wie gut Ihr es in der Schule habt.

Yvonne: Ja, das stimmt. Die Enge in dem Zimmer ist furchtbar. Meinen Schreibtisch – es ist ein ganz einfacher Tisch – und einen Hocker haben sie einfach in die Ecke dazugestellt.

Tobias: Naja, die Zeit geht auch vorüber und irgendwann kommst Du doch bestimmt in eine andere Abteilung?

Yvonne: Ja, nächste Woche werde ich in einem größeren Büro arbeiten, das ist das Großraumbüro der Verkaufsabteilung. Dort sollen fast 100 Mitarbeiter beschäftigt sein. Die Werte der Luft sollen mit einer Klimaanlage geregelt werden und der ganze Raum ist ohne Fenster. Ich habe schon gehört, dass es dort auch unzufriedene Mitarbeiter gibt. Mal sehen, wie es mir gefällt.

Tobias: Ja, Yvi, so ist das Berufsleben – es wird immer wieder zufriedene und unzufriedene Kollegen geben, aber die Gesetze und Regeln müssen eingehalten werden. Die Arbeit darf den Menschen nicht krank machen.

1.1 Umwelt und Arbeitssicherheit im Büro

Diese Lektion informiert Sie über:

- **die Beleuchtung am Arbeitsplatz**
- **das richtige Raumklima und sinnvollen Schallschutz im Büro**
- **die Wirkung von Farbgestaltung und Raumschmuck am Arbeitsplatz**
- **wichtige Grundlagen der Sicherheit am Arbeitsplatz**
- **Unfallursachen, Brandschutz und erste Hilfe im Büro**

mit Praxistipps und Internethinweisen

Wissenswertes

Probleme der Bildschirmanwender

Problem Nr. 1 ist die Blendung, die durch Reflexion des Tages- oder Lampenlichtes auf der Bildschirmoberfläche hervorgerufen wird. Die Folge sind überanstrengte Augen. Untersuchungen haben gezeigt, dass unmittelbar vor dem herkömmlichen Bildschirm elektrische Ladungen von bis zu 30 000 Volt auftreten können. Diese statische Aufladung – das Problem Nr. 2 – „schießt" Staubkörnchen gegen die Augen und das ist unangenehm. Das 3. Problem ist mangelnder Bildkontrast. Normale Bürobeleuchtung ist für die normale Büroarbeit gedacht, nicht für die Bildschirmarbeit.

Die Folge ist, dass der Kontrast auf dem Bildschirm durch zu helle Beleuchtung beeinträchtigt wird.

Die Lösung der Probleme kann durch besondere Filter vor dem Monitor erfolgen. Besonders geeignet sind Glasfilter mit vergüteter Oberfläche. Glasfilter beseitigen fast vollständig Blendungs- und Spiegelungserscheinungen. Glasfilter können die statische Aufladung bis zu 100 % reduzieren und verbessern den Bildkontrast entscheidend. Die Bildschirmfilter lassen sich zum Reinigen abnehmen.

Die größte Gefahr für Ihren Computer können Sie selbst sein!

Die statische Elektrizität kann zum Totalausfall führen! Im Winter wird es gefährlich: Die Zentralheizung entzieht der Luft sämtliche Feuchtigkeit; in wenigen Sekunden ist Ihr Körper mit 3 000 Volt aufgeladen. Statische Elektrizität ist ein Datenkiller, eine Gefahr für jede Diskette und jeden Personal Computer. Schutz bieten Luftbefeuchter, Matten mit eingebauter Erdungsleitung und Antistatik-Teppichboden.

Elektrostatik, die („ruhende" oder statische Elektrizität); Versuch: Kamm an Wolle reiben und Papierschnitzel hochziehen.

Gut beleuchtete Räume steigern die Leistungsbereitschaft.

1.1.1 Die Beleuchtung. Eine gleichmäßige Raumbeleuchtung ist Voraussetzung für ein angenehmes Lichtempfinden. Jede Art von Blendung ist zu vermeiden, weil dadurch die Unfallgefahr zunimmt. Die Arbeitsplätze sollen so angeordnet sein, dass die Lichteinfallrichtung keine Handschatten bildet, die auf der Arbeitsfläche stören.

Bei **Bildschirmarbeitsplätzen** sollte der Monitor so aufgestellt werden, dass er zum Fenster im rechten Winkel steht. Die Beleuchtung muss genügend hell, gleichmäßig, blend- und flimmerfrei sein. Das Sehvermögen der Mitarbeiter, die am Bildschirm sitzen, sollte von einem Arzt regelmäßig überprüft werden. Die Erstuntersuchung erfolgt vor der Aufnahme der Tätigkeit. Nachuntersuchungen sind in fünfjährigem Abstand, bei Personen über 45 Jahren in dreijährigem Abstand nötig.

1.1.2 Das Raumklima. Das Behaglichkeitsempfinden des Menschen hängt vom Raumklima ab und wechselt je nach Tätigkeit und Bekleidung. Das Klima im Büro setzt sich zusammen aus der Lufttemperatur, der Luftfeuchtigkeit, der Luftbewegung und der Strahlungswärme. Strahlungswärme geben Körper ab, die im Raum sind, z. B. Personen, Glühlampen, Computer.

Der menschliche Körper kann Klimaschwankungen bis zu einer bestimmten Grenze ausgleichen. Werden bestimmte Werte überschritten, fühlt man sich nicht mehr wohl, die Leistungsbereitschaft sinkt. Das Raumklima im Büro sollte folgenden Mittelwerten entsprechen:

- **Lufttemperatur: 21 °C (294 Kelvin)**
- **Luftbewegung: 0,1 m/s**
- **Luftfeuchtigkeit: 40 – 65 %**
- **Sauerstoffgehalt: 21 %**

Eine künstliche Klimatisierung ersetzt in Großraumbüros das natürliche Klima. Dabei erfüllen Klimaanlagen mehrere Aufgaben: Heizung, Kühlung, Luftbefeuchtung, Luftzusammensetzung, Luftentstaubung und Geruchsbeseitigung. Raumklimageräte können in kleinen und mittelgroßen Büroräumen installiert werden. Hauptschwierigkeiten der künstlichen Klimatisierung sind Ermüdungserscheinungen und erhöhte Infektionsanfälligkeit.

1.1.3 Der Schallschutz. Der Geräuschpegel ist für ein ungestörtes Arbeiten mitentscheidend. Zu laute Büroräume vermindern die Konzentrationsfähigkeit, häufige Fehler sind die Folge. Geräuschbelästigungen können von außen und im Büroraum selbst auftreten. Verschiedene Maßnahmen bekämpfen wirksam den Lärm:

- Teppichboden
- geräuschgedämpfte Bürogeräte
- Decken- und Wandverkleidungen
- Isolierverglasung
- Stellwände
- gegenseitige Rücksichtnahme

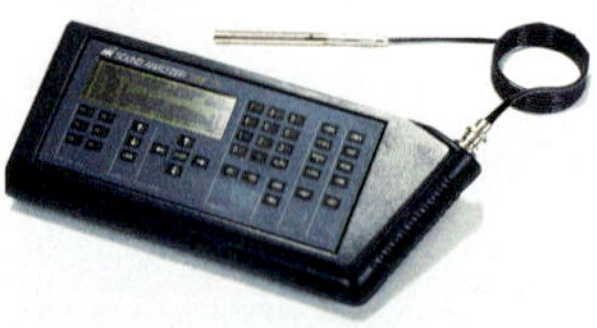

Mit einem Spezialgerät wie diesem wird der Schallpegel gemessen.

1 Dezibel (dB): Maß für den Schalldruck

Der Schallpegel sollte im Büro 55 bis 60 dB[1] nicht überschreiten. Dazu ein Vergleich: Flüstern erzeugt einen Schallpegel von 30 dB, lautes Rufen entspricht 80 dB.

1.1.4 Farbgestaltung und Raumschmuck

Farbe	Wirkung	häufige Gedankenverbindung
Rot	aktiv	Gefahr, Kraft
Gelb	heiter	Sonne, Freude
Grün	entspannend	Natur, Ruhe
Blau	beruhigend	Himmel, Meer
Weiß	klar	Unschuld, Hochzeit
Schwarz	absorbierend	Trauer, Tod

Farben und Raumschmuck tragen zum Wohlbefinden und zur Arbeitsfreude bei.

Farben wirken psychologisch unterschiedlich auf den Menschen. Farbkontraste üben eine belebende Wirkung in Arbeitsräumen mit eintönigen Tätigkeiten aus. Warme Farbtöne - z. B. Gelb, Rot, Orange und Grün - eignen sich für Räume mit wenig Sonnenlicht. Kalte Farbtöne - z. B. Blau - eignen sich für sonnendurchflutete Räume. Eine grüne Farbgestaltung wirkt beruhigend, z. B. in einem Raum mit starkem Besucherverkehr.

Ebenso wie zu Hause tragen Blumen, Pflanzen und Wandschmuck zum Wohlbefinden im Büro bei .

437912

1.1.5 Die Grundlagen der Arbeitssicherheit. Die Verhütung von Arbeitsunfällen und Berufskrankheiten ist Aufgabe der staatlichen Gewerbeaufsichtsbehörden und der Berufsgenossenschaften. Die Berufsgenossenschaft - eine Zwangsvereinigung von Unternehmern (Berufsgenossen) gleicher oder verwandter Gewerbezweige - ist Träger der gesetzlichen Unfallversicherung. Der Arbeitsschutz ist gesetzlich verankert.

Neben der Verhütung von Arbeitsunfällen sorgt die gesetzliche Unfallversicherung nach Eintritt eines Arbeitsunfalls für den Verletzten, die Angehörigen und Hinterbliebenen. Eine Entschädigung erfolgt durch Heilbehandlung des Verletzten, durch Berufshilfe (z. B. Umschulung) oder Geldleistungen (z. B. Unfallrente). Als Arbeitsunfälle gelten alle Unfälle im Betrieb. Auch Unfälle auf dem direkten Weg zum Arbeitsort und zurück gelten als Arbeitsunfälle. Immer, wenn Alkohol die allein wesentliche Ursache für den Unfall ist, geht der gesetzliche Versicherungsschutz verloren. Im Büro ist die Verwaltungs-Berufsgenossenschaft mit Sitz in Hamburg zuständig.

Gesetze	**Verordnungen**	**Sonstiges**
Grundgesetz	Gewerbeordnung	DIN
Jugendarbeitsschutzgesetz	Arbeitszeitverordnung	VDE
Mutterschutzgesetz	Arbeitsstättenverordnung	VDI[1]
Gerätesicherheitsgesetze	Arbeitsstoffeverordnung	DVGW[2]
Arbeitssicherheitsgesetz	Reichsversicherungsordnung	

1 Verein Deutscher Ingenieure
2 Deutscher Verein von Gas- und Wasserfachmännern

In allen Betrieben mit mehr als 20 Beschäftigten hat der Unternehmer unter Mitwirkung des Betriebsrates (bei Behörden: Personalrat) Sicherheitsbeauftragte zu bestellen, die bei der Durchführung der Unfallverhütung helfen.

1.1.6 Die Unfallursachen

Sturzunfälle	**Elektrizität**	**Sonstiges**
Stolperstellen	Leichtsinn	Glastüren
Boden falsch gepflegt	(220 V - oft tödlich)	Drehtüren
Treppen rutschig	defekte Geräte	Kleinigkeiten
falsche Leiter	schadhafte Geräte	kein Notausgang
	beschädigte Stecker	kein Feuerlöscher

Der **Brandschutz** in einem Betrieb sollte nicht vernachlässigt werden. „Ruhe ist die erste Bürgerpflicht." Auch wenn es brennt. Im Brandfall sollte erst einmal ruhig überlegt werden, ob statt des Notausgangs nicht der Feuerlöscher benutzt werden sollte. Das Feuer ist von oben nach unten zu bekämpfen. Wenn es wirklich einmal brennt, sollte man die Fenster und Türen schließen und das Gebäude auf dem gekennzeichneten Fluchtweg verlassen. Niemals sollte man den Aufzug benutzen, denn er könnte bei Stromausfall stehen bleiben.

Erste Hilfe ist kein Ersatz für ärztliche Hilfe, sondern eine Notwendigkeit, bis die richtige ärztliche Behandlung einsetzt. Eine richtig angewandte erste Hilfe kann lebensrettend sein. In jedem Betrieb stehen Fachleute zur Verfügung, die in erster Hilfe ausgebildet sind.

Praxistipps

- Es gibt „geerdeten“ Teppichboden, der eine elektrostatische Aufladung verhindert.
- Nach Möglichkeit sollte Tageslicht einer künstlichen Beleuchtung vorgezogen werden.
- Regulierbare Tischlampen vermeiden unpersönliche Helligkeit.
- Spezialglühlampen helfen beim Energiesparen.
- Wer langsam geht, kommt sicher zum Ziel.
- Die bundesweit einheitliche Telefonnummer für den Notruf ist 110, für Feuer 112.
- Der gesetzliche Unfallversicherungsschutz geht verloren, wenn man von und zur Arbeitsstelle - und dazu gehört auch die Schule - einen Umweg macht.

Internethinweise

Die Verordnung über **Arbeitsstätten** und das **Jugendarbeitsschutzgesetz** finden Sie im Internet auf folgender Seite: www.gesetze-im-internet.de/
Geben Sie unter „Titelsuche“ die o. a. Begriffe ein.

Auf einen Blick

- Beleuchtung, Raumklima, Schallschutz, Farbgestaltung und Raumschmuck beeinflussen das Wohlbefinden der Mitarbeiter und damit die Leistungsfähigkeit.
- Häufige Unfälle im Büro sind Sturzunfälle und der falsche Umgang mit Elektrizität. Wirksamer Brandschutz und Möglichkeiten der ersten Hilfe sind erforderlich.
- Die Arbeit am Bildschirm erfordert eine augenärztliche Betreuung der Mitarbeiter.
- Grundlagen der Arbeitssicherheit sind Gesetze, Verordnungen und sonstige Regelungen.

Aufgaben

1. Aus welchen vier Bestandteilen setzt sich das Raumklima im Büro zusammen?

2. Beurteilen Sie die Lichteinfallrichtung an Ihrem Arbeitsplatz bzw. an Ihrem Schülertisch.

3. Bei welcher Tätigkeit sollte Ihr Sehvermögen regelmäßig kontrolliert werden? Halten Sie dies für sinnvoll?

4. Diskutieren Sie folgende Aussagen.
   A: *„Ich könnte nie in einem Büro arbeiten, wo man die Fenster nicht öffnen kann."*
   B: *„Wenn Sie erst einmal im heißen Sommer die Vorzüge einer Klimaanlage schätzen gelernt haben, möchten Sie sie nicht mehr missen."*

5. Zählen Sie sechs Möglichkeiten für den Schallschutz im Büro auf.

6. Vergleichen Sie den Schallpegel eines Fahrzeuges (siehe Kfz-Schein) mit dem Schallpegel im Büro.

7. Erarbeiten Sie einen Entwurf zu dem Thema „Die optimale Farbgestaltung meines Arbeitsplatzes". Berücksichtigen Sie dabei die Aussagen der Übersicht von Seite 10.

8. Bei der Arbeit mit einem herkömmlichen Bildschirm können Probleme auftreten. Schreiben Sie diese Probleme auf und finden Sie eine Lösung.

9. Nennen Sie drei Situationen, wo Sie schon einmal die Wirkung von Elektrostatik festgestellt haben.

10. Beschreiben Sie in Ihrem Betrieb (Ihrer Schule) den Fluchtweg.

11. Was unternehmen Sie, wenn im Büro ein Papierkorb zu brennen beginnt?

12. Was sagt die folgende Abbildung hinsichtlich des Arbeitsplatzes aus? Welche Verbesserungsmöglichkeiten gibt es in diesem Fall?

13. Stellen Sie „10 Gebote für die Sicherheit im Büro" zusammen.

14. Welche Bedeutung hat die erste Hilfe?

15. Was bedeutet dieses Schild?

16. Ein Schüler macht nach der Schule einen Umweg zu einem Schnellimbiss. Dabei verunglückt er aus eigener Unachtsamkeit schwer. Bezahlt die gesetzliche Unfallversicherung die Heilkosten? Begründen Sie Ihre Meinung.

17. Welche Gesetze und Verordnungen befassen sich mit der Grundlage der Arbeitssicherheit? Zählen Sie je vier auf.

18. Was sagt die folgende Internetseite über die richtige Raumtemperatur, die richtige Luftfeuchtigkeit und Klimaanlagen unter der Suchanfrage „Wohlfühlen im Büro" aus? www.tk-online.de/

1.2 Die Büroeinrichtung

Diese Lektion informiert Sie über:

- die Bedeutung der Büroeinrichtung für den arbeitenden Menschen
- ergonomische Sitzmöbel für das Büro
- die Einrichtung eines Bildschirmarbeitsplatzes

mit Praxistipps und Internethinweisen

Wissenswertes

Keine Gesundheitsschäden durch Bildschirmstrahlung?
In einer Mitteilung der Weltgesundheitsorganisation (WHO) heißt es, dass Bildschirmstrahlung weder Augenkrankheiten noch Kopfschmerzen, Hautausschlag oder Fehlgeburten verursache. Die Strahlung der Bildschirme sei vernachlässigbar und nur „fehlerhafte Monitoren für Augen- und Kopfschmerzen" verantwortlich. Ungünstige ergonomische Rahmenbedingungen seien nach Ansicht der WHO an eventuellen Erkrankungen schuld: falsche Beleuchtung, falsche Haltung, schlechte Luft und falsche Zimmertemperatur.

Kreuzschmerzen mit 25 Jahren ...
Rita B.: „Wenn ich ein paar Stunden vor dem Monitor gesessen hatte, bekam ich regelmäßig Schmerzen im Kreuz, fast so schlimm wie bei einem Hexenschuss. Dann erhielt ich einen höhenverstellbaren Tisch und einen von Arbeitsmedizinern empfohlenen Stuhl. Ich wechsele die Arbeitshaltung so oft wie möglich. Seit dieser Zeit bleiben die Schmerzen aus. Auch arbeite ich aktiver und kreativer als früher."

Erkenntnisse über Systemmöbel
Möbel müssen sich räumlichen Gegebenheiten anpassen.
Möbel werden nicht jedes Jahr neu angeschafft.
Möbel müssen schön und zweckmäßig sein.
Möbel ziehen in ihrem Leben durchschnittlich zweimal um.
Möbel müssen sich ergänzen lassen.

Ergonomie:
Wissenschaft von der Anpassung der Technik an den Menschen zur Erleichterung der Arbeit. Ziel ist es, die Belastung des arbeitenden Menschen so gering wie möglich zu halten.

437916

1.2.1 Arbeitsstuhl und Arbeitstisch. Den **Arbeitsstuhl** gibt es mit und ohne Armstützen. Die Sitzmöbel müssen sich den Körperbewegungen anpassen und vermeidbare Unfälle sowie Körperschäden ausschließen.
Zahlreiche Gesetze, Normen, Richtlinien und Verordnungen berücksichtigen den Arbeitsstuhl als wichtige Ausstattung und Teil der Arbeitswelt. Grundlage ist die Norm DIN 4551 - Büro-Drehstuhl, deren Ausführungen die Voraussetzung für das GS-Zeichen (Geprüfte Sicherheit) sind.
Oftmals übertreffen die angebotenen Sitzmöbel die empfohlenen Mindestanforderungen der Norm. Zusätzliche Verstellmöglichkeiten sollen bestmögliche Anpassung des Arbeitsstuhles an den jeweiligen Benutzer garantieren.

Dieser Arbeitsstuhl übertrifft die Mindestanforderungen der Norm.

Anforderungen der Norm (Auswahl)
- Formgebung für alle Sitzhaltungen (Schreibhaltung vorne, Arbeitshaltung aufrecht, Ruhehaltung hinten)
- Untergestell mit 5 Rollen und Bremswirkung beim Aufstehen
- Stoßdämpfung beim Hinsetzen
- Kennzeichnung mit dem GS-Zeichen („Geprüfte Sicherheit")

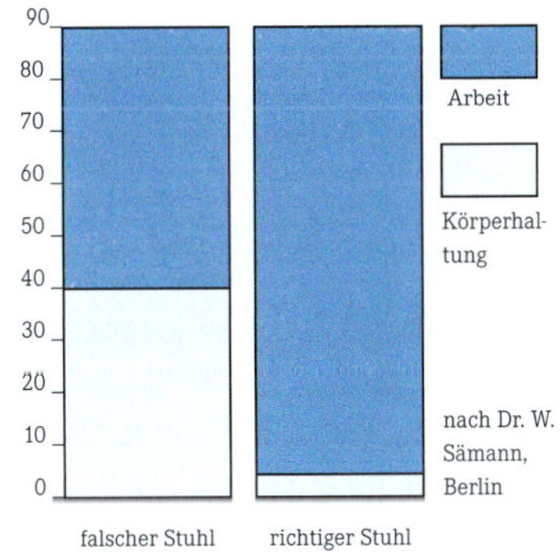

Ein falscher Stuhl mindert die Arbeitsleistung durch Energieaufwendung für die Körperhaltung.

Dieser Arbeitstisch erscheint auf den ersten Blick sehr einfach, er entspricht aber in jedem Fall der Norm.

An den **Arbeitstisch** nach DIN 4543 werden ergonomische Anforderungen hinsichtlich Arbeitsfläche, Stabilität und Höhe gestellt.

Anforderungen der Norm (Auswahl)
- Arbeitsfläche mit mindestens 160 x 80 cm
- Oberfläche frei von Reflexionen und Spiegelungen
- Höhenverstellbarkeit
- ausreichende Beinraumbreite (mindestens 58 cm) und Beinraumhöhe (mindestens 65 cm)

1.2.2 Bildschirmarbeitsplatz. Für den **Bildschirmarbeitsplatz** gilt die folgende Aussage ganz besonders: „Je qualifizierter die Arbeit ist, umso ergonomischer müssen die Arbeitsbedingungen sein."

Worauf muss besonders geachtet werden?

- Durch höhenverstellbare Tischplatten wird für jede Körpergröße eine ideale Sitzhaltung erreicht.
- Eine zusätzliche Neigung der Tischplatte verbessert die Sicht- und Zugriffsebenen.
- Geräumige Kabelkanäle für Energie- und Informationsumleitungen machen Schluss mit dem „Kabelsalat". Aufsatzelemente in der „3. Ebene" - z. B. Telefonschwenkarm, schwenkbarer Bildschirm, Papierablage - halten die Arbeitsflächen frei.
- Der Monitor muss flimmerfrei sein.
- Der Monitor muss den wissenschaftlichen Erkenntnissen und Vorschriften hinsichtlich Entspiegelung, Strahlungsintensität, Flimmerfreiheit, Kontrast, Leuchtdichte, Zeichenverzerrung und ergonomischer Gestaltung entsprechen.

Die ständige Anpassung an veränderte Büro- und Kommunikationstechniken erfordert zukunftssichere Systemmöbel in Modulbauweise. Diese bausteinförmige Bauweise erlaubt das Zusammenlegen oder Teilen vom einfachen Arbeitsplatz bis zur Bürolandschaft.

Für die richtige Sitzhaltung am Bildschirm sind folgende Punkte wichtig:

- Aufstellen der Geräte entsprechend dem Arbeitsablauf, Arbeitsmittel mit dem häufigsten Blickkontakt in die Mitte
- Sehabstand von Augen zum Bildschirm 45 bis 70 cm
- Tastatur in Höhe des waagrecht ausgestreckten Unterarmes
- Benutzen von Vorlagenhalter (Konzepthalter) und Fußstütze

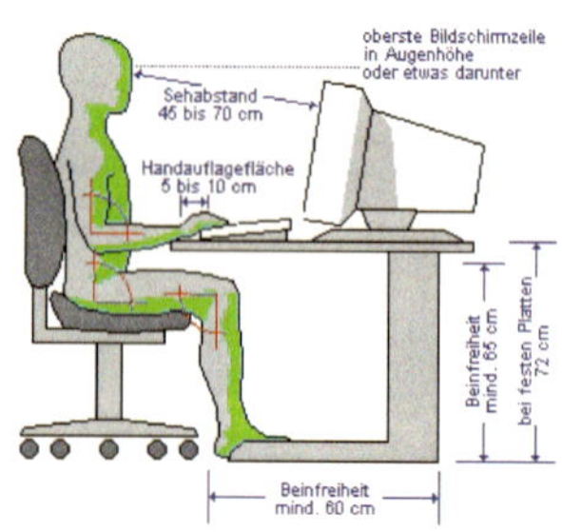

Direktblendung, d. h. der direkte Blick in eine Lichtquelle, muss am Bildschirmarbeitsplatz vermieden werden.

Reflexblendung, d. h. die Spiegelung von sehr hellen Flächen (Leuchten, Fenster), sollte an der Bildschirmoberfläche ausgeschlossen sein. Das nebenstehende Beispiel zeigt, wie die Beleuchtungsquellen unter Berücksichtigung des Bildschirms angeordnet sein sollten.

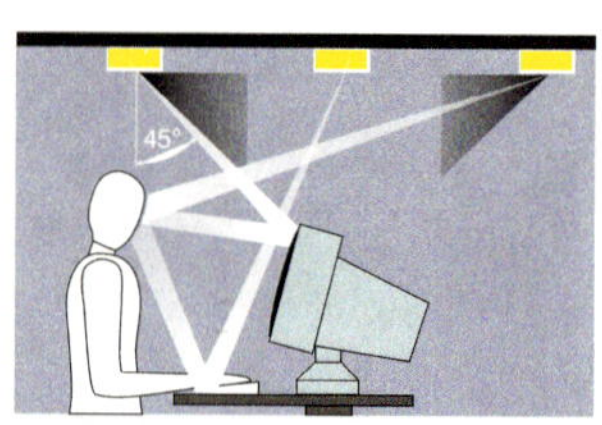

Der **Gesundheitsstuhl** geht auf die ursprüngliche Sitzhaltung zurück. Arbeitsmediziner stellen diesem Stuhl ein ausgezeichnetes Zeugnis aus.

Untersuchungen haben gezeigt, dass beim Sitzen auf herkömmlichen Sitzmöbeln die Bandscheiben 50 % höher belastet sind als beim Stehen. Der Gesundheitsstuhl bringt die Wirbelsäule in gleich günstige Stellung wie beim Gehen und Stehen. Daneben befreit der Stuhl die inneren Organe vorm „Sitzknick".

Ein **Stehpult** beseitigt alle negativen Einwirkungen, die durch das Sitzen entstehen. Als Alternative zu ständig sitzender Tätigkeit entlastet es die Rückenmuskulatur und bringt den Kreislauf in Bewegung. Bei folgenden Arbeitsabläufen kann es eingesetzt werden:

- Telefonieren
- Postbearbeitung
- Aktenzugriff
- interne Kommunikation

Wenn das Stehpult in der Höhe verstellbar ist, lässt es sich sowohl für Tätigkeiten im Sitzen als auch im Stehen einsetzen.

1.2.3 Prüfzeichen. Bei der Vergabe von Prüfzeichen für EDV-Produkte und Produkte der Büroausstattung berücksichtigt man folgende Kriterien: Ergonomie, Emissionen, elektromagnetische Felder, Energieverbrauch und ökologische Aspekte. Hier eine Auswahl von Prüfzeichen:

TCO Development
TCO'07
HEADSETS
www.tcodevelopment.com

DER BLAUE ENGEL
JURY UMWELTZEICHEN

Praxistipps

- Bei einer nach oben gehaltenen Hand beim Schreiben ist die Gefahr einer Sehnenscheidenentzündung wesentlich größer als bei einer waagerecht oder nach unten gehaltenen Hand.
- Von Vorteil für das Auge ist, wenn der Sehabstand variiert wird. Vorlage und Bildschirm sollten nicht in der gleichen Entfernung sein.
- Bei Bürodrehstühlen und -sesseln darf der Austausch von Gasfedern nur durch eingewiesenes Personal erfolgen.
- Ungepolsterte Stühle entsprechen nicht den arbeitsmedizinischen Erfordernissen im Bürobereich.
- Normgerechte bzw. geprüfte Gegenstände erkennt man z. B. an den Zeichen DIN, GS und VDE (Verband Deutscher Elektrotechniker).
- Möbel im Baukastenprinzip sind zukunftssicher.
- Wohlbefinden und Leistungssteigerung lassen sich durch eine wechselnde Arbeitshaltung erreichen.

Internethinweise

Die Verordnung über Sicherheit und Gesundheitsschutz bei der Arbeit an Bildschirmgeräten des Bundesministeriums der Justiz wird auf folgender Internetseite veröffentlicht: www.gesetze-im-internet.de/

Über das Thema „Arbeiten mit Bildschirmgeräten" können Sie sich auf der folgenden Internetseite informieren: www.bge.de/

Über Flachbildschirme als Beitrag zur Arbeitsplatzergonomie finden Sie Informationen von der Berufsgenossenschaft Druck und Papierverarbeitung auf folgender Internetseite: www.bgdp.de

Das Thema „Ergonomie" steht im Mittelpunkt der folgenden Internetseite: www.ergonetz.de/
Hier können Sie u. a. auch eine Prüfliste für Bildschirmarbeitsplätze einsehen.

Auf einen Blick

- Wer rund ein Drittel des Tages im Büro verbringt, sollte optimale Arbeitsbedingungen haben – dazu gehören ergonomische Büromöbel.
- Die richtige Sitzhaltung ist am Bildschirmarbeitsplatz besonders wichtig.
- Falsche Arbeitsstühle vermindern die Leistung durch Energieaufwendung für die Körperhaltung.
- Achten Sie darauf, dass die Arbeitsmittel den neuesten wissenschaftlichen Erkenntnissen entsprechen.

Aufgaben

1. Erklären Sie kurz mit Ihren Worten den Begriff „Ergonomie".

2. Schreiben Sie fünf Maßnahmen auf, um Gesundheitsschäden bei sitzender Bürotätigkeit möglichst zu vermeiden.

3. Zählen Sie vier Anforderungen auf, welche die Norm an einen Bürodrehstuhl stellt.

4. Geben Sie die Aussage des Diagramms (grafisches Schaubild) der Seite 17 wörtlich wieder.

5. Für welchen Stuhl würden Sie sich entscheiden: herkömmlicher Bürodrehstuhl oder Gesundheitsstuhl?
   Begründen Sie Ihre Entscheidung.

6. Erklären Sie folgende Begriffe:
   a) DIN
   b) VDE
   c) 3. Ebene
   d) Konzepthalter
   e) Modulbauweise
   f) Monitor
   g) Sehabstand
   h) Reflexblendung
   i) Direktblendung

7. In der Regel befinden sich die Herstellerangaben eines Bürodrehstuhles unter der Sitzfläche. Untersuchen Sie einmal Ihren Drehstuhl und beurteilen Sie ihn aus ergonomischer Sicht.

8. Welche Stühle entsprechen nicht den arbeitsmedizinischen Erfordernissen im Bürobereich?

9. Durch welche einfache Maßnahme lassen sich Wohlbefinden und Leistungssteigerung erreichen?

10. Welche Möbelart ist zukunftssicher?

11. Wie kann dem Ermüden der Augen bei einer Bildschirmtätigkeit entgegengewirkt werden?

12. Wie lässt sich eine Sehnenscheidenentzündung vermeiden?

13. Beschreiben Sie die Mängel an dem Arbeitsplatz der folgenden Abbildung:

14. Welche vier Punkte sind für die richtige Sitzhaltung am Bildschirm von Bedeutung?

15. Welche Kriterien werden bei der Vergabe von Prüfzeichen für EDV-Produkte und Produkte der EDV-Ausstattung berücksichtigt?

16. Was sagt der § 4, Absatz 1, der Verordnung über Sicherheit und Gesundheitsschutz bei der Arbeit an Bildschirmgeräten aus?

17. Welche wichtige Aussage verdeutlicht die Überschrift der folgenden Internetseite? www.bgdp.de/pages/arbeitsicherheit/grundinfo/bildschirmarbeit/tft-2002-6-S16.htm

1.3 Der Arbeitsraum

Diese Lektion informiert Sie über:

- die unterschiedlichen Möglichkeiten, einen Arbeitsplatz einzurichten
- die Mustereinrichtungen für das Management, das Sekretariat, die Auftragsbearbeitung, die Sachbearbeitung und das Callcenter
- den Multimedia-Arbeitsplatz
- die Vor- und Nachteile von Kleinraum- und Großraumbüros
- die Vorteile des Raum-im-Raum-Systems
- mögliche Auswirkungen eines Büroraumes auf das Leistungsvermögen und das Wohlbefinden der Mitarbeiter

mit Praxistipps und Internethinweisen

Wissenswertes

Aus der Website eines Herstellers
Es muss bei der Umsetzung neuer Arbeitskonzepte und bei allem sinnvollen Drang nach Vereinfachung natürlich nach wie vor auf die Arbeitsplatzergonomie geachtet werden. [...] Die Gefahren, die durch einseitige Haltungen, falsch aufgestellte Geräte und Bewegungsmangel entstehen, werden im Büro der Zukunft nicht automatisch verschwinden. Man kann nur hoffen, dass diese Erkenntnis bei der Weiterentwicklung der heute viel diskutierten Bürovisionen nicht unter die Räder kommt.

„Die positive Auswirkung eines optimalen Arbeitsraumes liegt eher im psychologischen und medizinischen Bereich und lässt sich kaum errechnen."

An alle Niederlassungen
Die in der Norm festgelegte Höhe für Schreibtische beträgt 72 cm. Zahlreiche Erhebungen zeigen jedoch, dass dieses Maß vor allem für groß gewachsene Menschen häufig zu niedrig ist. Deshalb hat sich die Geschäftsleitung entschlossen, nur noch höhenverstellbare Tische im Büro anzuschaffen.
gez. Ulrike Winter

„Sehr geehrte Damen und Herren,
leider ist es mir aus gesundheitlichen Gründen nicht mehr möglich, bei Ihnen tätig zu sein. Die Einflüsse des Großraumbüros machen mich krank. Aus diesem Grund kündige ich hiermit mein Arbeitsverhältnis zum ..."

437922

1.3.1 Das Management. Planen, entscheiden, verantworten, motivieren – das sind grundlegende Tätigkeiten des Managements. Entscheidung und Verantwortung erfordern Ruhe. Planung und Motivation erfordern ein Gespräch mit Gedankenaustausch. Vollkommene Abschirmung und die Möglichkeit, ein Gespräch auch in größerer Runde ungestört führen zu können, bestimmen die Einrichtung des Büroraums.

1.3.2 Das Sekretariat. Die Tätigkeit im Sekretariat ist sehr vielseitig: Terminverwaltung, zweites Gedächtnis, Nachrichtensammlung mit gezielter Weitergabe, Gesprächspartner für wichtige Lieferer und Kunden. Diese Bürosituation muss zusätzlichen Kommunikationsaufgaben gerecht werden und gleichzeitig soll das Sekretariat aufgeräumt wirken. Im Sekretariat fällt viel Korrespondenz an. Die Einrichtung soll den Arbeitsfluss sinnvoll gliedern.

1.3.3 Die Auftragsbearbeitung. Fakturierung ist in der Regel „Langzeitarbeit am Bildschirm". Entsprechend muss den typischen Belastungsproblemen durch einen Wechsel der Arbeitshaltung vorgebeugt werden. Weiterhin ist ein „Papiermanagement" notwendig. Kundenbestellung, Auftragsbestätigung, Lieferschein, Preislisten, Kataloge müssen zur Hand sein, um alle Informationen in eine Rechnung umzuwandeln. Der Personal Computer steht im Vordergrund, ausreichende Ablageflächen sind notwendig.

1.3.4 Die Sachbearbeitung. Miteinander arbeiten bedeutet miteinander reden. Der zwanglose Austausch von Sachinformationen kennzeichnet die Sachbearbeitung in einem Team. Auch wird einmal ein privates Wort gewechselt. Um die Kommunikation nicht zu stören, gilt folgende Anforderung für die Arbeitsplatzgestaltung: So viel Kontakt wie nötig und so viel Abschirmung wie möglich. Eine durchdachte Verkabelung erlaubt z. B. den Einsatz eines Druckers für mehrere Personal Computer.

1.3.5 Das Callcenter. In einem Callcenter wird alles erledigt, was mit Kommunikation zusammenhängt. Der Betrieb von Telefon und Computer muss gewährleistet sein. Jeder Mitarbeiter braucht neben den technischen Einrichtungen einen abgeschirmten Arbeitsplatz, um ungestörtes Arbeiten zu gewährleisten.

1.3.6 Der Multimedia-Arbeitsplatz

Zunächst ist es nur ein Prototyp, der rechts abgebildete Multimedia-Arbeitsplatz. Vielleicht wird er eines Tages zur Wirklichkeit.

Können Sie sich vorstellen in Zukunft so zu arbeiten?

Wenn nicht alles in die Praxis umgesetzt wird, sind sicher einzelne Ideen dabei, die das Arbeitsleben der Zukunft prägen. Auf jeden Fall werden hier die neuzeitliche Technik und Ergonomie in idealer Weise miteinander verbunden.

Der abgebildete Arbeitsplatz besteht aus einem Sitz-Liege-Element mit einem in der Armlehne integrierten Touch-Screen und einem Plasmadisplay. Damit eignet er sich für zeitweiliges, entspanntes Arbeiten und Navigieren parallel in mehreren Dokumenten und Informationskanälen sowie kreative Meetings und Videokonferenzen.

Dieser Sitz-Liege-Arbeitsplatz bietet jedem Nutzer die Möglichkeit, die jeweils für ihn beste Arbeitsposition einzunehmen. Dies ermöglicht Bezug aus Gelkissen, die sich flexibel an den Körper anpassen. Dadurch gelingt es, die Konzentration zu fördern und die Arbeitsqualität zu steigern.

437924

Folgende Merkmale hat der Multimedia-Arbeitsplatz:

- **Anwenderfreundliches Arbeiten**
  am Touch-Screen durch Einsatz eines Stiftes bzw. Fingers für die Benutzerführung und Einleitung der Programmfunktionen.
- **Videopräsentation**
  Digitale und analoge Videos können abgerufen, gezeigt und verarbeitet werden.
- **Videokonferenz**
  Durch Berühren von Darstellungen auf einem Plasmadisplay kann das System gesteuert und eine Videokonferenz eingeleitet werden. Man sieht nicht nur seine Konferenzpartner, die sich in jedem Ort der Welt befinden können, sondern es ist auch „document sharing", möglich. Dadurch besteht die Möglichkeit, dass Dokumente gleichzeitig von mehreren Personen, die örtlich voneinander getrennt sind, audiovisuell ausgewertet werden können.
- **Beschallung**
  Durch Richtlautsprecher wird eine zentrale und zielgerichtete Tonverteilung und somit eine professionelle akustische Kommunikation erreicht.
- **Internetdarstellung**
  Die aufgerufenen Internetseiten erscheinen „Fullscreen", das heißt in Bildschirmgröße und Wandprojektion. Das ermöglicht ein genaues und ermüdungsfreies Betrachten.

1.3.7 Das Kleinraumbüro. Das Kleinraumbüro (Zellenbüro) besteht aus Ein- oder Mehrpersonenräumen, die von einem oder mehreren Gängen aus betreten werden können. Viele Behörden oder kleine Unternehmen haben Kleinraumbüros, die sich oftmals in Altbauten befinden.

Der **Einpersonenraum** hat den Vorteil, dass konzentriertes Arbeiten ebenso möglich ist wie das Führen von vertraulichen Gesprächen.

Von Nachteil ist die mangelhafte Kommunikation mit Kollegen und Mitarbeitern. Außerdem können lange Wegezeiten auftreten, z. B. beim Gang zum Kopier- oder Faxgerät.

Der **Mehrpersonenraum** ist vorteilhaft, wenn gleiche Arbeit von mehreren Mitarbeitern erledigt werden soll. Jeder Mitarbeiter hat Verbindung zu seiner Gruppe. Auch die Raumausnutzung ist günstiger als bei einem Einpersonenraum.

Nachteilig können Geräusche von Mitarbeitern und Büromaschinen sein. Telefongespräche und Besucher wirken störend. Auch kann es zu Beleuchtungsproblemen kommen, wenn zwei Schreibtische gegeneinander an einem Fenster aufgestellt werden.

1.3.8 Das Großraumbüro. Um 1960 wurden viele Kleinraumbüros durch ein **Großraumbüro** ersetzt. In einem Raum von mindestens 400 m² waren die Arbeitsplätze nach Abteilungen überwiegend reihenförmig angeordnet. Viele Arbeitsplätze waren auf einer großen, zusammenhängenden Bürofläche ohne bauliche Unterteilung untergebracht. Zahlreiche Mitarbeiter litten unter der Beziehungslosigkeit zur Außenwelt. Auch gab es akustische, klimatische und beleuchtungstechnische Probleme. Untersuchungen haben gezeigt, dass Großraumbüros teurer sind als herkömmliche Büros. Heute ist bekannt, dass die Baukosten von klimatisierten Großraumbüros 20 %, die Betriebskosten sogar 85 % höher sind als bei entsprechenden Kleinraumbüros ohne Klimaanlage. Wegen Krankheit häufig fehlende Mitarbeiter waren ein typisches Merkmal der damaligen Großraumbüros.

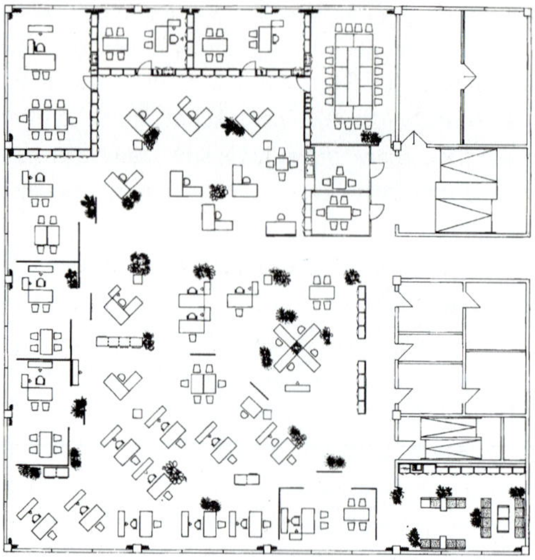

Nicht jeder Mitarbeiter fühlt sich in einem klimatisierten Großraumbüro wohl.

1.3.9 Das Raum-im-Raum-System. Die Weiterentwicklung des Großraumbüros führt über die **Bürolandschaft** mit Pflanzen und Sichtschutz zum **Raum-im-Raum-System**. Bewegliche Einrichtungselemente lassen sich so anordnen, dass konzentriertes Arbeiten bei Gruppenkontakt möglich ist.

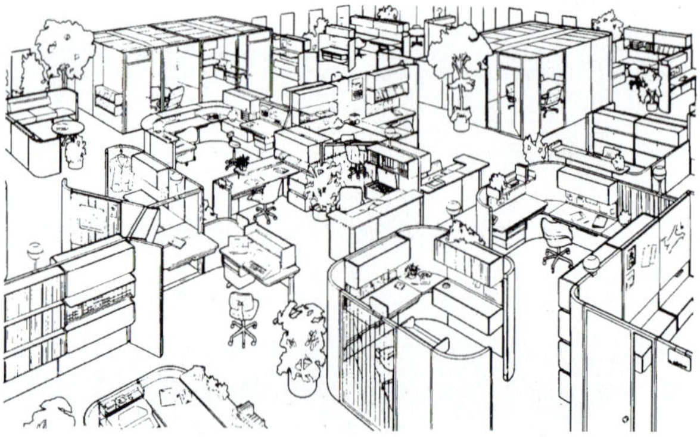

Das Raum-im-Raum-System entstand aus dem Großraumbüro.

Das Raum-im-Raum-System hat wesentliche Vorteile gegenüber anderen Raumformen:

- Arbeitsgruppen mit abgeschirmten Arbeitsplätzen
- Möglichkeit der Anpassung an veränderte Arbeitsformen
- Anpassung an technische Neuerungen
- Zufriedene Mitarbeiter

437926

Praxistipps

- Wohlbefinden, Motivation und Leistungsfähigkeit eines Mitarbeiters hängen entscheidend von seinem persönlichen Empfinden der Bürogestaltung ab.
- Vor dem Einrichten eines Arbeitsplatzes muss über den Tätigkeitsschwerpunkt nachgedacht werden, um für typische Anforderungen entsprechende Lösungen zu finden.
- Ein geringeres Einkommen in einer angenehmen Umgebung kann mehr Wert sein als ein höheres Einkommen in unpersönlicher Atmosphäre.

Internethinweise

Über die verschiedenen Raumformen in einem Büro informiert die folgende Internetseite in sehr anschaulicher Weise unter folgenden Links: Planen – Räume – Büroraumformen: www.buero-forum.de/

Auf einen Blick

- Der Tätigkeitsschwerpunkt bestimmt die Arbeitsplatzgestaltung ebenso, wie persönliches Empfinden der Mitarbeiter.
- Bei dem „Raum-im-Raum-System“ bilden bewegliche Einrichtungsgegenstände persönliche Arbeitsbereiche.
- Neben den Einpersonen- und Mehrpersonenräumen gibt es das Großraumbüro.
- Eine störungsfreie Verbindung bei gleichzeitiger Konzentration ist in einem Großraumbüro erforderlich.

Aufgaben

1. „Eine optimale Einrichtung am Arbeitsplatz motiviert die Mitarbeiter.“ Diskutieren Sie diese Aussage.

2. Wovon wird die Büroeinrichtung der Zukunft in starkem Maße beeinflusst?

3. Nach der Norm beträgt die Höhe eines Büromaschinentisches 65 cm. Was halten Sie davon?

4. Gestalten Sie eine Tabelle nach folgendem Muster:

Abteilung / Merkmale	Tabellenkopf	→
Vorspalten ↓	Tabellenfeld	Tabellenfeld

   Tabellenkopf: Management, Sekretariat, Sachbearbeitung, Auftragsbearbeitung, Callcenter

   Vorspalten: Optische Abschirmung, Akustische Abschirmung, Besuchergespräche, Computer-Einsatz

   Ergänzen Sie die Tabellenfelder entsprechend mit „ja“ oder „nein“.

5. Welche Tätigkeiten sind typisch für folgende Bereiche: Management, Sekretariat, Sachbearbeitung, Auftragsbearbeitung, Callcenter?

6. Welche Funktionalitäten lassen sich mit einem Multimedia-Arbeitsplatz präsentieren?

7. Bei welcher Raumart liegen die Betriebskosten 85 % höher als bei einem Kleinraumbüro?

8. Vergleichen Sie die Vor- und Nachteile von einem Einpersonenraum mit einem Mehrpersonenraum. Wofür würden Sie sich entscheiden?

9. Um welche Raumform eines Büros handelt es sich bei der folgenden Abbildung?

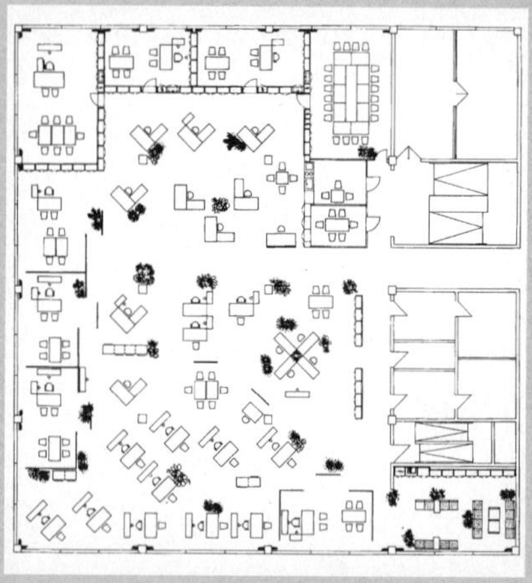

10. Beschreiben Sie stichwortartig ein Raum-im-Raum-System.

11. Bei der Kündigung auf Seite 20 handelt es sich um eine qualifizierte Mitarbeiterin. Sehen Sie eine Möglichkeit, die Mitarbeiterin zur Weiterarbeit zu bewegen? Geben Sie dazu Vorschläge an.

12. Welche beiden Schwerpunkte beeinflussen das Einrichten eines Arbeitsplatzes.

13. Wählen Sie drei typische Bürotätigkeiten aus und skizzieren Sie dazu je einen Arbeitsplatz – Anordnung und Art der Möbel – nach Ihren Wünschen.

14. Die Befürworter und die Gegner des Großraumbüros konnten sich bis heute nicht einigen. Welche Argumente haben Sie – für oder gegen – ein Großraumbüro?

15. Welche Vor- und Nachteile des Großraumbüros werden auf der folgenden Internetseite genannt: www.biw.fhd.edu/alumni/2001/muhr/entwurf/bueroraumtypen.htm

02

Problemlösungen mit Informationen, Lernimpulsen und Anwendungsmöglichkeiten zu folgenden Fragen:

> **Wie wird Papier hergestellt?**

> **Welche Gebrauchsformen und Gewichte spielen eine Rolle?**

> **Welchen Einfluss haben die DIN-Normen?**

> **Was ist bei der Gestaltung von Vordrucken zu beachten?**

Aus der Berufspraxis Miriam Brunner ist Auszubildende in einer Druckerei und soll eine kleine Ausstellung zum 50-jährigen Firmenjubiläum vorbereiten. Sie möchte das Thema „Papier von der Entstehung bis zum fertigen Druck" präsentieren. Durch ihre Recherchen im Internet findet sie vom Atelier für Papierdesign die Seite http://www.papierdesign.de und wählt unter „Projekte" die Option „Papierschöpfen". Einen Teil ihres Urlaubs verbringt sie damit, die einzelnen Schritte nachzuvollziehen, und hat als Ergebnis der Schritt-für-Schritt-Anleitung kleine Papierkunstwerke. Diese Arbeit soll die Grundlage für ihre Ausstellung sein. Daneben erfährt sie wichtige Einzelheiten über die Normung. Sie ist schon ganz gespannt, denn ihr Berufsschullehrer hat angekündigt, dass er in den nächsten Stunden das Thema „Vordrucke" mit ihrer Klasse erarbeiten möchte. Darin sieht sie eine hervorragende Ergänzung für ihre Präsentation. Sie ist richtig stolz darauf, dass sie das Thema „Papier" so ausführlich darstellen kann. Mit Vordrucken kennt sie sich noch nicht aus, sie weiß aber, dass ein Vordruck ein genormtes Papier ist, das mit einem Aufdruck für das spätere Ausfüllen versehen ist. Ihr Chef ist nach ihrem Bericht von der ganzen Sache begeistert und kündigt ihr eine Woche zusätzlichen Urlaub für ihre Idee und die Verwirklichung an.

2.1 Das Papier

Diese Lektion informiert Sie über:

- **die Papierherstellung und die Papierformate**
- **die wichtigsten Büropapiere**
- **verschiedene Arten von Briefhüllen**
- **das Thema „Papier und Umwelt"**

mit Praxistipps und Internethinweisen

Wissenswertes

Recycling auch im Büro?
Recycling bildet einen wichtigen Faktor zur Verringerung der Abfallmengen. Daneben werden teure Rohstoffe und Energie eingespart.
Wieder verwertbar sind u.a. Papier, Glas, Metalle und einige Kunststoffe. Voraussetzung für Recycling ist die Trennung des Mülls.
Dies kann im Büro am Arbeitsplatz erfolgen. Erforderlich ist ein zweiter, „grüner" Papierkorb für wieder verwertbares Papier. Weiterhin sollte ein Behälter für Sondermüll vorhanden sein, denn ausgediente Farbbänder und Tonerpatronen gehören unter keinen Umständen in den Hausmüll.

Über 150 kg Papier, Karton und Pappe verbraucht der Bundesbürger in einem Jahr – Jahr für Jahr.

Zur Vereinfachung des Briefversandes wurden die in der Norm DIN 680 erwähnten Fensterbriefhüllen geschaffen.
Die Fensterbriefhüllen haben zwei entscheidende Vorteile: Das doppelte Schreiben der Anschrift ist unnötig. Weiterhin ist es nicht mehr möglich, einen Brief in eine Briefhülle mit einer falschen Anschrift zu stecken – was peinlich sein kann.

Aus dem Lexikon
Recycling = Wiederverwendung bereits benutzter Rohstoffe
UWS = Abk. für Umweltschutz, z. B. UWS-Papier

Zwei verschiedene Meinungen
A: „Das papierlose Büro ist in greifbarer Nähe."
B: „Papier gibt es noch in 50 Jahren im Büro."

Papier braucht zur Herstellung viel Energie: Strom für die Antriebsmotoren, Dampf für den Trocknungsprozess.

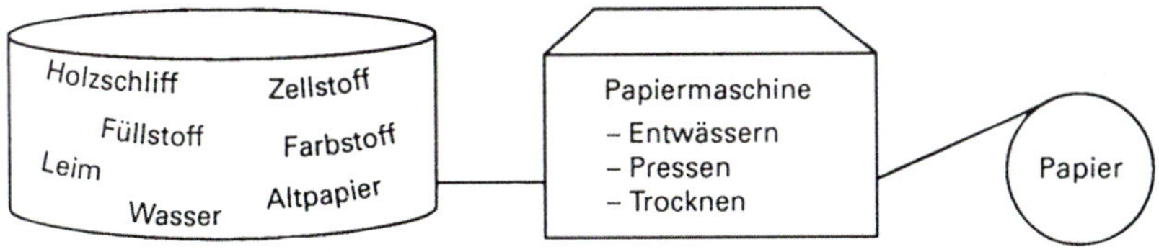

2.1.1 Papierherstellung. Holz ist der Hauptrohstoff für die Papierherstellung. Holz wird zunächst durch mechanisches Schleifen (Holzschliff) oder durch Aufkochen mit Chemikalien (Zellstoff) zu einem Halbstoff aufbereitet. Daneben können Altpapier, Stroh und Hadern als Rohstoffe für die Papierherstellung verwendet werden. Zusammen mit Hilfsstoffen, wie Farbe, Leim, Füllstoffe und sehr viel Wasser, wird daraus ein Ganzstoff hergestellt. Das ist der Faserbrei, der dann in der Papiermaschine durch Entwässern, Pressen und Trocknen zu einer dünnen Papierbahn weiterverarbeitet wird, anschließend erfolgt die Veredelung.

2.1.2 Papierformate. DIN 476 normt die Papierformate. Ein wichtiges Format für die Büropraxis ist das Format A4 mit einer Größe von 210 x 297 mm. Je nach Beschriftung spricht man von A4 hoch oder A4 quer. Im Bereich der Datenverarbeitung werden auch Papiere verwendet, die nicht den DIN-Formaten entsprechen. Dazu zählen z. B. Endlosformulare, die in der Weiterverarbeitung oftmals unhandlich sind.

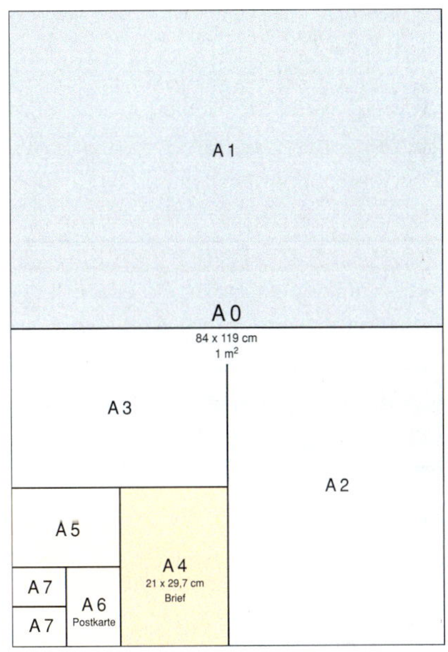

Das Format A0 (841 x 1 189 mm = 1m²) ist das Ausgangsformat für die Hauptreihe (A-Reihe). Durch Halbieren der längeren Seite entstehen die jeweils kleineren Formate.

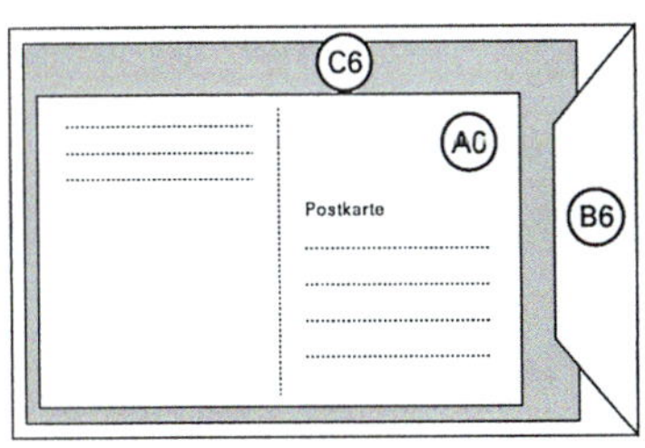

Neben der A-Reihe gibt es z. B. noch die C- und B-Formate für Briefhüllen, Aktendeckel oder Mappen. Dabei gilt: A passt in C und C passt in B.

2.1.3 Wichtige Begriffe. Das Papiergewicht bezieht sich auf das Ausgangsformat A0 mit einem Flächeninhalt von 1 m². Ist auf einem Papierpaket mit A4-Papier die Gewichtsangabe von 80 g/m², dann wiegen 1 m² (16 Blatt A4) dieses Papiers 80 g.

Die nebenstehende Übersicht zeigt verschiedene Papiergewichte und die Abgrenzung von Papier zu Karton und Pappe.

Papiergewicht	Bezeichnung
7 - 150 g/m²	Papier
über 150 - 600 g/m²	Karton
über 600 g/m²	Pappe

Die **Papierqualität** wird durch den Anteil an mechanisch zerfasertem Holz (Holzschliff) bzw. chemisch aufgeschlossenem Holz (Zellstoff) bestimmt. Man unterscheidet u. a. holzhaltiges Papier (Zeitungspapier), holzfreies Papier (Kopierpapier) und Hadernpapier (Banknoten).

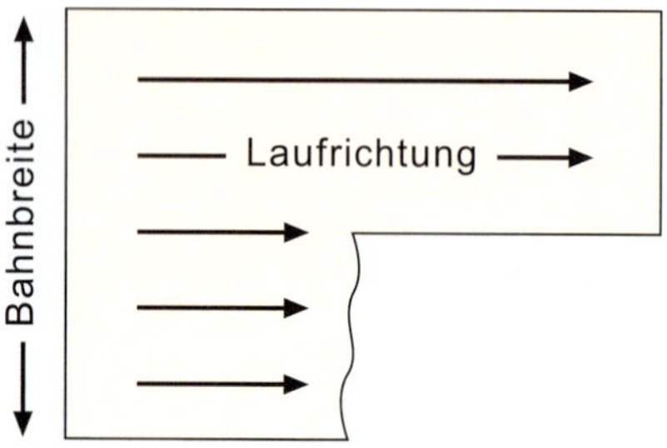

Bei diesem Papier handelt es sich um Schmalbahnpapier, das einen einwandfreien Transport des Blattes in einem Kopiergerät oder EDV-Drucker gewährleistet.

Die **Laufrichtung** von Papier bei der Herstellung hat auf den späteren Transport in Maschinen einen großen Einfluss auf die sichere Funktion. Je nachdem, wie das Papier geschnitten wird, unterscheidet man Breitbahn- und Schmalbahnpapier. Beim Schmalbahnpapier verlaufen die Fasern parallel zur längeren Papierseite. Beim Breitbahnpapier ist der Faserverlauf parallel zur kürzeren Papierseite.

Recyclingpapier (UWS-Papier) besteht überwiegend aus Altpapier. Während Recyclingpapier Mitte der 80er-Jahre oftmals als primitiv oder billig vom Anwender beurteilt wurde, beweisen jetzige Tests, dass die Qualität des preisgünstigen Recycling-papiers dem herkömmlichen Papier entspricht.

Inkjetpapier = Tintenstrahlpapier ist ein beschichtetes Papier, das eine schnelle Aufnahme der Tinte ermöglicht und dadurch das Verwischen der Schrift vermeidet. Die Abbildung zeigt, dass der Tintentropfen beim Normalpapier verläuft und vollständig in das Papier eindringt, während beim Inkjetpapier die Größe des Tropfens beibehalten und ein vollständiges Eindringen und damit unerwünschte Wellenbildung des Papiers vermieden wird.

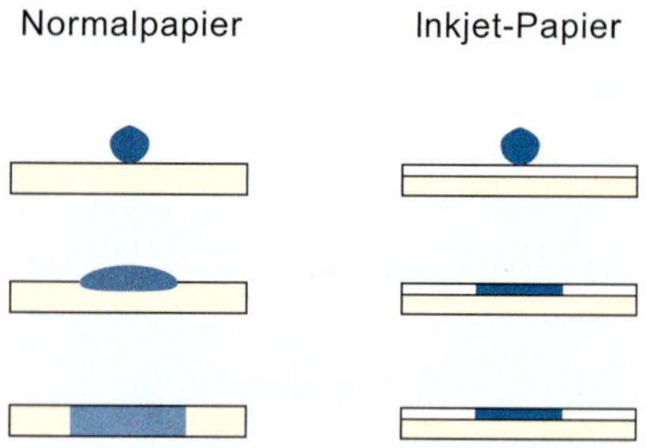

So ein schönes Foto muss auch auf hochwertiges Papier gedruckt werden.

Foto-Glanzpapier spielt mit der fortschreitenden Technik innerhalb der Digitalfotografie eine immer größere Rolle. Sowohl für geschäftliche als auch für private Anwendungen wird Wert auf einwandfreie Qualität gelegt. Das Spezialpapier ist glänzend und kartonartig mit einem Papiergewicht von 170 bis 210 g/m². Es garantiert eine hohe Farbbrillanz und eine hervorragende Randschärfe. Die Beschichtung ist saugfähig und auf die Fotodrucktechnologie abgestimmt. Es lassen sich mehrere Tintentropfen übereinanderdrucken und beste Farbabstufungen erzielen. Dieses Papier wird auch im Fotoformat geliefert, d. h., auf einem A4-Blatt sind mehrere Fotokarten enthalten.

2.1.4 Gebrauchsformen und Gewichte

Bezeichnung	Größe	Gewicht	Bemerkung
Computerpapier	A4	80 g/m²	evtl. Inkjetpapier
Durchschlagpapier	A4	40 g/m²	gelocht oder ungelocht
Kopierpapier	A4	80 g/m²	Schmalbahn, auch farbig
leichter Karton	variabel	über 150 g/m²	
Plakat	A0 bis A3	60 - 90 g/m²	
Postkarte	A6	170 - 190 g/m²	
schwerer Karton		über 600 g/m²	wird als „Pappe“ bezeichnet
Steno-, Notizblock	A5	60 g/m²	mit oder ohne Mittellinie
Visitenkarte	A7	200 - 300 g/m²	evtl. auch anderes Format
Zeitung	variabel	50 g/m²	

2.1.5 Die Briefhüllen. Briefhüllen gibt es in zahlreichen DIN-Formaten, Qualitäten und Farben. Der Verschluss kann gummiert oder selbstklebend sein. Praktisch sind Fensterbriefhüllen, denn das wiederholte Schreiben der Anschrift entfällt. Gebräuchlich ist dabei das Format DL (DIN lang) für A4-Briefe, die auf 1/3 A4 gefaltet werden. Luftpostbriefhüllen eignen sich als Umhüllung für Luftpostleichtbriefe (Aerogramme).

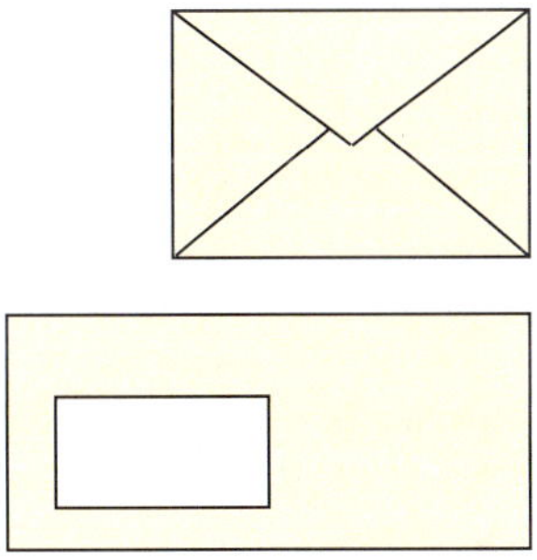

2.1.6 Versandtaschen und Papierrollen. Eine Vielzahl von Versandtaschen und Papierrollen ist im Handel erhältlich. Gepolsterte Versandtaschen bieten einen stabilen Schutz bei gleichzeitig geringem Eigengewicht. Musterbeutel eignen sich zum Versand von kleinen Gegenständen. Wiederverwendbare Dauerversandtaschen dienen dem Versand der Briefpost oder Datenträgern. Papierrollen werden als „Endlospapier“ in Rechenmaschinen, Fernschreibern usw. eingesetzt.

Praxistipps

- Der Einsatz von Recyclingpapier – auch beim Kopieren – ist ein Beitrag zum Umweltschutz und wirkt sich kostensenkend aus.
- Die Deutsche Post AG erlaubt das Wiederverwenden von Briefhüllen und Versandtaschen.

Internethinweise

Das Thema „Rund ums Papier" wird neben vielen anderen artverwandten Informationen auf der folgenden Internetseite ausführlich erläutert: www.copyshop-tips.de/

Ein „Papierlexikon" können Sie über folgende Internetseite erreichen: www.papyrus.li/Papierlexikon/Lexikon-ABC.htm

Das „papierlose Büro" und Pro- und Kontraargumente sind auf der folgenden Internetseite zu finden: www.3sat.de/

Auf einen Blick

- Der Hauptrohstoff für die Papierherstellung ist Holz.
- Die Papierformate sind genormt. A4 ist im Büro das gebräuchlichste Format.
- Das Papiergewicht bezieht sich auf das Ausgangsformat A0 (= 1 m).
- Schmalbahnpapier eignet sich für Kopiergeräte und Druckmaschinen, es hat die besten Laufeigenschaften.
- Recyclingpapier (UWS-Papier) schont die Umwelt – beim Herstellen und Vernichten.
- Für Tintenstrahldrucker sollten Sie nur Spezialpapier einsetzen.
- Fotos für Privat- und Werbezwecke sollten ausschließlich auf spezielles Fotopapier gedruckt werden.
- Briefhüllen, Versandtaschen und Papierrollen gibt es in vielfältiger Ausführung.

Aufgaben

1. Beschreiben Sie mit Ihren Worten die Herstellung von Papier: a) früher (im alten China) und b) heute.

2. Warum gibt es keine Briefhülle im Format A0?

3. Wie viele Visitenkarten (Format A8) lassen sich auf ein A4-Blatt drucken?

4. Wie entstehen – von A0 ausgehend – die kleineren Formate der A-Reihe?

5. Worauf bezieht sich das Papiergewicht?

6. Erklären Sie diese Begriffe stichwortartig: Aerogramm, B4-Versandtasche, Computerpapier, Durchschlagpapier, Landscap, Mikroperforation, Quartformat, Recyclingpapier, Schmalbahnpapier, UWS-Papier.

7. Welche Eigenschaften hat holzfreies Papier?

8. Zählen Sie 20 Gebrauchsformen von Papier aus dem Bereich „Alltag und Büro" auf.

9. Diskutieren Sie diese Aussage:
„Der Rohstoff Holz ist eigentlich zu schade, um daraus Zeitungen herzustellen, die in der Regel noch am gleichen Tag in den Papierkorb wandern."

10. Ein sparsamer Mitarbeiter im Büro wirft „nutzlose" A4-Seiten nicht in den Papierkorb, sondern sammelt sie und verwendet die unbeschriftete Rückseite als Notizzettel. Was halten Sie davon?

11. Geben Sie die Flächengewichte für folgende Möglichkeiten an:
a) Papier, b) Karton, c) Pappe.

12. Was versteht man unter dem Begriff „Laufrichtung"?

13. Welche Laufrichtung empfehlen Sie für den Einsatz in Kopiergeräten und EDV-Druckern?

14. Erläutern Sie mit Ihren Worten die folgende Grafik.

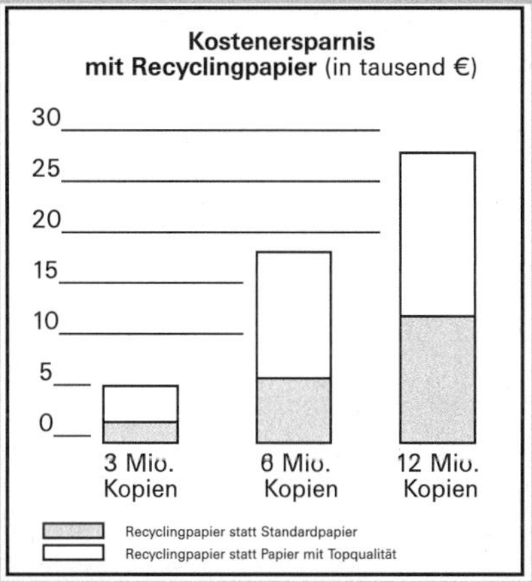

15. Welche Merkmale und Vorteile hat Inkjetpapier?

16. Welches Papier empfehlen Sie für private und geschäftliche Fotos?

17. Mit welchem Papier arbeitet der Ihnen zur Verfügung stehende EDV-Drucker?

18. Notieren Sie die einzelnen Verarbeitungsschritte des Papiers, die auf der folgenden Internetseite unter der Teilüberschrift „Rund ums Papier" aufgeführt sind: www.copyshop-tips.de/

19. Welches Arbeitsmittel ist nach Meinung von Experten ein wichtiger Schritt in die papierlose Zukunft? Einzelheiten erfahren Sie auf der folgenden Internetseite unter dem Suchwort „Papierloses Büro": www.3sat.de/

2.2 Normung und Vordrucke

Diese Lektion informiert Sie über:

- **die Bedeutung von DIN-Normen**
- **den Einsatz von Vordrucken im Büro**
- **Regeln für die Gestaltung von Vordrucken**
- **das Beschriften von Vordrucken**

mit Praxistipps und Internethinweisen

Wissenswertes

„Geschäftspapiere sind die Visitenkarte eines jeden Unternehmens."

Geschäftspapiere von damals
Die Vorläufer der heutigen Geschäftspapiere reichen bis in das 16. Jahrhundert zurück. Zu Beginn des 17. Jahrhunderts entwickelten sich Geschäftskarten, mit denen Handwerker und Unternehmer um die Gunst der Kunden warben. Die Geschäftskorrespondenz sollte das Unternehmen repräsentieren: Größe, Bedeutung, Tradition und Solidität.
Im 19. Jahrhundert schmückte man Briefblätter mit künstlerischen Elementen, wie Wappen, Symbole und kaufmännische Schmuckgrafik. Die Abbildung von Firmengebäuden und Medaillen für ausgezeichnete Produkte wurde Mode.

DIN 820 Teil 3 „Normung ist die planmäßige, durch die interessierten Kreise gemeinschaftlich durchgeführte Vereinheitlichung von materiellen und immateriellen Gegenständen zum Nutzen der Allgemeinheit."

Aus der Geschichte der Normung
1917 Gründung in Berlin: „Normenausschuss der Deutschen Industrie"
1922 Erste Norm für das Büro: DIN 476 Papierformate
1936 Anordnung, Schulbücher und -hefte nur noch in genormten Formaten herzustellen.
1975 Namensänderung: „DIN Deutsches Institut für Normung e. V."

437938

2.2.1 Die Normung. Die Normung findet man überall: An der Tankstelle entspricht das Benzin einer Norm, der Ziegelstein ist genormt, die Tastatur hat ebenso eine Norm wie die Kugelschreibermine. Neben Gegenständen gibt es z. B. die „Schreib- und Gestaltungsregeln für die Textverarbeitung“ oder „Ansetzungsregeln für die alphabetische Ordnung von Namen“, die auch genormt sind.

Hersteller, Händler und Verbraucher sind Mitglieder der Normenausschüsse. Für den Bürobereich sind z. B. die Ausschüsse „Bürowesen“ sowie „Papier und Pappe“ zuständig. Normenausschüsse entwickeln Normen, die der Öffentlichkeit als „Gelbdruck“ vorgestellt werden.

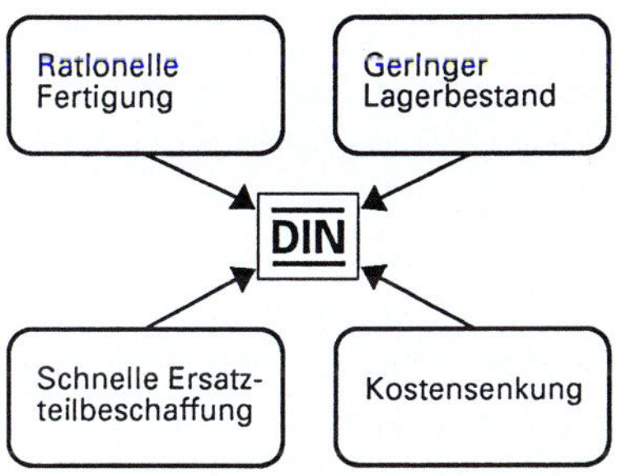

Jedermann, der ein berechtigtes Interesse nachweist, kann gegen einen Normentwurf Einspruch erheben. In weiteren Sitzungen berät der Normenausschuss über diese Einsprüche. Bei der Abschlusssitzung wird endgültig über die neue oder geänderte Norm entschieden. Das Ergebnis wird als DIN-Norm auf weißes Papier gedruckt und veröffentlicht. Die Norm mit dem jeweils neuesten Datum gilt.

DIN	Bezeichnung
476	Papierendformate
678	Briefhüllen
680	Fensterbriefhüllen
5007	Ansetzungsregeln für die alphabetische Ordnung von Namen
5008	Schreib- und Gestaltungsregeln für die Textverarbeitung
5009	Diktierregeln
33 400	Gestalten von Arbeitssystemen nach arbeitswissenschaftlichen Erkenntnissen; Begriffe und allgemeine Leitsätze
66 233	Bildschirmarbeitsplätze

2.2.2 Die Vordrucke. Auch im Zeitalter des Computers kann man auf den Einsatz von Vordrucken nicht verzichten. Das Sprichwort „Von der Wiege bis zur Bahre – Formulare, Formulare“ hat trotz Computertechnik seine Bedeutung nicht verloren.

Begriffsklärung der Norm
Nach dem Normblatt DIN 32 754 ist ein Vordruck ein Papier eines bestimmten Formats mit Aufdruck zur ergänzenden Beschriftung.

Einzelvordrucke, Vordrucksätze und Vordruckmasken

In der Praxis werden Vordrucke in folgenden Arten verwendet:

a) einzelne Blätter, z. B. Gesprächsnotiz, Einlieferungsbeleg
b) Vordrucksätze, das sind miteinander verbundene Einzelvordrucke, z. B. Frachtbriefsatz, Paketscheinsatz
c) Vordruckmasken, das sind elektronisch gespeicherte Angaben zur Computerverarbeitung, z. B. für Geschäftsbriefe, Quittungen

Praktische Anwendung

Das Beschriften der Vordrucke erfolgt in der Regel handschriftlich, während Vordruckmasken mit dem Computer bearbeitet werden. Vordrucke für nahezu alle geschäftlichen Bereiche gibt es in unterschiedlichen Formaten im Bürofachhandel. Mit einem Computer kann man jedoch auch Vordrucke selbst gestalten und anfertigen.

Vorteile von Vordrucken

Im Bürobereich werden z. B. der Geschäftsbrief, die Kurzmitteilung, die Telefonnotiz, die Reisekostenabrechnung und die Quittung deshalb gern als Vordruck eingesetzt, weil die Arbeit dadurch wesentlich erleichtert und beschleunigt wird.

Kurzmitteilung

Diese Vordrucke, meistens im Format A5 oder 1/3 A4, enthalten Kurzsätze oder Stichworte, die der Absender durch Ankreuzen markiert. Die Kurzmitteilung ist so gestaltet, dass die Anschrift in eine Fensterbriefhülle DL passt.

Kurzmitteilungen eignen sich in erster Linie für den Versand von Prospekten, Katalogen usw.

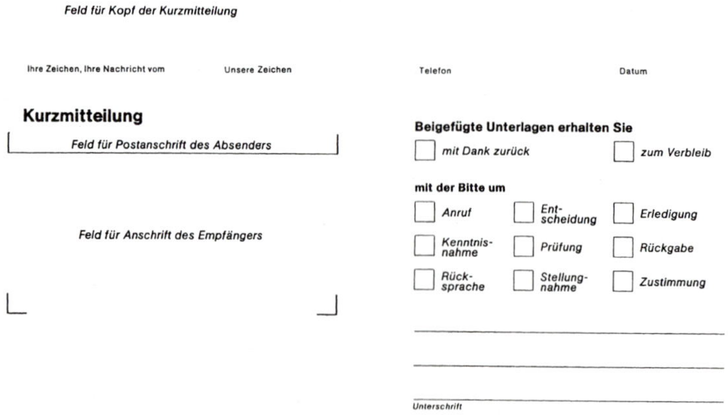
Feld für Kopf der Kurzmitteilung

Ihre Zeichen, Ihre Nachricht vom | Unsere Zeichen | Telefon | Datum

Kurzmitteilung

Feld für Postanschrift des Absenders

Feld für Anschrift des Empfängers

Beigefügte Unterlagen erhalten Sie

☐ mit Dank zurück ☐ zum Verbleib

mit der Bitte um

☐ Anruf ☐ Entscheidung ☐ Erledigung
☐ Kenntnisnahme ☐ Prüfung ☐ Rückgabe
☐ Rücksprache ☐ Stellungnahme ☐ Zustimmung

Unterschrift

Im Büro findet man genormte und ungenormte Vordrucke für zahlreiche Anwendungsgebiete.

437940

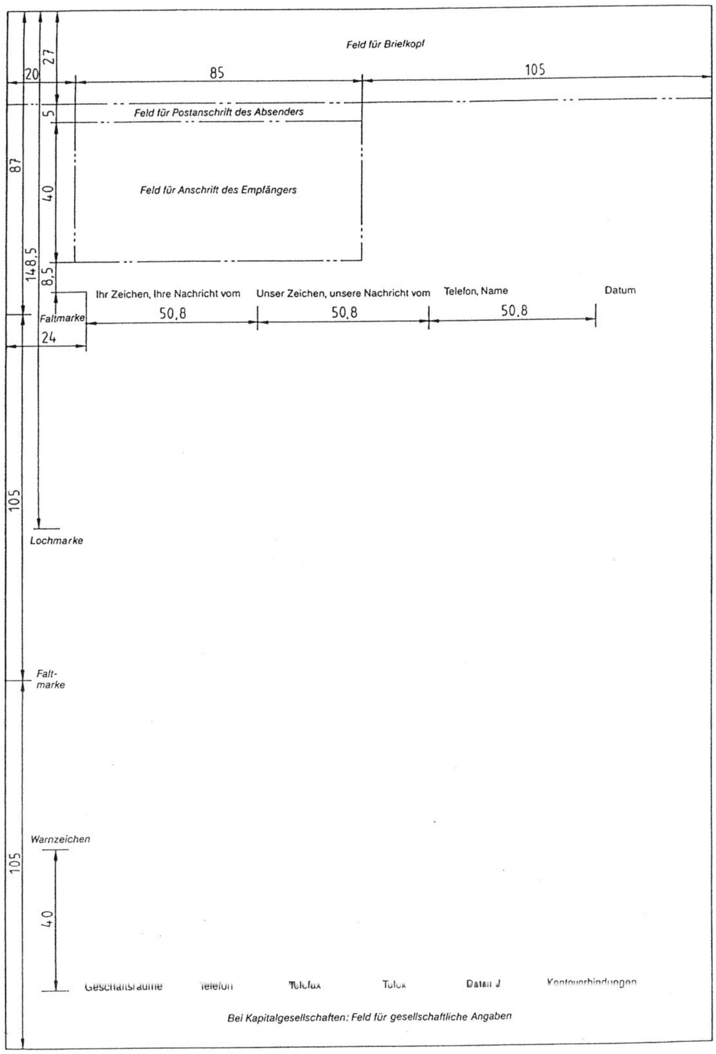

Geschäftsbrief A4

Ein wichtiger Vordruck im Büro ist der genormte Geschäftsbrief im Format A4, in den Formen A und B. Die Abbildung zeigt wesentliche Einzelheiten dieses Vordrucks.

Pendelbrief

Der Pendelbrief entspricht in seinem Aufbau dem Geschäftsbrief. Zum Beschriften mit der Hand ist der Vordruck liniert. Auf die linke Seite oder den oberen Teil schreibt der Absender seine Mitteilung, auf die rechte Seite oder den unteren Teil der Empfänger seine Antwort. Beide behalten den Durchschlag zurück.

Blitzantwort

Bei einer Blitzantwort schreibt der Empfänger seine Mitteilung auf das Original, fertigt eine Kopie an und sendet das Original wieder zurück. Diese Möglichkeit ist nur dann zu empfehlen, wenn es sich bei der Antwort um wenig Text handelt.
Beispiel: Kurzentscheidung, die mit ja oder nein beantwortet wird.

Auswahltexte
Während man bei der Kurzmitteilung nur einige Sätze oder Stichworte zum Ankreuzen hat, haben Auswahltexte umfangreicheren Inhalt, für den man sich durch Ankreuzen entscheiden und den Empfänger auf diese Weise benachrichtigen kann. Die Auswahltexte der Abbildung geben einen Überblick zur Arbeitsweise eines Reparatur-Service-Unternehmens.

Praktische Überlegungen
Das Arbeiten mit Auswahltexten ist in den Fällen zu empfehlen, wenn eine schnelle, handschriftliche Bearbeitung möglich bzw. erforderlich ist.

Bitte beachten Sie das Angekreuzte:

☐ Ihr Gerät erfordert einen sehr großen Reparaturaufwand. Eine Reparatur **ist nicht mehr wirtschaftlich.** Sie erhalten das Gerät mit unserem Lkw ohne Berechnung wieder zurück.

☐ Wir haben Ihr Gerät überprüft und teilen Ihnen wunschgemäß die entstandenen **Reparaturkosten** mit:

ca. .... €

☐ **Benachrichtigen Sie** uns bitte, ob wir die Reparatur durchführen sollen.

☐ Wir haben Ihr Gerät repariert und senden es mit unserem Lkw **ohne Berechnung** an Ihre Anschrift zurück.

☐ Wir haben Ihr Gerät repariert und senden es mit unserem Lkw **mit einer Rechnung als Anlage** an Ihre Anschrift zurück.

☐ Bitte rufen Sie uns unter unserer **Telefonnummer 05152 8987** an, wir haben wegen der Reparatur noch eine wichtige Frage an Sie.

☐ Bitte senden Sie uns noch Ihren **Garantieschein.**

Aus den Auswahltexten hat man im Zeitalter des Computers und der elektronischen Textverarbeitung oftmals Textbausteine gebildet, die für einen Brief aufgerufen werden und als individuelles Schreiben mit repräsentativem Aussehen gedruckt werden können.

Beide Arbeitsweisen haben ihren Stellenwert und können nach Prüfung der Sachlage entsprechend angewendet werden.

Wo bzw. wie erhält man den richtigen Vordruck?
Um mit Vordrucken wirklich rationell arbeiten zu können, gibt es folgende Möglichkeiten:

1. Man kauft sich vorgefertigte Vordrucke von Spezialverlagen, die im Bürofachhandel erhältlich sind. Das ist eine einfache Möglichkeit, die jedoch evtl. spezielle Belange nicht in jedem Fall berücksichtigt.
2. Man lässt Vordrucke in einer Druckerei anfertigen. Hier hat man die Gewähr, dass wichtige Normen und Regeln eingehalten und spezielle Wünsche berücksichtigt werden.
3. Man fertigt Vordrucke selbst an, wobei die Anforderungen an die arbeitsgerechte Gestaltung von Vordrucken beachtet werden müssen.

437942

Anforderungen an die arbeitsgerechte Gestaltung von Vordrucken

1. Alle Sachangaben für den Arbeitsablauf müssen vorhanden sein = Vollständigkeit.
2. Die Reihenfolge des Arbeitsablaufes muss so weit wie möglich berücksichtigt werden = Ablaufgerechtheit.
3. Die DIN-Normen, Gesichtspunkte für die (maschinelle) Weiterverarbeitung und Aspekte zur Umweltverträglichkeit müssen beachtet werden = Behandlungsgerechtheit.
4. Die Räume für Eintragungen müssen den Anforderungen der Praxis entsprechen = schreibgerechte bzw. maschinengerechte Gestaltung.

Checkliste für das Entwerfen und Anfertigen von Vordrucken

Das Anfertigen von Vordrucken im Betrieb nimmt einen immer größeren Rahmen ein, da viele Betriebe über leistungsfähige Einrichtungen (Computer, Drucker, Kopiergeräte) verfügen. Für ein gutes Gelingen der Arbeit „rund um den Vordruck" können Checklisten weiterhelfen. Diese Checklisten sollten folgende Grundsätze berücksichtigen:

- Papierformat des Vordrucks
- Art des Vordrucks
- Bearbeitung des Vordrucks (handschriftlich, maschinenschriftlich)
- Behandlungshilfen (Anschriftfeld, Bezugszeichen, Faltmarken, Lochmarke, Warnzeichen, Geschäftsangaben)
- Art der Vervielfältigung
- Reihenfolge der Angaben

Erstellen eines Vordrucks mit dem Computer

Mit einem Textverarbeitungsprogramm oder mit einem besonderen Vordruck-Gestaltungsprogramm sind sehr gute Ergebnisse zu erzielen.

Die Vorteile, Drucke mit dem Computer zu erstellen und entsprechende Programmanforderungen sind:

- Die Korrekturmöglichkeiten und Funktionen der Textbearbeitung sollten einfach sein und durch Hilfsmittel (Lineal, Hilfsgitter, Möglichkeiten zum Ausrichten usw.) unterstützt werden.
- Die Speicherung aller Angaben ist eine Selbstverständlichkeit. Dadurch können Änderungen (Berichtigungen, Erweiterungen) jederzeit durchgeführt werden.
- Die grafische Gestaltung sollte durch verschiedene Schriftarten, Schriftgrößen, Linien, Grafiken usw. beeinflusst werden können.
- Die Darstellung sollte in vergrößerter oder verkleinerter Form möglich sein.

Beim Erstellen eines Vordrucks mit dem Computer sollten neben anderen Anforderungen die Behandlungsgerechtheit und die schreibgerechte bzw. maschinengerechte Gestaltung des Vordrucks berücksichtigt werden (siehe „Anforderungen an die arbeitsgerechte Gestaltung von Vordrucken"). Ideal ist es, wenn ein fertiger Vordruck sowohl handschriftlich als auch maschinell bearbeitet werden kann.

Falscher Vordruck

Angaben zur Person

Vor- und Zuname: ....

Straße: .... Nr.: ....

PLZ und Wohnort: ....

Beruf: ....

Der Vordruck hat folgende Mängel: Der Raum nach den Leitwörtern ist für die Einfügungen nicht ausreichend. Die punktierten Linien stören das Ausfüllen. Die Bearbeitung in einer Fluchtlinie ist nicht möglich. Die Leitwörter sind nicht mit Zahlen versehen, das erschwert die Bearbeitung (z. B. beim Diktat oder bei Telefongesprächen).

437944

Richtiger Vordruck

Angaben zur Person

1 Vor- und Zuname

2 Straße und Nr.

3 PLZ und Wohnort

4 Beruf

Arbeiten mit Vordruckmasken

Diese Arbeit umfasst sowohl das Erstellen als auch das spätere Ausfüllen mit dem Computer. Wie bereits erwähnt wurde, eignet sich der Geschäftsbrief A4 sehr gut für diese Arbeitsweise. Alle Angaben des „klassischen" Vordrucks nach DIN 676 werden einmal erfasst und als Vordruckmaske gespeichert. Zu diesen Angaben gehören:

- das Feld für den Briefkopf,
- das Feld für die Postanschrift des Absenders,
- das Feld für die Anschrift des Empfängers,
- die Bezugszeichenzeile,
- die Geschäftsangaben und
- evtl. die Kurzleitwörter oder der Informationsblock.

Wichtig ist, dass man innerhalb einer Vordruckmaske an den Einfügestellen Haltepunkte vorsieht, die mit dem Textverarbeitungsprogramm auf einfache Weise angesteuert werden können. Selbstverständlich kann man auch für vorhandene Vordrucke entsprechende Vordruckmasken erstellen.

Einheitliches Erscheinungsbild

Tag für Tag werben Unternehmen durch die Art, wie sie bei ihren Geschäftspartnern in Erscheinung treten, u.a. auch mit den Geschäftspapieren. Neben der eigentlichen Information vermitteln Geschäftsbriefe durch Gestaltung, Schriftart, Druck und Papier den ersten entscheidenden Eindruck. Geschäftsdrucksachen sollen ein einheitliches Erscheinungsbild vermitteln („Corporate Identity"). Ein Logo, auch Unternehmenszeichen genannt, kann eine bildliche, wörtliche oder kombinierte Darstellung sein. In jedem Fall ist es ein Symbol, das für den Betrachter einen Bezug zu dem Unternehmen herstellen soll.

Logos auf Geschäftsvordrucken spiegeln das Bild der Unternehmen wider.

Praxistipps

- Das Anwenden der DIN-Normen ist freiwillig. In der Schule sind jedoch die DIN 5008 „Schreib- und Gestaltungsregeln für die Textverarbeitung" und die DIN 5009 „Diktierregeln" verbindlich für den Unterricht und die Leistungsbewertung.
- Wenn Vordrucke vervielfältigt werden (in einer Druckerei oder im eigenen Betrieb), sollte man bei der ersten Auflage immer von einer geringen Zahl ausgehen, damit man während einer Prüfungsphase etwaige Fehler feststellen kann.
- Programmhandbücher und Lernbücher informieren über die Arbeitsweise mit Vordruckmasken.

Internethinweise

Dass andere Menschen auch Probleme mit dem Ausfüllen von Vordrucken haben und einige Tipps zu diesem Thema zeigt die folgende Internetseite: www.wer-weiss-was.de/theme52/article2443244.html#2443244

Gründe für die Abneigung gegen Formulare werden auf der folgenden Internetseite dargelegt: http://kisd.de/563.html

Vordrucke, Musterbriefe, Musterverträge usw. zeigt die folgende Internetseite: www.formblitz.de/

Auf einen Blick

- Viele Normen beschäftigen sich mit dem Thema „Büro".
- Fehler sollten schon beim Entwurf von Vordrucken vermieden werden.
- Vorteile der Normung sind z. B. rationelle Fertigung, geringer Lagerbestand, schnelle Ersatzteilbeschaffung und Kostensenkung.
- Geschäftsbriefe sind die Visitenkarte jedes Unternehmens, sie geben den „ersten Eindruck" wieder.
- Einheitliche Vordrucke erleichtern und beschleunigen die Arbeit.
- Der Computer hilft bei Vordrucken.

Aufgaben

1. In welchem Jahr wurde die erste Norm für das Büro veröffentlicht?

2. Beschreiben Sie kurz, wie eine Norm entsteht.

3. Zählen Sie 4 Normen auf, die im Alltag bzw. im Büro zu finden sind.

4. Vergleichen Sie doch einmal mehrere Kugelschreiberminen (klein, normal, Großraummine). Entsprechen alle Minen einer Norm?

5. Müssen Normen zwingend angewandt werden?

6. Welche Normen sind im Unterricht an Schulen verbindlich?

7. Beschreiben Sie den Begriff Vordruck
   a) mit eigenen Worten,
   b) nach der Norm.

8. Welche Arten von Vordrucken werden unterschieden?

9. Beschreiben Sie kurz die Unterschiede zwischen einer Kurzmitteilung, einem Pendelbrief und einer Blitzantwort.

10. Beschreiben Sie den Begriff Auswahltexte.

11. Welche Möglichkeiten gibt es für die Vordruckbeschaffung bzw. -erstellung?

12. Nennen Sie die Anforderungen an die arbeitsgerechte Gestaltung von Vordrucken.

13. Welche Grundsätze sollte eine Checkliste für das Entwerfen und Anfertigen von Vordrucken berücksichtigen?

14. Welche Vorteile hat das Erstellen eines Vordrucks mit dem Computer?

15. Was halten Sie von der Gestaltung des folgenden Vordrucks?

Lohn-/Gehaltsabrechnung Firma (Stempel)

Name

Zeitraum Nr.

Steuerpflichtiger Lohn/Gehalt

Gehalt/ Std. à €

Weihnachts-/Urlaubsgeld +

Überstunden à € +

Überstd.-/Akkord-Zuschläge +

Sonderzahlung/Sachbezüge +

Sonn-, Feiertags- und Nachtzuschläge aus Grundlohn € +

Fahrgeld-Erstattung +

+

+

Vermögenswirksame Leistungen des Arbeitgebers +

Bemessungsgrundlage

Brutto-Verdienst =

Lohnsteuer Freibetrag –

Abzüge

Lohnsteuer Kl. aus =

+

Kirchensteuer: ev kath. +

Sozialversicherungsbeiträge: Arbeitnehmeranteil

Krankenkasse +

Rentenversicherung +

Arbeitslosenversicherung +

Vorschuß/Abschlagszahlungen +

+

Vermögenswirks. Leistg. an + –

Steuerfreie Bez.

Sonn-, Feiertags- und Nachtzuschläge + =

Auslagen-Erstattung +

Ersatzkassen-Erstatt./Zuschuss z. freiw. Krankenvers. +

\+ +

Errechnet

Auszuzahlender Betrag =

Datum

Abrechnung anerkannt und Betrag richtig erhalten

Zeichen Datum Unterschrift

16. „Corporate Identity" ist ein Schlagwort unserer Zeit. Was versteht man darunter?

17. Mit den Suchwörtern Corporate Identity, Logo, Management-Prozess können Sie sich im Internet über diese Begriffe und Zusammenhänge informieren. Geben Sie an, was man unter einem Logo versteht und welche Eigenschaften es erfüllen soll.

03

Problemlösungen mit Informationen, Lernimpulsen
und Anwendungsmöglichkeiten zu folgenden Fragen:

> **Wie lässt sich der Posteingang organisieren?**

> **Welche Möglichkeiten bestehen zur Postverteilung?**

> **Welche Tätigkeiten sind beim Postausgang zu beachten?**

> **Welche Produkte der Deutschen Post AG haben in der Praxis einen hohen Stellenwert?**

Aus der Berufspraxis Frau Carmen Winter beginnt eine neue Stelle in einem mittelständischen Unternehmen. Sie hat eine Stellenbeschreibung von ihrer älteren Kollegin übernommen und ihr Chef hat sie damit beauftragt, diese Unterlage zu überarbeiten. Ihr Arbeitsbereich soll in der Weise geändert werden, dass sie von Routinearbeiten entlastet wird und in ihrer eigentlichen Tätigkeit als Chefsekretärin mehr Freiraum hat.

Auf der Suche nach entsprechenden Möglichkeiten untersucht sie den Bereich der Postbearbeitung und stellt fest, dass hier keine klare Gliederung vorliegt. Sie schlägt vor, eine Aufteilung in drei Teilgebiete vorzunehmen, nämlich:

1. Posteingang = Abholung der Post vom Postamt und Vorbereitung der Sendungen für die Verteilung,
2. Postverteilung = Übermittlung der eingehenden Post an die entsprechenden Abteilungen und Mitarbeiter,
3. Postausgang = Vorbereitung der Post für den Versand.

Nach ihren Plänen könnte die Abholung der Post dem Hausmeister übertragen werden. Die Vorbereitung der Sendungen für die Verteilung könnte ein Mitarbeiter der Registratur übernehmen. Die Verteilung und Übermittlung der Post könnte ein Mitarbeiter der Hausdruckerei erledigen. Mit den Arbeiten des Postausgangs könnte ein Mitarbeiter des Call-Centers beauftragt werden.

Sie bespricht diese Angelegenheit mit ihrem Chef, der einverstanden ist, und entwickelt für alle drei Arbeitsbereiche ausführliche Ablaufpläne. Es ist vorgesehen, dass die Mitarbeiter eingearbeitet werden.

3.1 Posteingang und Büroförderanlagen

Diese Lektion informiert Sie über:

- **wichtige rechtliche Bestimmungen im Bereich der Postzustellung**
- **den Arbeitsablauf und die Tätigkeiten beim Posteingang**
- **Geräte und Maschinen, die im Posteingang eingesetzt werden**
- **Büroförderanlagen zum Transport von Schriftgut und Akten**

mit Praxistipps und Internethinweisen

Wissenswertes

Nachteil des herkömmlichen Posteingangs
Die Zeitdauer vom Posteingang bis zur korrekten internen Zustellung liegt, insbesondere in größeren Unternehmen, nicht selten bei zwei oder mehr Tagen!

Gewöhnliche Briefsendungen gelten als zugestellt, wenn sie in einen für den Empfänger bestimmten Hausbriefkasten eingelegt sind.[1] „An A unter der Adresse von X" „An A wohnhaft bei Y" „An A in Firma Z" Empfangsberechtigt ist nur A, sein Ehegatte oder sein Postbevollmächtigter. X, Y, Z gelten nicht als Empfänger.[1]

Grundgesetz Artikel 10 (1) Das Briefgeheimnis sowie das Post- und Fernmeldegeheimnis sind unverletzlich. (2) Beschränkungen dürfen nur aufgrund eines Gesetzes angeordnet werden. Postlagernde Sendungen werden beim Zustellpostamt 14 Werktage zur Abholung bereitgehalten (Nachnahmesendungen 7 Werktage).[1]

Ein Einschreibebrief mit dem Vermerk „Eigenhändig" darf nicht an Verwandte oder sonstige Hausbewohner ausgeliefert werden.[1]

§ 299 Strafgesetzbuch (1) Wer einen verschlossenen Brief oder eine andere verschlossene Urkunde, die nicht zu seiner Kenntnisnahme bestimmt ist, vorsätzlich und unbefugterweise öffnet, wird mit Geldstrafe oder mit Gefängnis bis zu drei Monaten bestraft. (2) Die Verfolgung tritt nur auf Antrag ein.

1 Allgemeine Geschäftsbedingungen der Deutschen Post AG

437950

So sieht es „hinter den Kulissen" eines Postfachschrankes aus.

3.1.1 Postempfang und Postvollmacht. Bei der Zustellung wird die Post morgens ins Haus gebracht. Ein Postfach in der Postfiliale hat den Vorteil, dass die Post frühzeitig und mehrmals am Tage selbst abgeholt werden kann. Sendungen, die ein Postfachempfänger quittieren muss – z. B. Einschreiben – erhält der Abholer am Postschalter. Ein Auslieferungsschein im Postfach weist darauf hin.

Nach der Postordnung werden Postsendungen im Privatbereich dem Empfänger persönlich oder dessen Ehegatten übergeben. Im Geschäftsbereich ist das aus verschiedenen Gründen oftmals nicht möglich, deshalb muss einem oder mehreren Mitarbeitern eine Postvollmacht erteilt werden. Empfangsberechtigt bei einem kleinen Betrieb ist in der Regel der Inhaber. Bei größeren Unternehmen und Behörden darf jede Person mit „Innenvollmacht" die Sendungen entgegennehmen.

Privat- und Geschäftskunden können eine oder mehrere Personen ihres Vertrauens mit der rechtswirksamen „Innenvollmacht" für den Postempfang benennen. Dazu genügt eine entsprechende schriftliche Erklärung, wie sie im Geschäftsalltag üblich ist und den Erfordernissen des BGB entspricht. Für eigenhändig auszuhändigende Sendungen kann diese Vollmacht nur anerkannt werden, wenn dies ausdrücklich vermerkt ist. Bei Zweifeln an der Empfangsberechtigung ist zusätzlich ein Identitätsnachweis (z. B. Personalausweis) erforderlich.

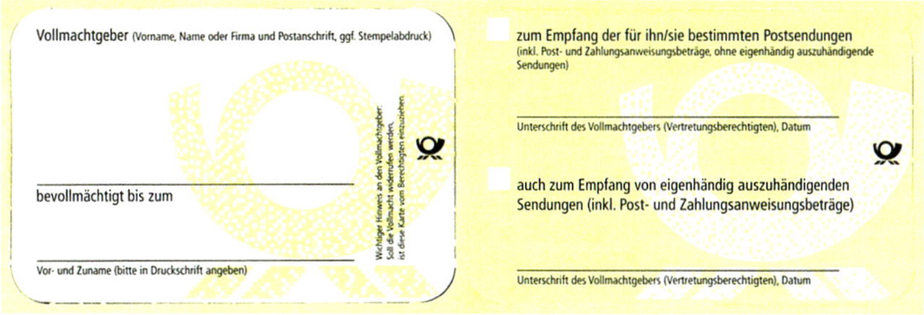

Vollmachtgeber (Vorname, Name oder Firma und Postanschrift, ggf. Stempelabdruck)

bevollmächtigt bis zum

Vor- und Zuname (bitte in Druckschrift angeben)

Wichtiger Hinweis an den Vollmachtgeber: Soll die Vollmacht widerrufen werden, ist diese Karte vom Berechtigten einzuziehen.

zum Empfang der für ihn/sie bestimmten Postsendungen (inkl. Post- und Zahlungsanweisungsbeträge, ohne eigenhändig auszuhändigende Sendungen)

Unterschrift des Vollmachtgebers (Vertretungsberechtigten), Datum

auch zum Empfang von eigenhändig auszuhändigenden Sendungen (inkl. Post- und Zahlungsanweisungsbeträge)

Unterschrift des Vollmachtgebers (Vertretungsberechtigten), Datum

Mit diesem Vordruck, den die Deutsche Post als „Postvollmacht" (mit Vorder- und Rückseite) entwickelt hat, ist alles sehr einfach; er ist handlich wie eine Scheckkarte und in Sekundenschnelle ausgefüllt.

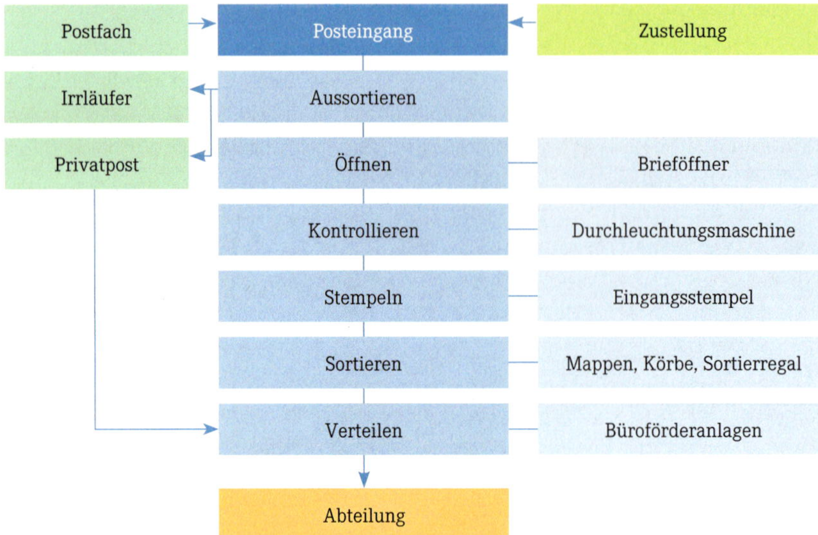

Ist die Post in der **Posteingangsstelle,** erfolgt das Aussortieren von Irrläufern und Privatpost. Nur die Geschäftspost darf geöffnet werden. Empfangsberechtigt ist derjenige, der an erster Stelle in der Anschrift steht. Irrläufer gibt man an die Postfiliale zurück.

Das Öffnen der Post erfolgt mit einem Brieföffner oder mit Brieföffnermaschinen, die einen schmalen Streifen an der Briefhülle abschneiden. Das Kontrollieren der Briefhüllen nach dem Öffnen der Post ist sehr wichtig: Ist die Briefhülle wirklich leer? Sind die angegebenen Anlagen auch mitgesandt worden? Eine Durchleuchtungsmaschine erleichtert bei großen Postmengen die Arbeit.

Durch das Stempeln der Post mit dem Eingangsstempel ist das Eingangsdatum jederzeit nachweisbar. Briefe werden neben dem Anschriftfeld gestempelt (Ausnahme: Dokumente). Eingangsstempel gibt es in verschiedenen Ausführungen, z. B. mit einem Verteilerschlüssel und einem Erledigungsvermerk.

Beim Sortieren nach Sachbearbeitern oder Abteilungen helfen Mappen, Körbe oder ein Sortierregal. Zum Verteilen der Post gibt es die Selbstabholung im Postraum, einen Botendienst oder Büroförderanlagen.

Computershop
Frau Eva Sommer
Postfach 30 07
31102 Hildesheim

Geschäftsbrief

Frau
Eva Sommer
Computershop
Postfach 30 07
31102 Hildesheim

Privatbrief

Digitale Eingangspost

Obwohl die einzelnen Arbeitsschritte beim Posteingang sehr arbeitsaufwändig sind, spielt die herkömmliche Bearbeitung in den Büros noch eine große Rolle. Insbesondere der Schriftverkehr von privaten Absendern erfolgt häufig auf Papierbasis, auch wenn der digitale Schriftverkehr per E-Mail sich immer mehr durchsetzt. Der große Arbeitsaufwand bei der traditionellen Postbearbeitung bezieht sich jedoch nicht nur auf die o. g. Arbeitsschritte, sondern auch auf die Beförderung, Verwaltung und Aufbewahrung der Schriftstücke. Ein digitales Schriftstück = Datei ist in jedem Fall die bessere Variante und der Papierunterlage vorzuziehen.

Als Schnittstelle zwischen dem klassischen Brief und der digitalen Datei wird ein Scanner eingesetzt, der die herkömmlichen Zeichen in digitale Signale umsetzt. Dabei sollten innerhalb des Posteingangs spezielle Scanner verwendet werden, die in einem hohen Tempo und mit automatischem Papiereinzug arbeiten. Diese Geräte müssen hinsichtlich ihrer Aufzeichnungsqualität höchsten Ansprüchen genügen und sollten beim Bearbeiten von Mischpost an die unterschiedlichen Größen und Qualitäten anzupassen sein. Der Scanner arbeitet in Verbindung mit einem Personal Computer und entsprechender Software. Sie ist das „Herzstück“ der digitalen Verarbeitung und sollte für die Erfordernisse des Unternehmens maßgeschneidert sein.

Der folgende Ablaufplan verdeutlicht die Arbeitsweise:

Die Eingangspost wird in der Poststelle empfangen und geöffnet.

---

1. Die Schriftstücke werden mit dem Scanner eingelesen und digitalisiert.
2. Die Eingangspost wird klassifiziert, d. h. die Art des Schriftstückes wird eingestellt oder vom System ermittelt.
3. Es wird eine Protokollnummer erzeugt, die auf dem Schriftstück und in der Datei angegeben wird.
4. Das Originaldokument wird im Papierarchiv unter der Protokollnummer abgelegt. Es wird nur im Notfall verwendet.
5. Das digitale Schriftstück steht zur Weiterverarbeitung bereit und wird an die Empfänger verteilt.
6. Die Empfänger bearbeiten die Eingangspost auf dem Bildschirm des Personal Computers an ihrem Arbeitsplatz.

Argumente für die digitale Eingangspost sind:

---

1. Es werden Laufwege gespart, da die herkömmliche Postverteilung entfällt.
2. Der Zugriff auf die Schriftstücke ist sehr schnell, da hierfür Software eingesetzt wird.
3. Die Archivierung der Unterlagen kann einfach festgelegt und evtl. schnell geändert werden.
4. Die Schriftstücke können ohne großen Aufwand an beliebig viele Empfänger verteilt werden.

Ein **Posteingangssystem** kann für das Öffnen, automatisches Entnehmen, Sortieren, Scannen, Dokumentenanalyse, Dokumentenerkennung, Weiterleitung und Archivierung eingesetzt werden. Der Zugriff auf die Eingangspost ist von mehreren Arbeitsplätzen gleichzeitig möglich. Dadurch werden die Bearbeitung und der Informationsfluss stark beschleunigt.

Posteingangssystem digital

Dieser **Brieföffner** ist für das Sekretariat oder für die Poststelle eines kleineren Unternehmens geeignet.

Mit einem **Datierer** kann ein Eingangsvermerk (Datum, Bearbeitungsfeld) angebracht werden.

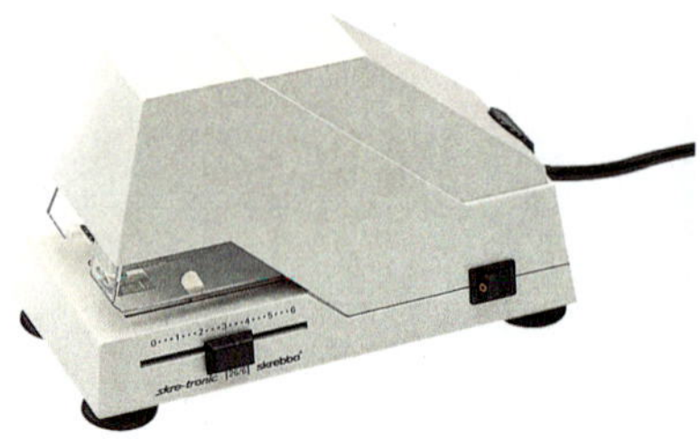

Ein **automatischer Hefter** unterstützt das schnelle Zusammenheften mehrerer Schriftstücke, z. B. Brief und Preisliste.

3.1.2 Büroförderanlagen. Mit einer **Rohrpost** lassen sich einzelne Belege, dünne Aktenstücke oder kleinere Gegenstände sehr schnell transportieren. Rohrleitungen verbinden die einzelnen Sende- und Empfangsstationen. Druck- oder Saugluft transportieren die Rohrpostbüchsen durch das Leitungssystem.

Förderbandanlagen arbeiten ähnlich wie ein Fließband. Gegenüber der Rohrpost sind die Einsatzmöglichkeiten begrenzt, weil ein Transport nur in einer Ebene stattfinden kann.

Schienenförderanlagen bestehen aus einem Streckennetz mit Profilschienen und verschließbaren Behältern. Ein Elektromotor treibt den Behälter an. Im Gegensatz zur Rohrpost lassen sich Ordner, Bücher und Akten transportieren.

Der **selbst fahrende Umlaufwagen** transportiert umfangreiches Schriftgut automatisch zu den verschiedenen Arbeitsbereichen. Der Weg des Wagens lässt sich einstellen.

437954

Praxistipps

- Skontoabzug bei Rechnungen zählt – falls nichts anderes vereinbart ist – ab dem Rechnungseingang und nicht ab dem Rechnungsdatum. Deshalb ist der Eingangsstempel hier von besonderer Bedeutung.
- Elektrostempel mit Uhrzeitausdruck eignen sich besonders für Behörden mit rechtlich bedeutsamem Schriftverkehr.

Internethinweise

Die folgende Internetseite zeigt Ihnen unter dem Stichwort „Brieföffnungsmaschine", was eine automatische Brieföffnungsmaschine leistet: www.dradio.de/

Im Rahmen einer Forumsdiskussion informiert die folgende Internetseite über die Vor- und Nachteile eines Postfaches:
www.macuser.de/forum/archive/index.php/t-119047.html

Über den Datenschutz beim Posteingang informiert die folgende Internetseite:
www.tu-berlin.de

Das Thema „elektronischer Posteingang" wird auf folgender Internetseite erläutert:
www.postmaster-magazin.de/archiv/4_06/PM_406_10bis15.pdf

Auf einen Blick

- Das Grundgesetz schützt das Briefgeheimnis. Nur Geschäftspost darf geöffnet werden.
- Die Haupttätigkeiten im Posteingang sind: Sortieren, Öffnen, Kontrollieren, Stempeln, Sortieren und Verteilen der Post
- Moderne Geräte bzw. ein Posteingangssystem rationalisieren die Postbearbeitung. Zum Befördern gibt es Rohrpost, Förderbandanlagen, Schienenförderanlagen und automatische Umlaufwagen.

Aufgaben

1. Welche Gesetze und Verordnungen befassen sich mit „Briefen“?

2. Zählen Sie die Tätigkeiten im Posteingang in der richtigen Reihenfolge auf.

3. Welche maschinellen Hilfsmittel des Posteingangs sind Ihnen bekannt?

4. Darf ein Brief mit dieser Anschrift im Posteingang geöffnet werden? Begründen Sie Ihre Antwort.

Herrn Prokurist
Wolfgang Töpfermann
Westerwaldkeramik GmbH
Postfach 1 23 20
47051 Duisburg

5. Schreiben Sie zwei Vorteile auf, die ein Postfach hat.

6. Beschreiben Sie in Stichworten die Funktion eines Posteingangssystems.

7. Im Posteingang stellen Sie beim Öffnen eines Briefes fest, dass der in den Anlagen aufgeführte Scheck über 500 € nicht beiliegt. Wie verhalten Sie sich?

8. Was unternehmen Sie mit „Irrläufern“?

9. Sie erhalten heute eine Rechnung mit dem Rechnungsdatum von vor 10 Tagen. Was muss unternommen werden?

10. Welche Schriftstücke sollten nicht mit dem Eingangsstempel gekennzeichnet werden?

11. Entwerfen Sie Muster für einen Eingangsstempel mit einem Unternehmen Ihrer Wahl.

12. Welche Büroförderanlagen sind Ihnen bekannt?

13. Welche Vorteile hat die digitale Eingangspost?

14. Die untere Abbildung zeigt eine Rohrpostanlage in einem kleineren Kfz-Betrieb. Beschreiben Sie diese Anlage (grundsätzliche Funktion, Arbeitsablauf, Vor- und Nachteile).

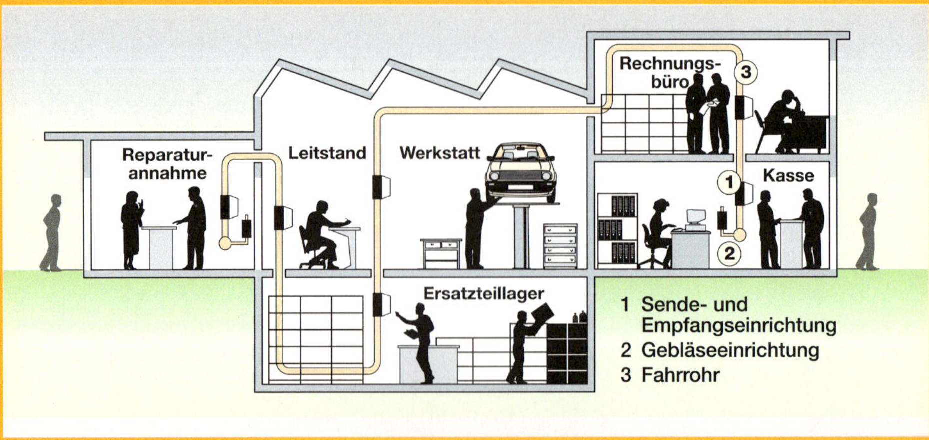

3.2 Postausgang und Postsendungen

Diese Lektion informiert Sie über:

- den Arbeitsablauf und die Tätigkeiten beim Postausgang
- die Besonderheiten beim Bearbeiten der Ausgangspost
- Merkmale bei Sendungsarten und Zusätzlichen Leistungen
- Möglichkeiten zum Versand

mit Praxistipps und Internethinweisen

Wissenswertes

Aus der Betriebsanweisung einer Poststelle:
Beim Standardbrief sind folgende Merkmale zu beachten:
Gewicht: bis 20 g
Länge: 14,0 bis 23,5 cm
Breite: 9,0 bis 12,5 cm
Höhe: bis 0,5 cm

Frankiermaschinen bieten folgende viele Vorteile:

- Eine Portokasse mit Bargeld ist nicht erforderlich:
- Ein Portobuch braucht nicht geführt zu werden.
- Ein Briefmarkenvorrat ist nicht erforderlich.
- Postsendungen werden schneller frankiert.
- Frankiermaschinen geben Auskunft über den Portovorrat, die Zahl der ausgehenden Sendungen und die täglichen Portokosten

Kennen Sie schon die PC-Frankierung mit „stampit"?
Für Kunden der Deutschen Post AG besteht die Möglichkeit, Postsendungen über handelsübliche Personal Computer und Drucker zu frankieren. Die PC-Frankierung eignet sich insbesondere für Geschäftskunden, also kleinere Betriebe und Büros, z. B. Selbstständige, Ärzte, Rechtsanwälte, Handwerker, die ihre Briefe mit dem PC erstellen oder die Anschriften auf Etiketten erstellen. Über Stampit Web, die Online-Briefmarke aus dem Internet, informiert die Deutsche Post AG in einem Flash-Film. Nähere Angaben dazu finden Sie bei den Internethinweisen.

3.2.1 Der Postausgang. Durch Büroförderanlagen oder einen Botendienst wird die Ausgangspost der Abteilungen eines Betriebes einer zentralen Poststelle übergeben.

Hier unterscheidet man zwei grundsätzliche Arbeitsabläufe, die durch die Art der einzelnen Sendungen (Massen- oder Tagespost) bestimmt werden.

In Kleinbetrieben werden diese Aufgaben dezentral bzw. im Sekretariat ausgeführt.

Während das **Adressieren** der Tagespost meistens beim Schreiben der Briefe erfolgt, gibt es für die Massenpost unterschiedliche Möglichkeiten.

Nach dem **Kontrollieren** der Tagespost, die evtl. Anlagen enthalten kann, und dem **Zusammentragen** verschiedener Exemplare (Schriftstücke, Preislisten, Prospekte) der Massenpost erfolgt das Falzen der einzelnen Sendungen. Beim Falzen unterscheidet man verschiedene Falzarten, die je nach der verwendeten Briefhülle erfolgen.

Das **Kuvertieren** bezeichnet das Einlegen der Schriftstücke in Briefhüllen. Bei Fensterbriefhüllen ist es wichtig, dass die Anschrift auch tatsächlich im Fenster zu lesen ist. Kuvertiermaschinen erledigen diesen Arbeitsschritt automatisch.

Das **Schließen** der Briefhüllen kann mit Briefschließmaschinen ausgeführt werden. Für die maschinelle Tätigkeit sind selbstklebende Briefhüllen zu empfehlen.

Bevor das **Frankieren** erfolgt, wird die Tagespost nach verschiedenen Portoklassen getrennt, die sich aus der Sendungsart, dem Gewicht und den zusätzlichen Leistungen ergeben. Es kann entweder mit Postwertzeichen (Briefmarken), mit einer Frankiermaschine oder über die PC-Frankierung frankiert werden.

Für alle Arbeitsschritte des Postausgangs gibt es leistungsfähige Maschinen, die entweder einzeln oder als **Poststraße** aufgestellt sind.

Dieses leistungsfähige **Adressiersystem** erreicht bis zu 25.000 Drucke pro Stunde und ist für Anschriften, Barcodes, Grafiken und Entgeltvermerke einsetzbar.

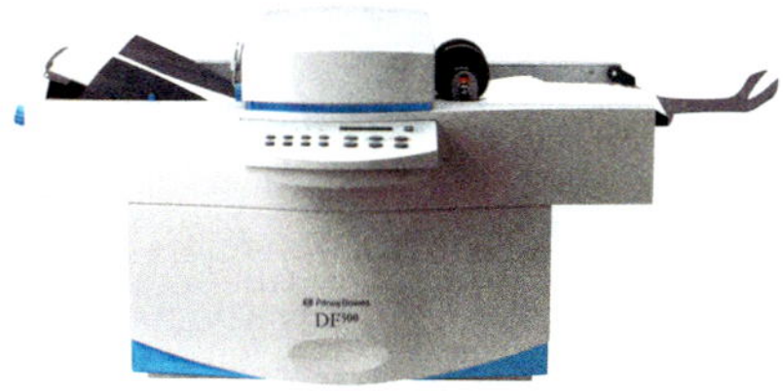

Für verschiedene Falzarten (Einfachfalz, Doppelfalz, Zeichnungsfalz, Zickzackfalz und Fensterfalz) ist dieses **Falzsystem** geeignet.

Mit dieser **Kuvertiermaschine** ist ein automatisches Erkennen und Einstellen von Briefformaten und -stärken bei schneller Verarbeitung (bis zu 3 000 Briefhüllen pro Stunde) möglich.

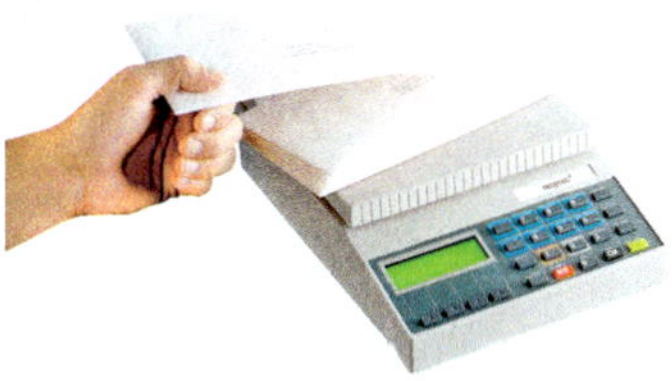

Diese computergesteuerte **Portowaage** hat eine dreifache Funktion, nämlich Portorechnen, Wiegen und Zählen, sie verfügt über einen Anschluss an ein Frankiersystem.

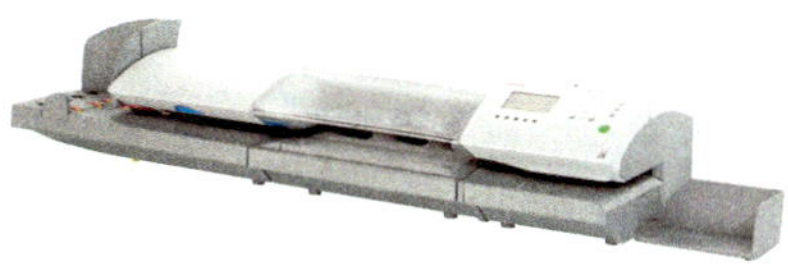

Das Frankieren ist mit einem **Frankiersystem** möglich. Das abgebildete System hat eine Schnittstelle zur Portowaage.

Die Verbindung zwischen Telefon und Frankiersystem kann durch die Fernwertvorgabe eingestellt werden.

Alternativ ist die **PC-Frankierung** über das Internet möglich.

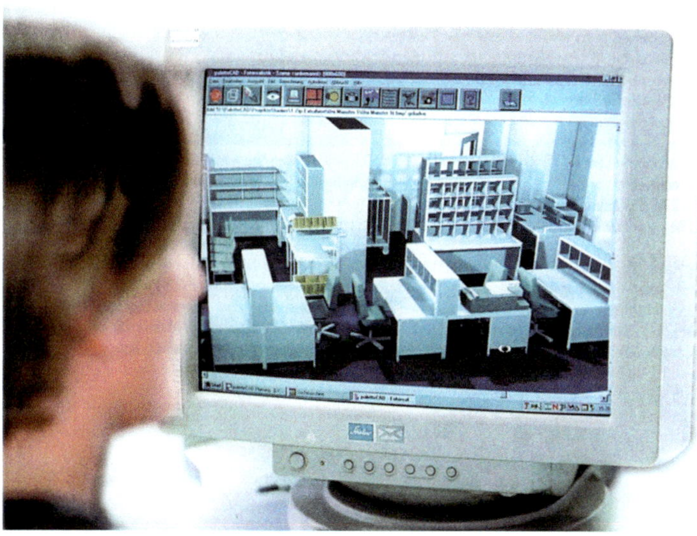

Die Arbeitsmittel und Geräte des Postausgangs werden in größeren Unternehmen innerhalb einer Poststelle zur **Poststraße** zusammengefasst. Für jede Betriebsgröße gibt es eine angepasste Lösung.

3.2.2 Produkte Deutsche Post AG (Überblick). Die Deutsche Post AG stellt in ihren Produkt-Informationen und im Internet alle Produkte ausführlich vor. Hier erhalten Sie einen Überblick über wichtige Möglichkeiten. Der Portokalkulator führt wichtige Produkt- und Preisinformationen auf und errechnet das Porto.

Brief schriftliches Kommunikationsmittel für vertrauliche Nachrichten

Postkarte als unverschlossene schriftliche Nachrichtenübermittlung

Presseprodukte für den Versand von Presseerzeugnissen als Postvertriebsstück, Werbeversand oder Pressesendung

Europabrief Briefbeförderung auf dem schnellsten Weg innerhalb Europas

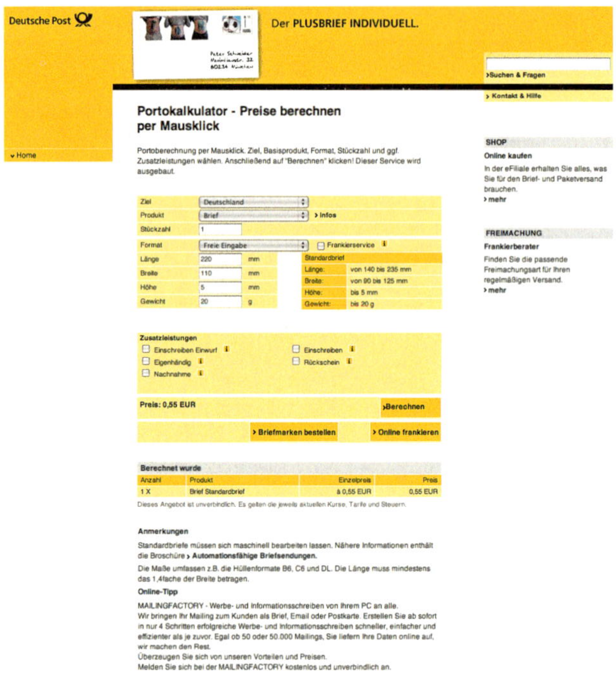

Büchersendung preisgünstiger Versand von Büchern, Broschüren, Notenblättern usw.

Weltbrief Briefbeförderung in der ganzen Welt (Luftweg oder Landweg)

Warensendung kostengünstiger Versand kleiner Gegenstände (evtl. mit Rechnung)

Postwurf als unadressierte Werbesendungen an Haushalte bzw. Briefabholer

Infobrief für den günstigen Versand mindestens 50 adressierter Werbesendungen an Kunden

Telegramm als schriftlicher Ersatz für die moderne Nachrichtenübermittlung per Telefon, Fax oder E-Mail

Infopost wie Infobrief, jedoch folgende Mindestmengen: Bundesweit 4 000, Leitregion 250, Leitbereich 50

Elektronischer Briefservice digitale Druckdienstleistungen (s. e-Post)

Blindensendung portofreier Versand von Informationen für Blinde

Zusatzleistungen zusätzliche Versandmöglichkeiten gegen Entgelt (siehe nächste Seite)

Postzustellungsauftrag Übermittlung amtlicher Schriftstücke

Sonstige Leistungen internationaler Antwortschein, Frankierservice usw.

Online-Services. Der o. g. Portokalkulator erleichtert die Arbeit beim Postausgang, insbesondere bei der Berechnung des Portos. Daneben gibt es weitere Möglichkeiten, über das Internet Hilfe zu erhalten, die Sie aus der folgenden Übersicht entnehmen können.

Bezeichnung bzw. Link	**Internetseite**
Filialsuche	www.yellowmap.de/
Portokalkulator	www.deutschepost.de/
PLZ-Suche	plz1.postdirekt.de/
Sendungen erfolgen	www.deutschepost.de/
Versandberater	www.versandberater.de

437960

Zusatzleistungen erhöhen die Sicherheit ausgewählter Sendungen. Die folgende Tabelle zeigt verschiedene Möglichkeiten. Welche Kombinationen möglich sind, entnehmen Sie der Übersicht auf der folgenden Seite.

Bezeichnung	Merkmal	Besonderheit
Einschreiben	Bei wichtigen Postsendungen (Briefe, Postkarten, Blindensendungen) kann eine Übergabe- oder Empfangsbestätigung erfolgen.	**Einschreiben:** Der Versand wird durch einen Einlieferungsschein nachgewiesen. Vom Zusteller und vom Empfänger oder einem anderen Empfangsberechtigten wird die Übergabe der Sendung dokumentiert. **Einschreiben Einwurf:** Von der Deutschen Post wird der Einwurf in den Briefkasten oder in das Postfach des Empfängers dokumentiert.
Einschreiben Rückschein	nur bei Einschreiben (Übergabe) und Nachnahme	Der Absender erhält eine Auslieferungsbescheinigung mit der Unterschrift des Empfängers.
Einschreiben Eigenhändig	nur bei Einschreiben (Übergabe) und Nachnahme	Die Sendung wird nur an den Empfänger persönlich oder an einen besonders Bevollmächtigten ausgeliefert und schriftlich quittiert.
Einschreiben Eigenhändig Rückschein	nur bei Einschreiben (Übergabe) und Nachnahme	Der Absender erhält eine Auslieferungsbescheinigung, nachdem die Sendung an den Empfänger persönlich oder einen besonders Bevollmächtigten ausgeliefert und schriftlich quittiert wurde.
Nachnahme	Höhe des Betrages: bis 5.000,00 € in bar oder mit anderen sicheren Zahlungsmitteln	Übergabe der Sendung nur gegen Einzug des angegebenen Nachnahmebetrages
Werbeantwort	Der Empfänger trägt die Kosten.	Vorbereitete Antwortkarten können vom Absender unfrei eingeliefert werden.

Ein **Barcode-Label** wird als Arbeitsmittel bei einem Einschreiben und einer Nachnahme mit folgenden Abschnitten verwendet:

A = oberer Abschnitt für die Briefhülle

B = mittlerer Abschnitt für postinterne Zwecke

C = unterer Zahlenstreifen mit Identnummer für das Feld „Einlieferungsnummer" des Einlieferungsbelegs bzw. Rückscheins

Die Klassiker im Schriftverkehr: Briefe und Postkarten
(Preisangaben per Januar 2008)

Maße, Gewichte, Preise			
Produkt	**Maße**	**Gewicht**	**Preis**
Standardbrief	L: 140-235 mm* B: 90-125 mm H: <=5 mm	bis 20 g	0,55 EUR
Kompaktbrief	L: 100-235 mm* B: 70-125 mm H: <= 10 mm	bis 50 g	0,90 EUR
Großbrief	L: 100-353 mm B: 70-250 mm H: <= 20 mm	bis 500 g	1,45 EUR
Maxibrief	L: 100-353 mm B: 70-250 mm H: <= 50 mm	bis 1.000 g	2,20 EUR
Postkarte	L: 140-235 mm* B: 90-125 mm	Flächengewicht 150-500 g/qm	0,45 EUR

Die folgende Übersicht zeigt, welche **Zusatzleistungen** mit Briefen, Postkarten sowie Blindensendungen gegen zusätzliches Porto kombiniert werden können. Über Einzelheiten und Kosten informiert der „Portokalkulator“.

Zusatzleistung / Sendung	Brief	Blindensendung	Postkarte
Einschreiben	X	X	X
Einschreiben Einwurf	X	X	X
Einschreiben Rückschein	X	X	X
Einschreiben Rückschein Eigenhändig	X	X	X
Nachnahme	X	–	X

DHL-Päckchen und Pakete

Die Übersicht der nächsten Seite zeigt Einzelheiten zum Versand von DHL-Päckchen und DHL-Paketen, wobei auch der Express-Versand aufgeführt wird. Neben den Informationen in der Preisliste „Leistungen und Preise“ der Deutschen Post AG finden Sie weitere Einzelheiten unter der angegebenen Internetadresse.

DHL-Päckchen

Preiswerter Versand von Informationen und Gegenständen: Höchstgewicht: 2 kg, mit dem Vermerk „Päckchen“ oder „Petit paquet“, evtl. mit der Zusatzleistung „Premium“ (= schnellster Beförderungsweg ins Ausland)

DHL-Paket

Warenversand für verpackte und adressierte Güter bis 20 kg Gewicht. Haftung im nationalen Versand: bis 500 € (höhere Werte gegen besondere Transportversicherung)

Sonderformen: DHL-ePaket, DHL-Call-Paket mit erweiteren Servicemöglichkeiten, z. B. Abholung

DHL-Paketservices

Premium = Schnellbeförderung ins Ausland	**Rückschein** = Bestätigung der Ablieferung	**Transportversicherung** = Haftung bei Verlust oder Beschädigung	**Nachnahme** = Inkassoverfahren bei Auslieferung	**Sperrgut** = Besonderheiten hinsichtlich Form, Material, Maße usw.
Rollenversand = Bestätigung der Ablieferung für industriell gefertigte quaderförmige Verpackungshilfe	**Unfrei** = Pauschalentgelt für nicht freigemachte Paketsendungen, die bei der Zustellung erhoben werden	**Nachsendeservice** = Möglichkeit der Nachsendung von Paketen im Inland	**Schriftlicher Abliefernachweis** = Nachweis durch Ausdruck der Zustellliste mit der Unterschrift des Paketempfängers	**Vorausverfügung** = Verfügung des Absenders, dass ein Paket bei Unzustellbarkeit zurückgesandt wird

Express-Brief

= Briefe, die innerhalb Deutschlands am nächsten Tag zugestellt werden. Beim nationalen Expressversand besteht eine Haftung bis zu einer Summe von 500 Euro

Express-Paket

= DHL-Paket mit Express-Service, wobei Pakete innerhalb Deutschlands am nächsten Tag zugestellt werden. Es werden dabei verschiedene Zustellzeiten unterschieden. Auch die Zusatzleistung „Eigenhändig“ ist möglich,

Bei Fragen und Problemen:
www.versandberater.de

Express-International

= Versand von Dokumenten und Waren innerhalb der Europäischen Union mit einer Zustellung, die in der Regel schon am nächsten Tag erfolgt.

Express-Services

Zustellung vor einem bestimmten Termin*

- Eigenhändig, d. h. Übergabe an den Empfänger persönlich oder einen besonders Bevollmächtigen*
- Rückschein, wobei der Absender eine Bestätigung erhält, dass die Sendung abgeliefert wurde.**
- Transportversicherung***

* für Express-Brief und Express-Paket
** für Express-Brief
*** für Express-Brief, Express-Paket und Express-International

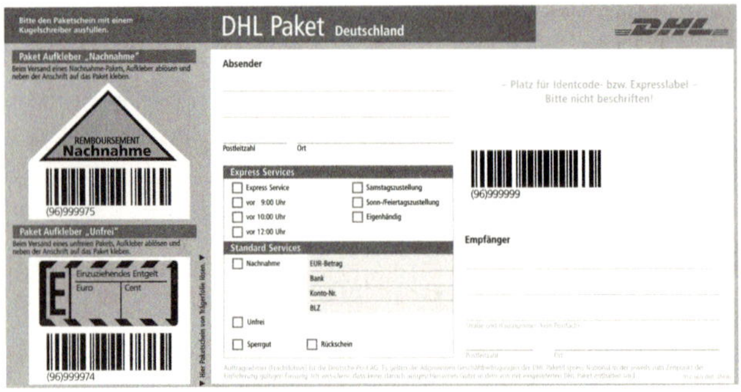

Beim Paketversand muss ein zweiteiliger Paketschein ausgefüllt werden, wobei das Original auf das Paket geklebt wird und die Durchschrift dem Absender als Einlieferungsschein dient. Der linke abtrennbare obere Teil des Vordrucksatzes ist bei Nachnahmesendungen und der untere Teil beim Versand eines unfreien Paketes aufzukleben.

Telegramm

Ein Telegramm ist eine schriftliche Nachricht, die jedermann zur eiligen Beförderung an einen beliebigen Empfänger aufgeben kann. Der Telegrammverkehr spielt im Wesentlichen dann eine Rolle, wenn der Empfänger über die modernen Telekommunikationsdienste nicht zu erreichen ist. Telegramme mit Schmuckblatt werden für besondere Glückwünsche eingesetzt.

Die folgende Übersicht zeigt die verschiedenen Arten von Telegrammen und die Möglichkeiten sie aufzugeben.

Minitelegramm	**Maxitelegramm**
bis zu 10 Wörter	bis zu 30 Wörter
für je weitere 10 Wörter gegen Zuschlag	
mit oder ohne Schmuckblatt	
Aufgeben per Telefon: 01805 121210 oder per Fax: 01805 121211 oder Im Internet nach dem Motto „In 5 Schritten zum Ziel" unter www.telegramme.de	

Postpakete aus der Sicht des Bundesbeauftragten für den Datenschutz:
Bei der Einlieferung eines nachweispflichtigen Paketes wird in der Einlieferungspostfiliale ein zwölfstelliger **Identcode** vergeben, der als Auftragsnummer dient und auf das Paket aufgeklebt wird. Dieser Identcode befindet sich auch auf dem Einlieferungsschein des Absenders.

Der **Identcode** enthält an den ersten fünf Stellen eine sog. Kundenkennung, an den nächsten sechs Stellen die Einlieferungsnummer und an zwölfter Stelle eine Prüfziffer. Die erste und zweite Stelle innerhalb der Kundenkennung bezeichnen das Frachtpostzentrum, in dessen Bereich die Sendung eingeliefert wurde, die nächsten drei Ziffern sind u. a. an Großkunden, z. B. Versandhäuser, als Kennnummer vergeben. Unter Angabe des Identcodes kann der Absender des Paketes über eine Service-Telefonnummer eine sog. Statusabfrage durchführen, d. h., er kann feststellen, welche Stationen das Paket auf dem Beförderungsweg bereits durchlaufen hat.

Von der Einlieferungs-Postfiliale wird das Paket zum nächstgelegenen Frachtpostzentrum gebracht. Hier wird erstmals der Identcode eingescannt. Zugleich erhält das Paket einen sog. **Leitcode**, der die Zieladresse (Postleitzahl, Straßen-Kennzahl, Hausnummer) des Paketes angibt und es ermöglicht, dass das Paket vom Transportsystem im Einlieferungs-Frachtpostzentrum automatisch zur Beladestelle des LKWs gelangt, der das Paket während der Nacht zum Auslieferungs-Frachtpostzentrum befördert.

Im Auslieferungs-Frachtpostzentrum wird der Identcode aller ankommenden Pakete erfasst, bevor diese weiter zu den Zustellstützpunkten transportiert werden.

Im Zustellstützpunkt wird das Paket von dem für die Zustelladresse zuständigen Frachtpostzusteller übernommen, der das Paket bei der angegebenen Empfängeranschrift, ggf. bei einem Ersatzempfänger (z. B. Hausbewohner, Nachbar), zustellt. Zum Nachweis der ordnungsgemäßen Auslieferung lässt sich der Zusteller bei der Übergabe an den Empfänger oder Ersatzempfänger den Empfang des Paketes auf einem Handscanner-Pad durch Unterschriftsleistung quittieren.

ePOST Classic – Lücke zwischen Brief und E-Mail

Die Deutsche Post AG bietet nicht nur den traditionellen Brieftransport, sondern auch den elektronischen Transfer über die Datenleitung an – die ePOST Classic. Bei dieser Arbeitsweise werden die Daten der Briefe zwischen den einzelnen ePOST-Stationen elektronisch übertragen und erst in der Empfangsstation ausgedruckt, bearbeitet und dann zugestellt. Mit der ePOST schließt die Deutsche Post AG die Lücke zwischen dem herkömmlichen Brief und der E-Mail.

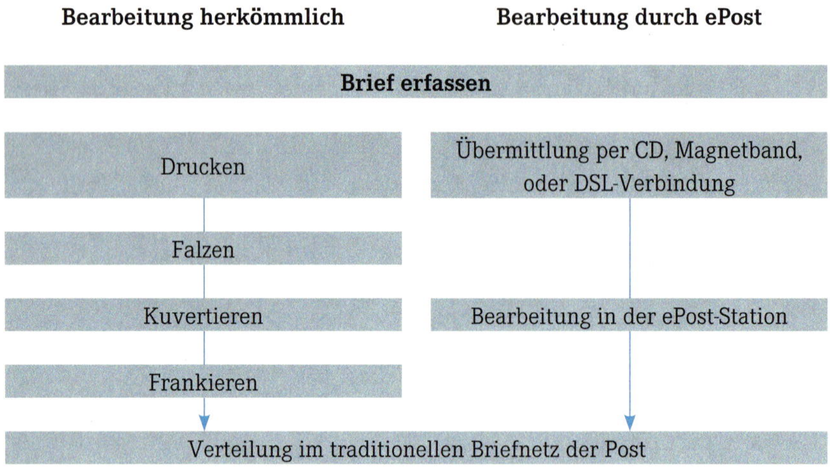

Die Übersicht zeigt, dass herkömmliche Arbeitsabläufe eingespart werden können und die ePOST somit eine Kostensenkung ermöglicht.

Arbeitsablauf

Statt Rechnungen, Gebührenbescheide oder Mahnungen selbst zu drucken, zu falzen, zu kuvertieren, zu frankieren und bei der Post einzuliefern, senden inzwischen immer mehr Postkunden die Daten ihrer Briefe an die nächstgelegene ePOST-Station. Das geht per CD oder Magnetband, immer häufiger aber auch per USB-Stick oder Internet-Verbindung. In der Eingangs-ePOST-Station teilt eine Software die Daten der Empfänger nach Regionen auf. Briefe für Empfänger des Einzugsbereichs werden direkt ausgedruckt, weiterverarbeitet und dem traditionellen Briefnetz übergeben. Alle anderen werden elektronisch auf die dem Empfänger nächstgelegene ePOST-Station verteilt.

Unterschiede zu herkömmlichen Briefen

Gegenüber herkömmlichen Briefen sind folgende Unterschiede festzustellen: ePOST-Briefe haben spezielle Freimachungsvermerke in der rechten oberen Ecke der Briefhülle. In der nebenstehenden Abbildung ist auch das kleine ePOST-Logo zu erkennen. Außerdem hat jedes Blatt des Briefes am linken Rand einen Aufdruck mit internen Kennziffern.

Praxistipps

- Die Kosten des Postausgangs können durch den Einsatz moderner Arbeitsmittel und Formen der Telekommunikation (z. B. Telefon, Telefax, E-Mail, ePost) erheblich gesenkt werden.
- Die wichtigsten Angebote der Deutschen Post AG sollte man kennen. Die Preisliste „Leistungen und Preise", die Sie in jeder Postfiliale in Form einer Broschüre erhalten oder über das Internet herunterladen können, sind für die Arbeit im Postausgang eine große Hilfe.
- Beim Einsatz von Frankiermaschinen sollte ein Kontrollbuch geführt werden.

Internethinweise

Die folgende Internetseite, die in den Beiträgen bereits erwähnt wurde, wird Ihnen bei der Arbeit im Bereich „Postausgang" eine wertvolle Unterstützung sein: www.deutschepost.de

Informationen über die Poststelle der Fachhochschule Köln erhalten Sie unter dem gleichnamigen Suchwort unter der folgenden Internetseite: www.verwaltung.fh-koeln.de/

Alle Einzelheiten zum Thema Entgelte der Deutschen Post AG und anderer Anbieter zeigt Ihnen die folgende Internetseite: www.postsitter.de

Tipps und Tricks aus dem Bereich des Postversandes bietet die folgende Internetseite: www.weiterhilfe.de/brief/

Die Arbeitsweise mit der PC-Frankierung „stampit" der Deutschen Post AG steht im Mittelpunkt des Flash-Films der folgenden Internetseite: www.deutschepost.de/dpag?tab=1&skin=hi&check=&lang=de_DE&xmlFile=link1015430_1006155

Auf einen Blick

- Beim Postausgang unterscheidet man zwei grundsätzliche Arbeitsabläufe: Bearbeitung der Tagespost und Bearbeitung der Massenpost.
- Die Haupttätigkeiten im Postausgang sind: Zusammentragen, Falzen, Kuvertieren, Schließen, Wiegen und Frankieren der Sendungen.
- Die Arbeitsmittel und Geräte des Postausgangs werden in größeren Unternehmen innerhalb einer Poststelle zur Poststraße zusammengefasst.
- Durch Zusatzleistungen sind besondere Versendungsformen für Postsendungen möglich, um z. B. die Sicherheit und Geschwindigkeit zu erhöhen.
- Ein Telegramm ist eine schriftliche Nachricht, die jedermann zur eiligen Beförderung an einen beliebigen Empfänger aufgeben kann.
- Die ePost schließt die Lücke zwischen E-Mail und Brief.

Aufgaben

1. Zählen Sie die Tätigkeiten im Postausgang auf.

2. Welche maschinellen Hilfsmittel, die im Postausgang eingesetzt werden, sind Ihnen bekannt?

3. Was versteht man unter einer „Poststraße“ als Hilfsmittel für den Postausgang?

4. Was versteht man unter dem Arbeitsschritt „Frankieren“ und welche Möglichkeiten gibt es?

5. Wie lautet die Bezeichnung für die Maschine der folgenden Abbildung? Geben Sie die Vorteile dieser Maschine an.

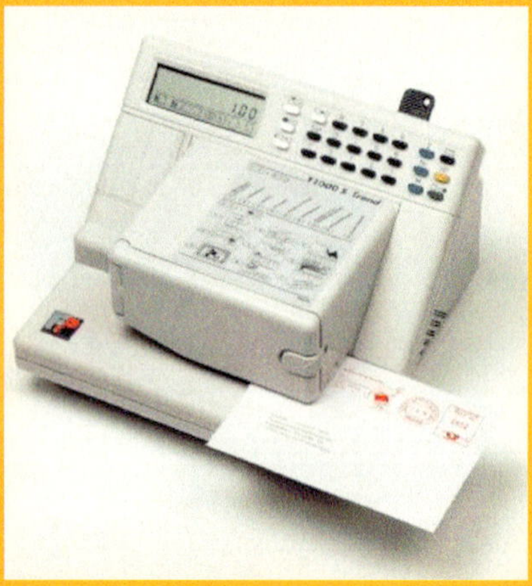

6. Nennen Sie fünf Angebote der Deutschen Post AG zum Bereich „Brief-Kommunikation“.

7. Wie lauten die Bezeichnungen bei der Unterscheidung von Briefen nach den Maßen und Gewichten?

8. Was versteht man unter dem Begriff „Standardbrief“?

9. Für welche Unterlagen eignet sich die Büchersendung?

10. Beschreiben Sie den Begriff „Warensendung“?

11. Was versteht man unter einer „Blindensendung“?

12. Erläutern Sie kurz den Begriff „Zusatzleistungen“

13. Geben Sie fünf Zusatzleistungen an.

14. Welche Unterschiede bestehen zwischen Infopost und Infobrief?

15. Bei welchen Sendungen wird ein Barcode-Label verwendet?

16. Beschreiben Sie den Begriff „DHL-Paket“.

17. Was versteht man unter dem Begriff „Express-Paket“?

18. Wie nennt sich der Vordrucksatz für den Versand eines Paketes?

19. Welche Arten von Telegrammen werden unterschieden?

20. Was versteht man unter dem Begriff „ePost“?

21. Wie lassen sich die Kosten für den Postausgang in einem Unternehmen senken? Geben Sie praktische Beispiele dafür an.

22. Versenden Sie mithilfe der Internetseite www.funcard.de eine Karte an Ihre Eltern oder Ihre(n) Freund(in).

04

Problemlösungen mit Informationen, Lernimpulsen und Anwendungsmöglichkeiten zu folgenden Fragen:

> **Welche Ordnungssysteme werden angewendet?**

> **Wie lauten die Regeln für die normgerechte Ordnung?**

> **Was muss man bei der Schriftgutaufbewahrung beachten?**

> **Welche Ablagearten und Registraturformen werden in der Praxis eingesetzt?**

> **Warum ist die elektronische Aufbewahrung von Schriftstücken sehr wirtschaftlich?**

Aus der Berufspraxis Frau Edelgard Nolte arbeitet nach einer längeren Pause, die sie wegen der Erziehung ihrer Kinder eingelegt hat, wieder als Büroangestellte. Sie kennt das Unternehmen aus einer Zeit, in der die Bürotechnik noch nicht so weit fortgeschritten war. Man arbeitete damals noch mit Speichermedien und Verfahren, die heute nur noch sehr selten eingesetzt werden.

Sie kann sich erinnern, dass es eine Kartei gab, mit der z. B. die Daten der Mitarbeiter erfasst und verwaltet wurden. Heute wird dafür in den meisten Fällen ein Personal Computer in Verbindung mit einem speziellen EDV-Programm eingesetzt. Frau Nolte hat damals Schriftstücke im Rahmen der Mikrografie verfilmt und diese auf Rollfilmen aufbewahrt. Man konnte damit über 90 % Platz sparen. Dieses Verfahren ist heute auch nicht mehr der neueste Stand der Technik und die Mikrografie wird nur noch für vorhandene Bestände eingesetzt. Die Schriftgutaufbewahrung erfolgt in einem modernen Büro innerhalb einer elektronischen Ablage.

Oftmals spielt die Schriftgutaufbewahrung in der Registratur, heute auch Dokumentenmanagement genannt, noch eine große Rolle. Frau Nolte kennt die einzelnen Arbeitsschritte aus ihrer früheren Tätigkeit noch ganz genau und weiß, dass sie den Arbeitsschritt „Ordnen“ ganz besonders sorgfältig ausführen muss. In die modernen Abläufe arbeitet sie sich nach und nach ein, denn sie kennt die Grundlagen der Computeranwendung und die einzelnen Spezialprogramme verfügen über gute Hilfefunktionen. Außerdem hat sie eine nette Kollegin, die sie jederzeit fragen kann.

4.1 Ordnungssysteme

Diese Lektion informiert Sie über:

- wichtige Ordnungssysteme
- Regeln für die Ordnung von Personennamen
- Regeln für die Ordnung von Unternehmen, Behörden und Vereinen
- Regeln für die Ordnung von Ortsnamen
- Regeln für die Ordnung von Straßennamen

mit Praxistipps und Internethinweisen

Wissenswertes

Ordnung ist nicht alles, aber ohne Ordnung ist alles nichts!
Die Überschrift ist ein abgewandelter Satz von Schopenhauer, der sich eigentlich auf die Gesundheit bezieht. Gesundheit hat eben auch etwas mit Ordnung zu tun. Wenn Ihr Körper in Ordnung ist, sind Sie gesund. Wenn in Ihrem Büro Unordnung herrscht, wirkt sich das auf Ihre Gesundheit und die Ihrer Mitarbeiter aus. Die Einen sagen: „Wofür haben wir den Computer? Alles einscannen und schon ist man die Ordnungsprobleme los." Die Anderen sagen, vom Papier kann ich mich nicht trennen, denn es ist der zuverlässigste, einfachste und menschenfreundlichste Datenträger. Stromausfälle, Computerviren usw. berühren das Papier im Büro überhaupt nicht. Quelle: www.carma-organizer.de

Zur Ordnung zählt auch die Ordnerbeschriftung
Nicht nur das ordnungsgemäße Ablegen von Schriftstücken ist ein wichtiges Gebot innerhalb der Bürotätigkeiten, sondern auch die Beschriftung der Schriftgutbehälter. Klassische Stehordner sind mit einem Papierschild auf dem Rücken versehen. Der kann mit der Hand schnell gut oder weniger gut beschriftet werden. Professioneller ist die Beschriftung mit einem PC und der entsprechenden Software. Die Internethinweise dieses Kapitels zeigen Ihnen verschiedene Möglichkeiten.

Albert Einstein hat einmal gesagt: „Ordnung braucht nur der Dumme, das Genie beherrscht das Chaos." Diskutieren Sie diese Aussage.

4.1.1 Möglichkeiten der Ordnung. Die folgende Übersicht beschreibt die wichtigsten Ordnungssysteme mit Beispielen der Praxis:

Bezeichnung	Beschreibung	Beispiel
alphabetisch	nach dem ABC	Abel, Zeidler
numerisch	nach Ziffern	1, 999
alphanumerisch	nach Ziffern und Zeichen	2 A, 4 B
chronologisch	nach der Zeit	01.01.08, 31.12.08
mnemotechnisch	nach Symbolen	, ♥

4.1.2 Alphabetische Ordnung. Die Norm DIN 5007 regelt die „Ordnung von Schriftzeichenfolgen", wobei folgende Inhalte zu erwähnen sind:

Teil 1 = Allgemeine Regeln für die Aufbereitung (ABC-Regeln)

Teil 2 = Ansetzungsregeln für die alphabetische Ordnung von Namen.

4.1.3 Regeln für die Ordnung von Personennamen. Die folgenden Übersichten führen wichtige Regeln und Beispiele für das Ordnen von Personennamen, Namen von Unternehmen, Behörden und Vereinen sowie Orts- und Straßennamen auf.

Regel	Beispiel für die Reihenfolge
Personennamen werden nach dem **Anfangsbuchstaben** geordnet, falls mehrere Namen mit dem gleichen Buchstaben beginnen, wird der zweite, dritte usw. Buchstabe berücksichtigt.	A**b**rasch, A**d**ers; Ber**g**mann, Ber**t**ram; Corde**m**ann, Corde**s**
Beim Ordnen von **Umlauten** wird auf den Grundbuchstaben zurückgeführt, ä = a, ö = o, ü = u	**Garte**r, **Gärtn**er; K**ä**se, K**e**ese; **Jürge**ns, **Jurgo**w
Die Buchstabenfolgen ch, ck, sch, sp und st werden in zwei bzw. drei Buchstaben und ß wie ss geordnet	B**a**ch, Ba**r**t, B**e**cker, Be**r**tram; Dr**ep**wost, Dr**es**pe; O**sd**orf, O**st**orf; Po**ss**mann, Po**ß**-**n**er
Erstes Ordnungswort ist der Familienname, zweites Ordnungswort der Vorname, drittes Ordnungswort der Ort. Sofern dies nicht ausreicht, müssen weitere Merkmale (z. B. Straße, Hausnummer, Beruf) hinzugefügt werden.	Sander; Sander, **Ad**ele; Sander, **An**ette; Sander, Klaus, **A**lfeld; Sander, Klaus, **H**annover; Sander, Willi, Hannover, **N**ordufer; Sander, Willi, Hannover, **O**sterstraße
Doppelnamen folgen nach einfachen Namen, d. h. es werden zunächst alle einfachen Namen und dann die Doppelnamen geordnet.	Zeddies, **U**lrike; Zeddies, **W**alter; Zeddies-**A**bel, Claudia; Zeddies-**W**under, Ralf

Regel	Beispiel für die Reihenfolge
Nicht berücksichtigt werden Vorsatzwörter, z. B. de, van, von, akademische Grade, z. B. Dr., Dipl.-Hdl., oder historische Namenszusätze, z. B. Baron, Freiherr.	**A**ltmann, Klaus, von; **C**ordes, Frank, Dr.; **D**eutschmann, Lutz, Dipl.-Hdl., **E**rwijk, Rik, van; **Z**ehntdorf, Werner, Baron von

4.1.4 Beispiel aus der Praxis

1. Anrede	2. akademischer Grad	3. Vorname	4. historischer Namenszusatz	5. Zusatzwort	6. Nachname
Herr	Dr.	Ludwig	Graf	von	Estorff

Reihenfolge der alphabetischen Ordnung: 6., 3., 4., 2. oder 6., 3., 2., 4. also
Estorff, Ludwig, Graf, Dr. bzw.
Estorff, Ludwig, Dr. Graf

4.1.5 Regeln für die Ordnung der Namen von Unternehmen, Behörden und Vereinen

Regel	Beispiel für die Reihenfolge
Namen von Unternehmen usw. werden nach dem Anfangsbuchstaben geordnet, wobei Namen mit Bindestrich wie selbstständige Wörter geordnet werden.	**F**ensterreinigungsdienst, **T**öneböhnstiftung, **X**aver-Grimme-Haus
Vorsatzwörter, z. B. • die Artikel der, die, das • die Konjunktionen &, und • die Präpositionen am, zur, für, die (außer am Anfang stehende Präpositionen) werden nicht berücksichtigt.	Der **H**elfer in der Not, H**i**llmann & Sohn, Hillmann**s**on, Das **S**uperrestaurant, **V**erein für Hundezüchter, **Z**ur Weserlust
Wenn das erste Wort eine Sachbezeichnung oder ein Nachname ist, wird die Ordnungsfunktion darauf übertragen.	Farbenhaus Eberhard Münter; **L**inkmann Farbenhaus; Aldin **O**stermann, Tapetenfachhandel

4.1.6 Regeln für die Ordnung von Ortsnamen

Regel	Beispiel für die Reihenfolge
Alle Namensbestandteile bilden ein Ordnungswort. Gleichlautende Ortsnamen werden durch Zusätze unterschieden.	**Alte**nhagen, **Alt K**renzlin (**Altk**renzlin), **Bad** **A**ibling (**Bada**ibling), **Baden-Ba**den (**Badenb**aden), **Badenh**ausen, **Bad** **M**ünder (**Badm**ünder), **Im B**reiten Busch (**Imb**reitenbusch), **Imm**ensen, Mirow (**N**eubrandburg), Mirow (**S**chwerin)

4.1.7 Regeln für die Ordnung von Straßennamen

Regel	Beispiel für die Reihenfolge
Alle Namensbestandteile bilden ein Ordnungswort. Die Abkürzungen für Straße, Platz usw. gelten aus ausgeschrieben.	**Ab**raham-Lincoln-Weg (**Ab**rahamlincolnweg), **Ahrendstr.** (**Ahrendstra**ße), **Ahrendstre**ppe, **Am H**oftheater (**Amh**oftheater), **Ams**elgasse

Hinweis: Die fettgedruckten Buchstaben bestimmen die Ordnung.

4.1.8 Vor- und Nachteile der alphabetischen Ordnung

Vorteile	Nachteile
Durch die Angabe der Anfangsbuchstaben in einem Schriftstück entfällt die zusätzliche Kennzeichnung.	Die Regeln für die alphabetische Ordnung sind etwas kompliziert (Abkürzungen, Namensgleichheiten, Umlaute).

4.1.9 Numerische Ordnung

Dieses Ordnungssystem besteht aus Ziffern und spielt bei Banken (Kontonummer), Telefongesellschaften (Telefonnummer) und in vielen anderen Bereichen eine große Rolle. Da jede Nummer nur einmal auftritt, ist dieses Ordnungssystem sehr sicher, allerdings ist es auch anonym.

4.1.10 Alphanumerische Ordnung. Eine Kombination von Buchstaben und Ziffern bildet bei diesem Ordnungssystem die Grundlage. Ein einfaches Beispiel aus dem Büro: ER 453 = Eingangsrechnung mit der laufenden Nr. 453. Auch in Schulen spielt dieses System eine Rolle. Beispiel: Klasse 11 A.

4.1.11 Chronologische Ordnung. Der Zeitpunkt bestimmt die chronologische Ordnung. Es werden folgende zwei Verfahren unterschieden. 1. Kaufmännische Heftung, wobei das Schriftstück mit dem neuesten Datum oben liegt und 2. Behördenheftung, wobei das Schriftstück mit dem ältesten Datum oben liegt. Die kaufmännische Heftung hat den Vorteil, dass die Ablage des neuesten Schriftstücks schnell erfolgt, während bei der Behördenheftung die ganze Papiersammlung in einem Ordner bewegt werden muss. Die Behördenheftung erleichtert das Lesen eines Vorganges innerhalb der chronologischen Reihenfolge.

4.1.12 Mnemotechnische Ordnung

Zeichen, Symbole oder Merkhilfen sind hier die Grundlage. Dieses Ordnungssystem ist sprachunabhängig, denn eine Grafik wird – unabhängig von der Muttersprache – schnell erkannt.

Praxistipps

- Überlegen Sie, wie viele Ordnungssysteme und welche für Ihr Büro optimal sind. Begrenzen Sie die Auswahl auf eine niedrige Anzahl.
- Ein schlecht organisiertes Ablagesystem mindert die Auskunfts- und Servicefähigkeit eines Unternehmens – deshalb sollten Sie diese Aufgabe zum Schwerpunkt erklären.
- Unterlagen von geringem Wert und ohne Aufbewahrungspflicht (Zeitschriften, Kataloge, Werbung) sollten Sie wegwerfen. Dadurch benötigen Sie für das Ordnen Ihrer gesamten Unterlagen weniger Zeit.
- Ein Außenstehender muss sich in der Ordnung einer Ablage zurechtfinden können. Aus diesem Grund sollten Sie ein System wählen, das im Zweifels- oder Notfall auch anderen den Durchblick und das Finden von gesuchten Unterlagen gewährt.

Internethinweise

Unter dem Motto „Ordnung ist das halbe Leben“ gibt die folgende Internetseite wertvolle Tipps für eine wirkungsvolle Arbeit im Büro- und Privatbereich: www.ordnung-muss-sein.biz/

Die Internetseite „Ordnung mit System“ informiert über dieses Thema und verspricht „Mit der richtigen Ordnung ist die Hälfte der Arbeit schon getan.“ Diese Seite ist unter folgendem Link zu erreichen: www.sylvia-flaskamp.de/

Unter dem Link „Eine Bilderdokumentation“ erfahren Sie Einzelheiten zu der Frage „Wie sieht es aus, wenn ein Kunde Ihr Büro betritt?“ auf folgender Internetseite: www.anplanum.de/

Die optimale Ablage von Dokumenten steht im Mittelpunkt einer informativen Internetseite, die sowohl die Problematik der Ordnung im Büro also auch Ordnungssysteme beschreibt. Sie ist zu erreichen unter folgendem Link: www.akademie.de/fuehrung-organisation/management/kurse/buero-organisieren/dokumentenablage.html

Auf einen Blick

- Die fünf wichtigsten Ordnungssysteme sind folgende: alphabetisch, numerisch, alphanumerisch, chronologisch und mnemotechnisch.
- Die Norm DIN 5007 regelt die „Ordnung von Schriftzeichenfolgen“.
- Die alphabetische Ordnung wird für die Ordnung von Personennamen, Namen von Unternehmen, Behörden und Vereinen sowie Orts- bzw. Straßennamen verwendet.
- Die numerische Ordnung wird aus Ziffern gebildet, sie ist sehr sicher, allerdings auch anonym.
- Die alphanumerische Ordnung ist eine Kombination aus Buchstaben und Ziffern.
- Bei der chronologischen Ordnung unterscheidet man die kaufmännische Heftung und die Behördenheftung.
- Die Grundlage für die mnemotechnische Ordnung sind Zeichen, Symbole oder Merkhilfen.

Aufgaben

1. Welche fünf wichtigen Ordnungssysteme werden unterschieden?

2. Geben Sie eine Kurzbeschreibung für die in Aufgabe 1 erwähnten Ordnungssysteme und führen Sie jeweils ein Beispiel auf.

3. Welche Norm regelt die „Ordnung von Schriftzeichenfolgen"?

4. Wie werden Personennamen in erster Linie geordnet?

5. Geben Sie die Reihenfolge bei der Ordnung für folgende Personennamen an: Wissmann, Kartmann, Kärter, Langen, Wißner

6. Welche Regel kennen Sie für das Ordnen von Umlauten?

7. Geben Sie eine Erläuterung für das erste, zweite und dritte Ordnungswort innerhalb einer Anschrift.

8. Welche Reihenfolge ergibt sich bei dem folgenden Beispiel innerhalb der Ordnung?

   a) Frau
   b) Dipl.-Hdl.
   c) Christine
   d) Baronin
   e) von
   f) Krummdorf

9. Wie werden Namen von Unternehmen, Behörden und Vereinen in erster Linie geordnet.

10. Wie werden Namen mit Bindestrich geordnet?

11. Nach welchem Anfangsbuchstaben würden Sie folgende Unternehmen ordnen? Das Haus der guten Weine, Elektrogroßhandlung Werner Müller GmbH

12. Welche Regel ist für den folgenden Ortsnamen anzuwenden: Klein Berkel

13. Wie werden die folgenden Ortsnamen geordnet: Großbarkau, Ahrweiler, Groß Buchwald, Schülp (Nortorf), Kahleby, Schülp (Rendsburg), Kaiser-Wilhelm-Koog

14. Nennen Sie einen Vorteil und einen Nachteil der alphabetischen Ordnung.

15. Nennen Sie ein charakteristisches Beispiel für die numerische Ordnung.

16. Welcher Nachteil besteht innerhalb der numerischen Ordnungsgrundlage?

17. Welches Ordnungssystem spielt in vielen Schulen eine Rolle? Geben Sie ein Beispiel dafür an.

18. Auf welchem Kriterium basiert die chronologische Ordnung?

19. Was versteht man unter dem Begriff „mnemotechnische Ordnung"?

4.2 Die Registratur

Diese Lektion informiert Sie über:

- **gesetzliche und betriebliche Gründe für die Schriftgutaufbewahrung**
- **die verschiedenen Ablagearten und Registraturformen**
- **wirtschaftliche Standorte für die Registratur**
- **Arten und Einsatzmöglichkeiten von Schriftgutbehältern**
- **aktuelle Möglichkeiten zur elektronischen Archivierung**

mit Praxistipps und Internethinweisen

Wissenswertes

Folgende drei Anfangsbuchstaben deutscher Personennamen sind am häufigsten vertreten:
B = 10,2 %, H = 9,3 %, K = 9 %.
Berücksichtigen Sie dies beim Einrichten Ihrer Registratur.

Aus dem Lexikon
Bilanz = Gegenüberstellung von Vermögen und Kapital für ein Geschäftsjahr
Inventar = Einrichtungsgegenstände eines Unternehmens; Vermögensverzeichnis
lateral = seitlich
vertikal = senkrecht; lotrecht

Das Handelsgesetzbuch (§§ 238 - 257 HGB) und die Abgabeordnung (§ 147) schreiben vor, dass verschiedene Schriftgutarten aufbewahrt werden müssen, und zwar 6 Jahre: empfangene Handelsbriefe, Wiedergaben abgesandter Handelsbriefe sowie Geschäftspapiere und sonstige Unterlagen mit steuerlicher Bedeutung; 10 Jahre: Bilanzen, Inventare und Handelsbücher.

Man unterscheidet zwei Aktenarten:
1. Einzelakten zusammengefasste Schriftstücke, die einen Vorgang betreffen, z. B. Personalakten, Kundenakten;
2. Sammelakten verschiedene Schriftstücke oder Vorgänge, z. B. Bestellungen, Rechnungen

4.2.1 Gründe für die Schriftgutaufbewahrung. Gesetzliche Gründe nach dem Handelsgesetzbuch (HGB) und nach der Abgabenordnung (AO) sowie betriebliche Gründe sind für die Aufbewahrung von Schriftgut innerhalb der Registratur ausschlaggebend.

gesetzliche Aufbewahrung	betriebliche Aufbewahrung
empfangene Handelsbriefe (6 Jahre)	Briefe
Wiedergaben abgesandter Handelsbriefe (6 Jahre)	Kataloge
Bilanzen (10 Jahre)	Prospekte
Handelsbücher (10 Jahre)	Kundenverzeichnisse
Inventare (10 Jahre)	Unterlagen über die Firmengründung und Firmenentwicklung

4.2.2 Wertstufen des Schriftgutes. Um die Registratur nicht zu stark zu belasten, sollte Schriftgut nach dem Inhalt überprüft werden. Die folgenden Wertstufen sind dabei zu berücksichtigen:

ohne Wert: Das sind z. B. Kataloge, Massendrucksachen und Werbesendungen, die ohne Bedeutung sind und sofort vernichtet werden können.

Tageswert: Das sind z. B. Einladungen und unverlangte Angebote mit einmaligem Informationswert. Nach Kenntnisnahme sollte dieses Schriftgut vernichtet werden.

Prüfwert: Das sind z. B. Preislisten und Mahnungen, die kurze Zeit zur Überprüfung aufbewahrt und dann vernichtet werden.

Gesetzeswert: Das sind alle Unterlagen, die einen Handelsvorgang lückenlos darstellen, z. B. Handelsbriefe und Steuerunterlagen.

Dauerwert: Das sind z. B. Unterlagen über die Gründung eines Unternehmens, Grundstücksunterlagen und Patentschriften. Diese Schriftstücke müssen unabhängig vom Gesetz dauernd aufbewahrt werden.

4.2.3 Die Ablagearten. Die einfachste Form der Schriftgutablage ist die ungeheftete Ablage (= Loseblattablage). Dabei wird das Schriftgut ungelocht und ohne Heftung in einen Schriftgutbehälter gelegt. Die geheftete Ablage unterscheidet sich dadurch, dass hier das Schriftgut gelocht in einem Schriftgutbehälter abgeheftet wird. Dabei ist eine Ablage in Einzel- oder Sammelakten möglich.

4.2.4 Die Schriftgutbehälter

liegende Registratur

laterale Stehregistratur

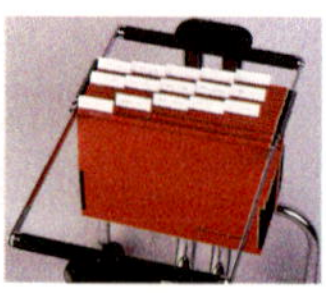
vertikale Hängeregistratur

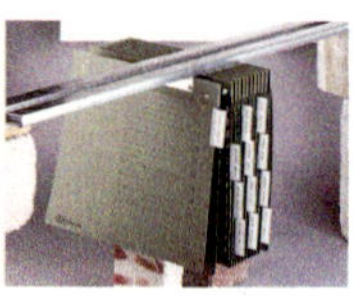
laterale Hängeregistratur

Registraturformen

	liegend	stehend	vertikal hängend	lateral hängend	wahlweise
geheftet	Hefter		Vertikal-Hängehefter	Lateral-Hängehefter	Einstellhefter
geheftet		Stehordner	Vertikal-Hängeordner	Lateral-Hängeordner	Einhängehefter
ungeheftet	Mappe	Sammler	Vertikal-Hängemappe	Lateral-Hängemappe	Einstellmappe
ungeheftet	Aktendeckel	Ablageschachtel	Vertikal-Hängesammler	Lateral-Hängesammler	

4.2.5 Der Standort. Man unterscheidet in der Berufspraxis zwischen Schriftgut, das noch bearbeitet werden muss (= „lebendes Schriftgut"), und Schriftgut, dessen Bearbeitung bereits abgeschlossen ist (= „totes Schriftgut"). Dieser Unterschied wirkt sich auf den Standort der Registratur aus.

Die **Sekretariats- oder Arbeitsplatzregistratur** umfasst Vorgänge, die sich noch in der Bearbeitung befinden. In der Sekretariatsregistratur werden oftmals vertrauliche Unterlagen aufbewahrt. Durch die unmittelbare Nähe zum Arbeitsplatz werden Laufwege vermieden.

Die **Abteilungs- oder Gruppenregistratur** ermöglicht mehreren Mitarbeitern den Zugriff auf Schriftgut, das noch bearbeitet werden muss.

In der **Zentralregistratur** wird das Schriftgut mehrerer Abteilungen eines Betriebes bzw. des gesamten Betriebes abgelegt und verwaltet. Um eine wirtschaftliche Arbeitsweise zu erzielen, sollte diese Registratur zentral innerhalb des Betriebsbereichs liegen.

Die **Altablage** ist oftmals der Zentralregistratur angegliedert. Dieser Bereich ist für „erledigtes" Schriftgut zuständig, das aufgrund der gesetzlichen Aufbewahrungsfristen noch nicht vernichtet werden darf.

Das **Archiv** ist eine Einrichtung für wertvolle Unterlagen, die vor Diebstahl und Feuer geschützt aufbewahrt werden müssen. In Kleinbetrieben wird diese Aufgabe durch einen Tresor erfüllt.

4.2.6 Registraturmöbel. Alle Registraturmöbel sollen in ihrem Aufbau der Registraturform und der Menge des anfallenden Schriftgutes entsprechen. Die Zugriffszeit ist für die Auswahl der Möbel von entscheidender Bedeutung.

Schreibtisch Der Unterbau eines Schreibtisches ist vor allem für die Hängeregistratur am Arbeitsplatz geeignet. Ein nachträglicher Einbau eines Registratureinsatzes ist möglich.

Rollcontainer Fahrbare und feststehende Rollcontainer ergänzen die Ablage am Arbeitsplatz. Die Anwendungsmöglichkeiten sind sehr vielseitig, sodass alle Registraturformen übersichtlich im Griffbereich untergebracht werden können. Rollcontainer gibt es in offenen und verschließbaren Ausführungen.

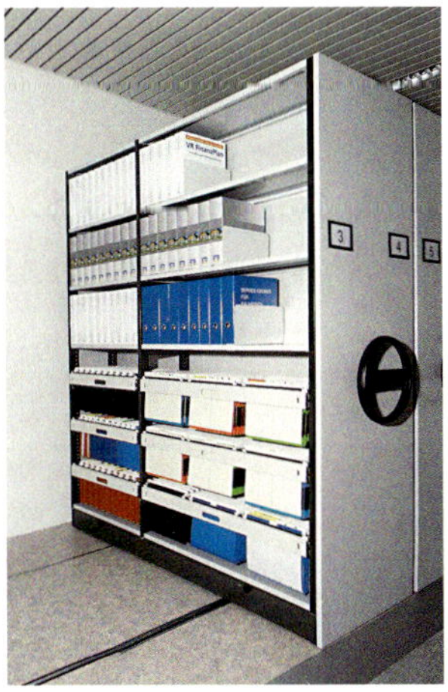

Regal Regale sind für alle Registraturformen geeignet. Regale haben den Vorteil, dass sie je nach dem verfügbaren Raum zusammengestellt werden können. Verschiebbare Regalanlagen eignen sich zur Aufnahme von umfangreichem Schriftgut. Das Verschieben der einzelnen Regalreihen kann von Hand oder durch elektrischen Antrieb erfolgen. Ein Gang genügt für alle Regalreihen. Dadurch wird eine Raumersparnis von über 50 % gegenüber feststehenden Regalen erreicht.

Drehsäulen Drehsäulen haben sich bei der Aufbewahrung von lebendem Schriftgut in Stehordnern bewährt. Drehsäulen verbessern die Raumausnutzung gegenüber feststehenden Regalen erheblich.

Registraturschrank

Schränke können einzeln oder in Gruppen aufgestellt werden. Sie eignen sich für alle Registraturarten. Vorteilhaft ist, dass das Schriftgut unter Verschluss ist. Schrankanlagen („automatische Registraturgeräte") bringen auf Knopfdruck die gewünschten Schriftgutbehälter in Griffhöhe. Sie sind für alle Registraturformen geeignet. Sehr kurze Zugriffszeiten, hohe Sicherheit gegen unbefugtes Benutzen und bestmögliche Raumausnutzung zeichnen diese Anlagen aus.

4.2.7 Der Raumbedarf. Besonders bei größeren Registraturen muss der Raumbedarf sorgfältig eingeplant werden. Es ist entscheidend, ob nur eine Wandfläche oder ein ganzer Raum als Ablage eingerichtet werden soll. Der Raumbedarf wird beeinflusst von der Gangbreite und der Höhe und Stellfläche der Möbel. Bei der Vertikal-Hängeregistratur ist ein zusätzlicher Auszugsraum für die Auszüge erforderlich.

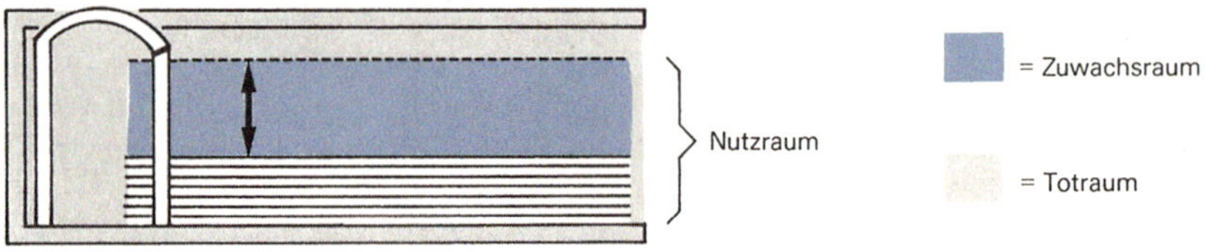

Querschnitt durch einen Stehordner

Das Fassungsvermögen eines Schriftgutbehälters ist abhängig von dem Nutzraum und dem Totraum. Totraum ist der Raum, der nicht für die Aufbewahrung von Schriftgut genutzt werden kann, z.B. die Eigenstärke des Schriftgutbehälters oder die Heftmechanik. Unter Zuwachsraum versteht man die Raumreserve, die für zukünftig anfallendes Schriftgut mit eingeplant werden muss. Bei der Vertikal- und Lateral-Hängeregistratur ist zusätzlich noch ein Bewegungsraum erforderlich, der zum mühelosen Ein- bzw. Aushängen der Schriftgutbehälter dient.

4.2.8 Kosten der Registratur. Die Registratur verursacht folgende Kosten:

- Personalkosten durch das Ablegen und Suchen von Schriftstücken = rd. 75 %
- Materialkosten durch Schriftgutbehälter und Registraturmöbel = rd. 5 %
- Raumkosten durch Miete und Abschreibungen für Gebäude = rd. 20 %

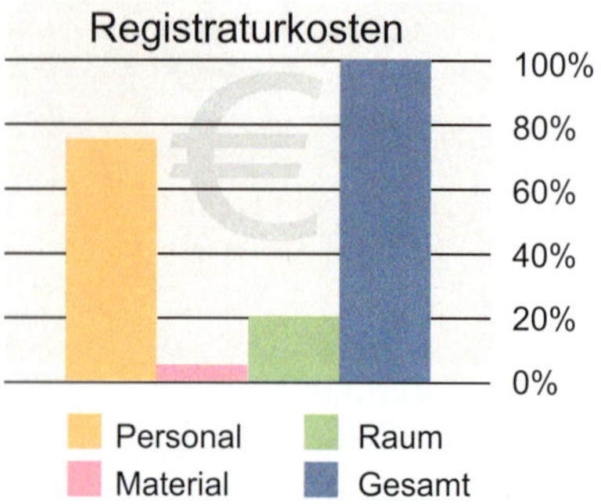

Praxistipps

- Die Aufbewahrungsfristen beginnen am Ende des Kalenderjahres, in dem der Vorgang abgeschlossen wurde.
- Die Aufbewahrung von Schriftgut sollte nach einem Schriftgutkatalog erfolgen. In diesem Verzeichnis ist das gesamte Schriftgut eines Unternehmens alphabetisch aufgelistet und es ist darin vermerkt, welches Schriftgut wie lange aufbewahrt werden muss.

Internethinweise

Die folgenden Internetseiten informieren über Produkte aus dem Bereich „Registratur“: www.elba.de, www.herlitz.de und www.leitz.de

Als Erfinder der Karussell-Registratur informiert die folgende Internetseite über dieses Thema und über Systembüromöbel, Schriftgutbehälter usw.: www.waeller.de

Auf einen Blick

- Die Schriftgutaufbewahrung erfolgt aus gesetzlichen und betrieblichen Gründen.
- Schriftgut kann in Behältern liegend, stehend oder hängend aufbewahrt werden.
- Man unterscheidet Schriftgut nach fünf Wertstufen: ohne Wert, mit Tageswert, mit Prüfwert, mit Gesetzeswert und mit Dauerwert.
- Hinsichtlich des Standortes werden folgende Möglichkeiten der Registratur unterschieden: Sekretariats- oder Arbeitsplatzregistratur, Abteilungs- oder Gruppenregistratur, Zentralregistratur, Altablage und Archiv.

Aufgaben

1. Beschreiben Sie mit Ihren eigenen Worten den Begriff „Registratur".
2. Aus welchen Gründen wird in einem Betrieb eine Registratur eingerichtet?
3. Beschreiben Sie die Unterschiede zwischen Tages-, Gesetzes-, Prüf- und Dauerwert von Schriftgut. Geben Sie dazu je ein praktisches Beispiel an.
4. Was versteht man unter einem Schriftgutkatalog?
5. Erfassen Sie die Vor- und Nachteile der Loseblattablage bzw. der gehefteten Ablage in einer Übersicht.
6. Was versteht man (allgemein ausgedrückt) unter einem Schriftgutbehälter?
7. Welcher Unterschied besteht zwischen einer vertikalen Hängemappe und einer lateralen Hängemappe?
8. Erstellen Sie einen Ablaufplan für das Ablegen von Schriftgut in einem Ordner der lateralen Stehregistratur.
9. Welche Registraturen werden nach der Art des Standortes unterschieden?
10. Beschreiben Sie die Zentralregistratur.
11. Wodurch unterscheiden sich die Arbeitsplatzregistratur und die Abteilungsregistratur?
12. Beschreiben Sie den Unterschied zwischen Archiv und Altablage.
13. Wie hoch ist der Prozentsatz der Kosten für das Ablegen und Suchen von Schriftstücken?
14. Welche weiteren Kosten beeinflussen neben den in Aufgabe 13 genannten Kosten den Gesamtaufwand für die Registratur?
15. Welche Registraturform für Einzelakten zeichnet sich durch eine besonders gute Übersicht, einen schnellen Zugriff und die Möglichkeit der Unterbringung im Schreibtisch aus?
16. Beschreiben Sie die Registraturform, die in der folgenden Abbildung dargestellt ist, mit allen Vor- und Nachteilen. Geben Sie Vorschläge, wie die Nachteile ausgeschaltet werden können.

17. Wodurch unterscheiden sich Einzel- und Sammelakten?
18. Welche Möglichkeiten gibt es zur Aufbewahrung von CDs?
19. Nennen Sie drei Registraturmöbel, die in einem Büro zu finden sind.

4.3 Elektronische Ablage und Dokumentenmanagement

Diese Lektion informiert Sie über:

- **Arbeitsmittel für die elektronische Ablage**
- **Möglichkeiten der Dokumentenerfassung**
- **Bedeutung der Begriffe Indizieren, Ablegen und Suchen**
- **Möglichkeiten des Dokumentmanagements**
- **Automatisieren von Arbeitsschritten innerhalb der Schriftgutablage**
- **Zugriff auf Dokumente über Internet, Intranet und CD-ROM**

mit Praxistipps und Internethinweisen

Wissenswertes

Papierverbrauch in Deutschland so hoch wie noch nie
Nach einer Meldung der Internetseite „Generalanzeiger - online" vom 10. Oktober 2007 wird in Deutschland so viel Papier wie noch nie verbraucht. Mit rechnerisch 252,7 Kilogramm pro Bundesbürger sei im vergangenen Jahr ein Rekord aufgestellt worden, teilte der Bundesverband für Umweltberatung in Bremen mit. Der Vorstand des Bundesverbands der Verbraucherzentralen, Gerd Billen, sagte, die doppelseitige Voreinstellung am Drucker müsse so normal wie der Einsatz von Recyclingpapier werden.
Wenn Sie dieses Kapitel durchgearbeitet haben, werden Sie sicher zu dem Ergebnis kommen, dass die elektronische Ablage und das Dokumentenmanagement weitere Schritte zum Papiersparen sind.

Aus einem Werbeprospekt: Sie können Digitaldokumente mit Anmerkungen und Kommentaren versehen, ohne das Original zu verändern - unter anderem durch Markieren, Haftnotizen, Pfeile und Stempel. Danach können Sie die gescannten Dokumente mit Anmerkungen per E-Mail an Kunden, Geschäftspartner und Freunde versenden.

Ein großer „Zeitfresser" für Unternehmen und Behörden ist das Heraussuchen von Unterlagen für die Korrespondenz. Presseberichte sagen aus, dass jeder Büroangestellte täglich zwischen einer halben und zwei Stunden nach papierbasierten Dokumenten in Registraturen sucht.

Nach der Fassung der GDPdU - Grundsätze zum Datenzugriff und zur Prüfbarkeit digitaler Unterlagen (Ursprüngliche Fassung vom 16.07.2001, Inkrafttreten am 01.01.2002) verlangt der Gesetzgeber, Unterlagen, die in einem DV-System erzeugt sind oder elektronisch in das System eingegeben wurden, durch „Datenzugriff" zu prüfen. Diese neue Prüfungsmethode ergänzt die Möglichkeit der bisherigen Prüfung.

4.3.1 Elektronische Ablage. Das papierlose Büro ist noch nicht in Sicht. Immer dringender stellt sich bei der Papierflut die Frage, wie und wo diese Massen kostengünstig aufbewahrt werden sollen. Eine Lösung für dieses Problem ist die Computertechnik, die eine elektronische Ablage und das Dokumentenmanagement ermöglicht.

Arbeitsmittel und Arbeitsschritte
Die Grafik zeigt die wichtigsten Arbeitsmittel **(Hardware)** für die zeitgemäße und rationelle Arbeit im Büro.

Die folgenden vier grundlegenden Arbeitsschritte sind die Basis für die elektronische Ablage:

Erfassen
Dokumente werden für die weitere Bearbeitung mit dem EDV-Programm für die elektronische Ablage zur Verfügung gestellt. Dabei stehen folgende Möglichkeiten zur Verfügung:

- Digitalisieren von Schriftstücken mit einem Scanner
  Dabei handelt es sich um vorhandene Schriftstücke, wie z. B. Eingangspost oder ältere Schriftstücke.
- Übernahme von Text-Dateien
  Dabei handelt es sich um Schriftstücke, die am PC erstellt werden und direkt im Original übernommen werden, z. B. Briefe, Faxe, E-Mails.
- Umwandeln von EDV-Dateien
  Dabei handelt es sich um Daten aus jeder beliebigen elektronischen Datenquelle.

Indizieren
Für die elektronische Verarbeitung werden die Dokumente mit Suchmerkmalen versehen, z. B. Datum, Kundennummer, Rechnungsnummer und Dokumententyp.

Ablegen
Das EDV-Programm speichert die Schriftstücke automatisch nach dem Indizieren. Diese Tätigkeit ist mit dem Speichern einer Datei innerhalb der Textverarbeitung zu vergleichen.

Suchen
Diese Tätigkeit erfolgt in Sekundenschnelle und es werden dabei die Suchmerkmale berücksichtigt, die beim Indizieren vergeben wurden. Für gefundene Schriftstücke bestehen folgende Möglichkeiten:

- Betrachtung am Bildschirm
- Druck auf Papier
- Weiterverarbeitung mit anderen Programmen
- Versand per Fax oder E-Mail

Neben der Hardware ist die geeignete **Software** Voraussetzung für die Arbeit mit der neuen Technik. Die einzelnen Arbeitsschritte werden durch moderne Menütechnik wesentlich erleichtert.

Vergleich:
Neue und alte Technik
Die folgende Grafik zeigt einen Vergleich der neuen und alten Technik beim Arbeitsgang „Suchen". Hierbei sind große Unterschiede festzustellen, die sich auf die rationelle Arbeit auswirken und für die neue Technik sprechen.

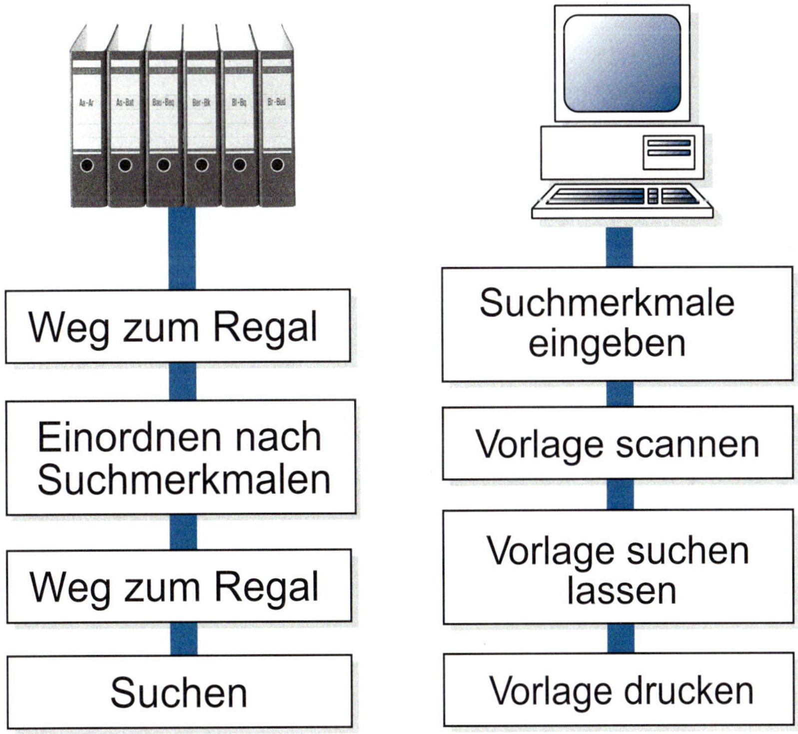

4.3.2 Dokumentenmanagement. Durch Digitalisierung der Dokumente stehen neben den bereits erwähnten Basisfunktionen weitere Funktionen für das Dokumentenmanagement zur Verfügung, die in der folgenden Übersicht vorgestellt werden.

Zusatzfunktion	Beschreibung	Praxisbeispiel
Workflow	Automatisierung von Arbeitsschritten	Eingangsrechnungen • scannen • prüfen • genehmigen • bezahlen • buchen in verschiedenen Abteilungen eines Unternehmens
Anbindung an Internet/Intranet	Zugriff auf Dokumente weltweit über Internet und intern über Intranet Vorteil: durch Netzübermittlung ständig aktuell	Versicherungsverträge • suchen • anzeigen • bearbeiten • übermitteln • drucken an jedem beliebigen Arbeitsplatz weltweit möglich, z. B. Filialen und Außendienst (Notebook und Handy)
Export und Migration	Große Mengen von Schriftgut werden auf wiederbeschreibbare CDs oder USB-Sticks gespeichert und können sicher archiviert werden, evtl. auch an verschiedenen Orten. Das Speichermedium kann die Abfragesoftware enthalten und auf diese Weise auf jedem PC bearbeitet werden.	Versicherungsverträge • suchen • anzeigen • drucken an jedem beliebigen Arbeitsplatz weltweit möglich, z. B. Filialen und Außendienst (Notebook)

Vorteile

Folgende Merkmale der Software sprechen für ihren Einsatz

- Archivieren von digitalen und Papierdokumenten
- Fax-Schnittstelle ermöglicht das Versenden abgelegter Dokumente ohne vorherigen Ausdruck
- Einfaches Verwalten der Dokumente
- Automatische Sortierfunktion
- Vollbild- und Zoom-Mechanismen ermöglichen gute Lesbarkeit von Dokumenten auch bei kleinen Bildschirmen
- Suchmenü garantiert Sofortzugriff
- Wiedervorlagefunktion erinnert an Termine
- Postkorb-Modul mit umfangreichen Empfangs- und Verteilfunktionen

437988

Praxistipps

- Archivierungssoftware ist ein unverzichtbarer Bestandteil für die elektronische Ablage und das Dokumentenmanagement. Lassen Sie sich ausführlich beraten.
- Sobald ein Dokument elektronisch gespeichert wurde, geht es nie wieder verloren. Im Gegensatz zu Papierdokumenten kann eine sofortige Übermittlung an einen großen Personenkreis erfolgen.
- Die Kosten für das Ablegen, Kopieren, Suchen und Aufbewahren von Dokumenten werden stark gesenkt, da durch die Digitalisierung eine Bearbeitung am Computer möglich ist und viel Raum gespart wird.
- Nach dem Motto „Einmal scannen - mehrmals faxen" können Sie Ihren Faxversand rationell gestalten.
- Eingehende Faxe können natürlich auch „digitalisiert" werden und nach einem Verteilerschlüssel auf die Personal Computer der entsprechenden Empfänger (Abteilungen, Sachbearbeiter usw.) verteilt werden.

Internethinweise

Unter dem Motto „Legen Sie immer noch ab oder finden Sie schon?" informiert die folgende Internetseite über die elektronische Ablage und stellt informative Vergleiche zur herkömmlichen Ablage an: www.steigauf.de/Media/Nutzen_der_elektronischen_Archivierung.pdf

Auf einen Blick

- Scanner, PC, Drucker und Software sind die grundlegenden Elemente bei der elektronischen Ablage und dem Dokumentenmanagement.
- Beim Vergleichen der Arbeitsgänge „herkömmliche Arbeit" und „elektronische Ablage" werden Sie große Unterschiede feststellen, die zugunsten der neuen Technik ausfallen.
- Die vier grundlegenden Arbeitsschritte sind: Erfassen, Indizieren, Ablegen und Suchen.
- Durch weitere Funktionen, wie Workflow, Anbindung an das Internet/Intranet, Export und Migration wird die elektronische Ablage zum Dokumentenmanagement erweitert. Dieses ist ein wichtiger Beitrag zur Rationalisierung.

Aufgaben

1. Berechnen Sie die Zeit, die ein(e) Sachbearbeiter(in) pro Monat für das Heraussuchen von Schriftstücken braucht, wenn sie jeden Tag 45 Minuten damit beschäftigt ist – Basis: 5-Tage-Woche.

2. Nennen Sie eine Möglichkeit für die Verminderung der in Aufgabe 1 ermittelten Zeit.

3. Welche Arbeitsmittel sind für die zeitgemäße und rationelle Schriftgutablage im Büro erforderlich?

4. Welche vier grundlegenden Arbeitsschritte sind die Basis für die elektronische Ablage?

5. Welche Möglichkeiten stehen für das elektronische Erfassen von Schriftstücken zur Verfügung?

6. Mit welchem Arbeitsmittel werden Schriftstücke digitalisiert?

7. Was versteht man unter dem Begriff „Indizieren"?

8. Mit welcher Funktion innerhalb der Textverarbeitung ist das Ablegen mit einem Programm für die elektronische Ablage zu vergleichen?

9. Beschreiben Sie die Tätigkeit „Suchen" und geben Sie an, welche Möglichkeiten Sie haben, wenn Sie Schriftstücke gefunden haben?

10. Was ist neben der Hardware ein wichtiger Bestandteil der elektronischen Ablage?

11. Welche Vorteile findet man, wenn man die alte Arbeitstechnik (herkömmliche Registratur) und die neue Technik (elektronische Ablage) miteinander vergleicht?

12. Nennen Sie drei Zusatzfunktionen, die eine elektronische Ablage zum Dokumentenmanagement ausbauen.

13. Geben Sie ein Praxisbeispiel für die Zusatzfunktion Workflow an.

14. Welcher Nachteil entsteht beim Datenexport auf CD-ROM gegenüber der Anbindung an das Internet bzw. Intranet?

15. Geben Sie vier Merkmale an, die bei der Software für die elektronische Ablage berücksichtigt werden sollten.

16. Welche Aufgabe hat die Wiedervorlagefunktion eines elektronischen Ablageprogramms?

17. Wodurch wird eine gute Lesbarkeit von Dokumenten auf kleinen Bildschirmen erreicht?

18. Welche „Unterlagen" können Sie neben Schriftstücken auch gut mit der elektronischen Ablage organisieren und verwalten?

19. Informieren Sie sich über die Schwerpunkte der „Grundsätze zum Datenzugriff" auf folgender Internetseite: www.gdpdu4you.de.

05

Problemlösungen mit Informationen, Lernimpulsen und Anwendungsmöglichkeiten zu folgenden Fragen:

> **Mit welchen einfachen Möglichkeiten sind Vervielfältigungen zu erstellen?**

> **Was leisten die neuen Kopier- und Druckverfahren?**

> **Welche Unterschiede bestehen zwischen Kopieren und Drucken?**

> **Wann erfolgt ein zentraler Einsatz der Arbeitsmittel bzw. ein dezentraler Einsatz?**

> **Wie lässt sich die Arbeit wirtschaftlich organisieren?**

> **Wie ist die Rechtslage hinsichtlich des Urheberrechts**

Aus der Berufspraxis Die Auszubildende Angelina Schäfer arbeitet am zweiten Tag in der Hausdruckerei eines größeren Unternehmens. Der einzige Mitarbeiter ist erkrankt; er hat ihr am Vortag einige grundsätzliche Einweisungen gegeben, aber sie fühlt sich mit ihren Aufgaben etwas überfordert.

Angelina Schäfer kann zwar einen Kopierer bedienen und hat auch für den Digitaldrucker einen Arbeitsablaufplan, sie hat jedoch noch keine Routine und keinen Überblick.

Nachdem sie bis 10:00 Uhr die Aufträge des Vortages ausgeliefert hat, wird die Hausdruckerei geöffnet, d. h. viele Kollegen des Unternehmens kommen mit Aufträgen. Natürlich ist vieles sehr eilig, aber sie kann die meisten „Kunden" zufrieden stellen bzw. eine Auslieferung am nächsten Tag in Aussicht stellen. Die Auszubildende arbeitet nach dem einfachen System: Alles Eilige wird kopiert, die anderen Aufträge werden zunächst aufbewahrt und später im Druckverfahren erledigt. Angelina Schäfer ist sich nicht ganz sicher, ob diese Entscheidung richtig ist.

Ganz hinten am Fenster, wo die Urlaubskarten der Kollegen an die Wand geheftet sind, entdeckt sie eine Grafik mit folgendem Inhalt:

> Denken Sie beim Arbeiten in dieser Hausdruckerei an die Wirtschaftlichkeit!
>
> Für kleinere Auflagen und Montagen sollte jeder Sachbearbeiter seinen Arbeitsplatz- oder Abteilungskopierer einsetzen.
>
> Für Auflagen von 20 bis 50 Exemplaren stehen die Kopierer der Hausdruckerei zur Verfügung.
>
> Für Auflagen über 50 Exemplare sollte der Digitaldrucker verwendet werden. Der Weg zur Hausdruckerei kann durch Übersendung einer E-Mail eingespart werden.
>
> Fragen beantworten die Mitarbeiter der Hausdruckerei.

Nachdem Angelina Schäfer diesen Hinweis gelesen hat, ist sie erleichtert, denn sie hat richtig gehandelt. Sie hat nachgedacht und logisch gehandelt.

Diese Lektion informiert Sie über:

- **einfache Möglichkeiten der Vervielfältigung**
- **aktuelle Kopier- und Druckverfahren**
- **Vergleichskriterien zwischen Kopieren und Drucken**
- **gesetzliche Bestimmungen beim Vervielfältigen**

mit Praxistipps und Internethinweisen

Wissenswertes

Reprografie
ist ein Sammelbegriff für Vervielfältigungen, dazu zählen:

- Durchschriften
- Durchschläge
- Drucke
- Kopien

Die Reprografie in den Kontoren unserer Urgroßväter sah so aus, dass Schreiber den ganzen Tag (länger als 8 Stunden) damit beschäftigt waren Texte mit einer Gänsefeder abzuschreiben.

Hinweis an einem Kopiergerät einer Behörde:
Stellen Sie sich vor, dieses Kopiergerät ist defekt und Sie müssten Ihre Texte abschreiben. Würden Sie dann auch so viele Vervielfältigungen anfertigen?

Informieren Sie sich vor dem Kopieren über das Urheberrecht! So schützen Sie sich vor Strafe.

In den Büros der Gegenwart sind verschiedene Druck- und Kopierverfahren gemäß der folgenden Übersicht vertreten. Diese Verfahren sind jedoch aufgrund moderner Entwicklungen nicht mehr als wirtschaftlich anzusehen.
Druckverfahren: Bürohochdruckverfahren, Schablonendruckverfahren, Umdruckverfahren
Kopierverfahren: Fotokopierverfahren, fotothermisches Kopierverfahren, Thermokopierverfahren

5.1 Durchschriften und Durchschläge. Das Erstellen von **Durchschriften** mit der Hand (2 bis 4 Durchschriften in einem Arbeitsgang) und das Anfertigen von **Durchschlägen** mit der Schreibmaschine (6 bis 8 Durchschläge in einem Arbeitsgang) sind von den Arbeitsmitteln betrachtet die einfachsten Verfahren zum Vervielfältigen. Nachteilig sind die geringe Auflagenzahl und die Handhabung des Durchschreib- bzw. Kohlepapiers. Die moderne Variante dieser Vervielfältigungen ist der Einsatz selbstdurchschreibender Papiere. Diese Verfahren werden bei Vordrucksätzen angewendet.

5.2 Kopien. Eine Kopie ist mit einer Fotografie zu vergleichen: Zuerst erfolgt die **Aufnahme** (Belichtung) der Vorlage und danach die **Wiedergabe** (Entwicklung) auf Papier.

5.2.1 Elektrostatisches Kopieren. In der heutigen Büropraxis wird das elektrostatische Kopieren nach der indirekten Methode angewandt.
Die Elektrostatik (= ruhende Elektrizität) ermöglicht es, dass in Verbindung mit pulverförmigem oder flüssigem **Toner** auf unbeschichtetes **Papier** (= Normalpapier) oder **Transparentfolie** kopiert werden kann.

Die folgende Zeichnung mit dem Querschnitt durch ein Kopiergerät zeigt die Entstehung einer Kopie:

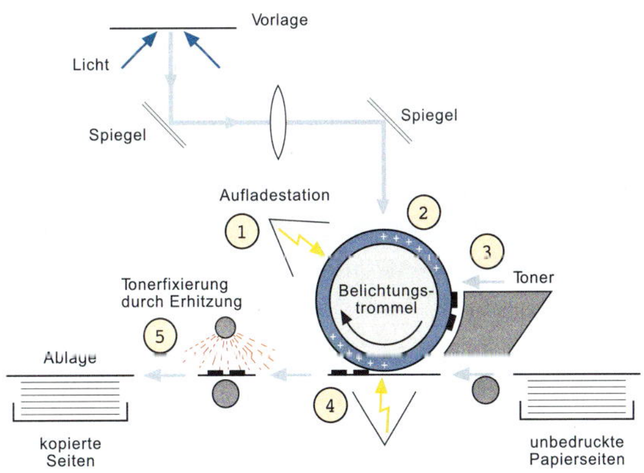

Beim Arbeitsablauf wird zunächst eine Trommel, die als „Zwischenbildträger“ dient, elektrostatisch aufgeladen (1). Das Licht strahlt die Vorlage an und belichtet die Trommel (2). Dadurch entsteht ein „elektrisches“, seitenverkehrtes Bild der Vorlage. Dieses Bild wird entwickelt, indem Toner an den noch aufgeladenen Stellen der Trommel haften bleibt (3). Anschließend erfolgt das Übertragen des Tonerbildes auf Papier (4). Wärme und Druck festigen das Tonerbild auf dem Papier (5). Für jeden Kopiervorgang wird die Trommel von dem restlichen Toner gereinigt. Je nach Modell kann auch ein „Fotoleiterband“ die Funktion der Trommel übernehmen.

Ein bedeutender Vorteil ist darin zu sehen, dass die Geräte sehr einfach zu bedienen sind.

Hochwertige elektrostatische Kopierer haben Einrichtungen zum Zoomen (Vergrößern und Verkleinern), Sortieren, Editieren, automatischen Einziehen der Vorlagen, automatischen Wenden der Vorlagen, Randversetzen usw.

5.2.2 Digitales Farbkopieren. Die Mikroprozessortechnik hat auch den Bereich der Vervielfältigungsgeräte beeinflusst. In Verbindung mit der **Digitaltechnik** wurden digitale Farbkopierer entwickelt, die auf Normalpapier oder Transparentfolie eine Farbkopie in hochwertiger Qualität erstellen.

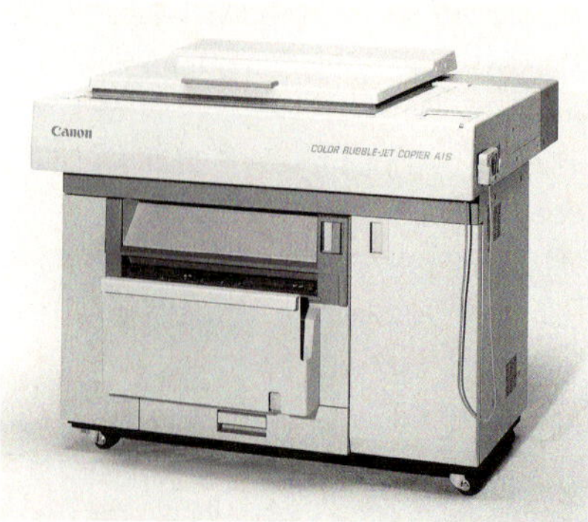

Beim Arbeitsablauf wird die Vorlage von Bildsensoren abgetastet, digitalisiert, gespeichert und wiedergegeben. Für die Wiedergabe wurden verschiedene Verfahren entwickelt, die sich durch erstklassige Qualität und Geschwindigkeit auszeichnen. Digital und mit mehreren Farben arbeitet der abgebildete Kopierer. Er hat einen Zoombereich von 50 bis 400 Prozent (Vergrößern und Verkleinern). Durch diese und weitere Möglichkeiten erfüllt er alle Wünsche hinsichtlich der Vervielfältigung.

Funktionen des digitalen Farbkopierers

Begriff	Bedeutung
Originaleinzug	Automatisches Einziehen der Vorlage
Wendeautomatik	Automatisches Wenden der Vorlage von der Vorder- auf die Rückseite
Vergrößern/ Verkleinern (Zoomen)	Vergrößern und Verkleinern der Vorlage auf Tastendruck
Randlöschung	Entfernen dunkler Ränder oder Schatten (z. B. beim Kopieren von Büchern)
Randversatz	Verschieben der Ränder für Notizen oder zum Einbinden
Duplexfunktion	Automatisches doppelseitiges Kopieren (z. B. Buchseiten)
Bildüberlagerung	Zusammenfassung von zwei Originalen auf einer Kopie
Editieren	Festlegung des zu kopierenden Ausschnitts bei einer Vorlage
Sorter	Sortiereinrichtung für Kopien Sortieren der Kopien in richtiger Reihenfolge (Seiten 1, 2, 3 ...)
Tonerfarben	Grundfarbe Schwarz, andere Farben durch Wechsel der Tonereinheit
Selbstdiagnose	Anzeige der Störungsursache im Bedienungsfeld
Chipkartenabrechnung	Zugang zum Kopiergerät nur über eine Chipkarte

5.3 Drucke. Der Begriff „Drucken“ wird in der modernen Bürotechnik einmal für das Drucken mit einer Bürodruckmaschine nach DIN 9775 verwendet. Es entstehen „Drucke“. Zum anderen bezeichnet man damit die Ausgabe von Daten über einen Drucker nach DIN 9784, der im Rahmen der Datenverarbeitung bzw. Textverarbeitung eingesetzt wird. Das Ergebnis dieser Arbeit sind „Computerdrucke“.

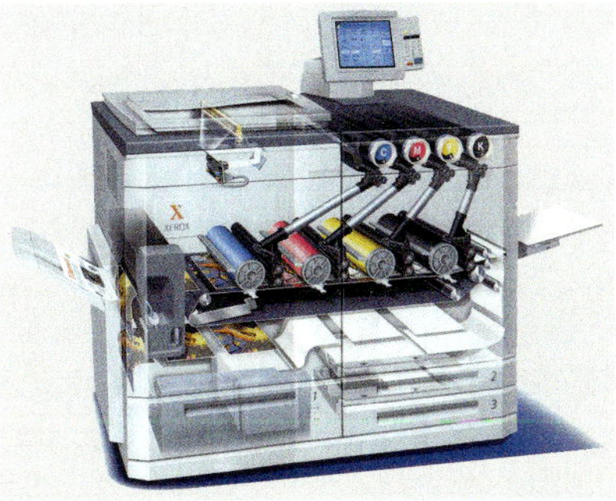

5.3.1 Digitaldruck. Weder eine Papiervorlage, wie beim Kopieren, noch eine feste Druckform, wie beim veralteten Bürooffsetdruckverfahren, ist für den modernen Digitaldruck erforderlich, denn das Druckbild wird direkt vom Computer in die Druckmaschine übertragen. Die Übertragung der digitalen Daten ist auch per E-Mail möglich. Beim Digitaldruck handelt es sich um ein elektrofotografisches System, das ähnlich wie ein Laserdrucker arbeitet. Hierbei sind hohe Auflagenzahlen möglich und die Arbeitsweise gilt als besonders wirtschaftlich. Beim Druck kann jedes Blatt durch die Software des Computers individuell gestaltet werden. Das bedeutet, dass personalisierte Drucke möglich sind, die z. B. im Direktmarketing eingesetzt werden.

Merkmale eines digitalen Druckers

Begriff	**Bedeutung**
Drucktechnologie	Farblaserverfahren mit 256 Halbtonstufen
Auflösung	400 dpi
Druckträger	Einzelblatt DIN A4 und DIN A3 in verschiedenen Stärken
Papiervorrat	Behälter 1 = 1000 Blatt DIN A4 Behälter 2 und 3: je 250 Blatt DIN A3 Zusatzzufuhr für 50 Blatt (DIN A6 - DIN A3)
Druckgeschwindigkeit	einseitig: 40 DIN-A4-Seiten pro Minute, 20 DIN-A3-Seiten pro Minute doppelseitig: 30 DIN-A4-Seiten pro Minute, 15 DIN-A3-Seiten pro Minute

5.3.2 Computerdruck. In Verbindung mit einem Computer können Ausdrucke (Computerausdrucke) erstellt werden. Die Vervielfältigung spielt in der Mehrzahl der Anwendungen eine untergeordnete Rolle, es handelt sich also nicht um ein Vervielfältigungssystem im herkömmlichen Sinn. Der Einsatz von Laserdruckern kann jedoch andere Arbeitsgewohnheiten hervorrufen.

5.4 Vergleich: Kopie : Druck

Merkmal	Kopie	Druck
Druckform	nicht erforderlich	erforderlich
Bedienung	sehr einfach	einfach – schwierig
Qualität	gut	sehr gut – gut
Farbe	möglich (teuer)	möglich (umständlich)

5.5 Multifunktionale Arbeitsmittel – „All in one“-Geräte. Nicht nur für die Vervielfältigung, sondern auch für die Telekommunikation kann ein solches Arbeitsmittel eingesetzt werden. Es handelt sich um eine platzsparende Desktop-Lösung für Sachbearbeiter, Freiberufler und Privatleute, die hohe Ansprüche an Qualität und Multifunktionalität stellen. Obwohl dieses Gerät über viele Funktionen verfügt und mehrere Geräte ersetzt, kann es durch kompakte Bauweise auf einem Schreibtisch aufgestellt werden.

Als **Farbkopierer** arbeitet das „Multitalent“ in Verbindung mit dem integrierten Farbscanner ohne PC. Die Kopiergeschwindigkeit beträgt bis zu 22 Seiten/Min. (s/w) bei einer Auflösung bis zu 1200 x 1200 dpi und bis zu 20 Seiten/Min. (Farbe) bei einer Auflösung bis zu 1200 x 600 dpi.

Der **Farbscanner** digitalisiert Bilder und Texte, er speichert auf Speicherkarten und USB-Sticks. Die Funktion „Scan-to-E-Mail“ ermöglicht den direkten Versand gescannter Unterlagen per E-Mail.

Als **Farbfaxgerät** ist dieses Arbeitsmittel sowohl ohne als auch mit PC einzusetzen und verfügt über eine Werbefax-Löschfunktion. Eine Faxvorschau ist über ein LCD-Farbdisplay möglich.

Der **Farbdrucker** arbeitet als Vierfarbdrucker in Tintenstrahl-Technologie. Die Druckgeschwindigkeit beträgt bis zu 30 Seiten/Min. (s/w) bei einer Auflösung von 6000 x 1200 dpi und bis zu 25 Seite/Min. (Farbe) bei einer Auflösung von 6000 x 1200 dpi. Der Druck erfolgt über einen PC, von einer Speicherkarte oder von einem USB-Stick.

Das **Komforttelefon** verfügt über alle Funktionen eines „Stand-alone-Geräts“, auch ein Anrufbeantworter ist integriert.

Mit der **Speicherkartenstation** wird der Fotodirektdruck ermöglicht, nachdem über das Display eine Fotovorschau und evtl. eine Fotobearbeitung erfolgt ist.

437998

5.6 Standort der Maschinen und Geräte.

Wesentliche Überlegungen bei der Organisation im Arbeitsbereich „Drucken und Kopieren" beziehen sich auf den Standort der Maschinen und Geräte. Für das Kopieren niedriger Auflagen ist ein Arbeitsplatzkopierer zu empfehlen. Dieses Arbeitsmittel kann direkt am Arbeitsplatz bzw. an einem dezentralen Ort innerhalb einer Abteilung aufgestellt werden. Zum Kopieren größerer Auflagen in hoher Qualität bzw. für das Drucken ist ein dezentraler Standort in einer Hausdruckerei zu empfehlen. Die folgende Übersicht zeigt die Vorteile der verschiedenen Möglichkeiten:

Zentraler Standort z. B. Hausdruckerei	**Dezentraler Standort** am Arbeitsplatz
Es können leistungsfähige Systeme mit umfangreichen Zusatzeinrichtungen eingesetzt werden.	Vertrauliche Unterlagen bleiben am Arbeitsplatz.
Kontrollen (Kosten, Erfordernis usw.) sind leicht möglich.	Es kann schnell gearbeitet werden, da Wege- und Wartezeiten entfallen.

In einer **Hausdruckerei** können folgende Arbeitsmittel zur Verfügung gestellt werden:

- Ein Broschürenproduktionssystem für das Sammeln, Heften, Falzen und Beschneiden verschiedener Blätter zum Erstellen von Katalogen Preislisten und Broschüren,
- eine Digitalkamera zum Erstellen von Abbildungen für visuelle Unterlagen,
- ein Scanner zum Erfassen von vorhandenen Vorlagen.

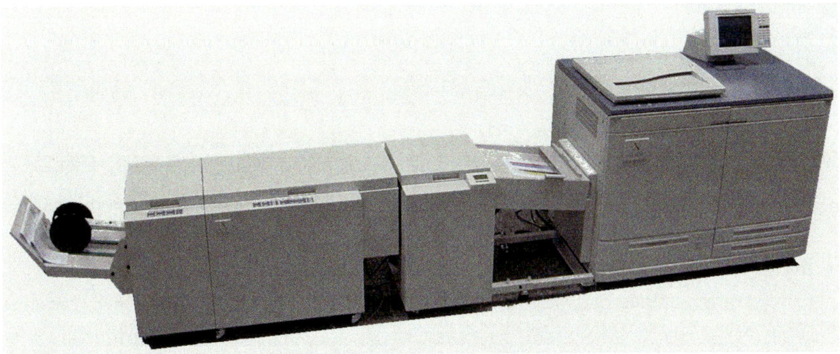

Diese „Druckstraße" mit Druckserver, Digitaldrucker und Broschürenproduktionssystem ermöglicht vielseitiges Arbeiten in einer Hausdruckerei.

Praxistipps

- Beim Vervielfältigen sollte die Wirtschaftlichkeit der Arbeitsweise berücksichtigt werden.
- Beim Kopieren ist ein Blick in die Strahlungsquelle zu vermeiden, da ultraviolette und infrarote Strahlung entsteht, die sich schädlich auswirkt.
- Beim Umgang mit Toner sollten die entsprechenden Hinweise der Hersteller beachtet werden.

Internethinweise

Das Thema „Scannen, Kopieren und Drucken“ wird in einer Information der Uni Mainz auf folgender Internetseite beschrieben: www.zdv.uni-mainz.de/JoguBits/scannen.html

Die Modernisierung der Hausdruckerei bzw. die Entwicklung der Hausdruckerei auf dem Weg zum innovativen Servicezentrum wird in einem Bericht der Uni Augsburg auf folgender Internetseite beschrieben: www.rz.uni-augsburg.de/connect/2002-02/hausdruckerei/hausdruckerei.pdf

Unter dem Suchwort „Kostensparmodell Hausdruckerei“ finden Sie auf der folgenden Internetseite ausführliche Informationen: www.informationweek.de/

Über die Geschichte des Kopierens berichtet die folgende Internetseite unter dem Suchwort „Elektrofotografie“: www.mikroökonomie.de/

Beim Vervielfältigen von Vorlagen mit dem Zeichen © (= Copyright) muss vorher die Rechtslage geklärt werden, um sich vor Strafe zu schützen. Die folgenden Internetseiten informieren über dieses Thema: bundesrecht.juris.de/urhg/index.html

Auf einen Blick

- Die einfachste Möglichkeit von Vervielfältigungen sind Durchschriften (handschriftlich) und Durchschläge (maschinenschriftlich), die in einem Arbeitsgang mit dem Original entstehen.
- Beim Kopieren werden Abbildungen von vorhandenen Vorlagen erstellt.
- Kopieren ist sehr leicht, jedoch sollten größere Auflagen wegen der höheren Wirtschaftlichkeit mit einem Digitaldrucker angefertigt werden.
- Multifunktionale Arbeitsmittel für das Kopieren, Faxen, Telefonieren, Scannen, Drucken und Aufzeichnen von Anrufen können an jedem Arbeitsplatz eingesetzt werden.
- Eine Hausdruckerei kann mit leistungsfähigen Arbeitsmitteln ausgestattet sein, die sehr präzise und wirtschaftlich arbeiten.

Aufgaben

1. Welche Arten der Vervielfältigung sind Ihnen bekannt?

2. Nennen Sie die Vervielfältigungsverfahren, die aufgrund der Arbeitsmittel zu den einfachsten Möglichkeiten zählen. Beschreiben Sie diese Verfahren.

3. Wie werden die Vervielfältigungsverfahren bezeichnet, für die Geräte bzw. Maschinen verwendet werden?

4. Mit welcher Technik ist das Kopieren zu vergleichen? Geben Sie die Arbeitsschritte kurz an.

5. Welchen bedeutenden Vorteil haben Kopiergeräte?

6. Beschreiben Sie die Entstehung einer Kopie im elektrostatischen Kopierverfahren.

7. Mit welchen Einrichtungen sind hochwertige elektrostatische Kopierer ausgestattet?

8. Mit welcher Technik arbeiten Kopierer, mit denen man farbige Kopien erstellen kann?

9. Beschreiben Sie folgende Begriffe:
   a) Wendeautomatik
   b) Zoomen
   c) Selbstdiagnose
   d) Originaleinzug
   e) Duplexfunktion

10. Was versteht man unter einer Chipkartenabrechnung und in welchem Fall würden Sie diese Form der Abrechnung vorschlagen?

11. Worüber sollte man sich vor dem Vervielfältigen immer informieren?

12. Woran erkennen Sie ein gesetzlich geschütztes Druckwerk?

13. Welcher Faktor ist für den Einsatz eines Druckverfahrens in erster Linie ausschlaggebend?

14. Welcher Dienst des Internets ermöglicht die Übertragung des Druckbildes auf den Digitaldrucker?

15. Nennen Sie zwei Vorteile des Digitaldruckes.

16. Geben Sie kurz an, wie die Blätter des Digitaldrucks gestaltet werden können.

17. Über welche Funktionen aus dem Bereich der Vervielfältigung bzw. der Telekommunikation verfügen zeitgemäße multifunktionale Arbeitsmittel?

18. Informieren Sie sich im Internet über das Urheberrecht, indem Sie das Suchwort „Gesetz über Urheberrecht“ eingeben. Was sagt UrhG § 11 aus?

19. Wie würden Sie ein Kopiergerät und eine Druckmaschine einsetzen – zentral oder dezentral? Begründen Sie Ihre Meinung.

20. Für welches Vervielfältigungsverfahren würden Sie sich entscheiden, wenn Sie einen Brief schreiben, über dessen Inhalt drei Abteilungen Ihres Unternehmens informiert werden müssen? Begründen Sie Ihre Meinung.

06

Problemlösungen mit Informationen, Lernimpulsen und Anwendungsmöglichkeiten zu folgenden Fragen:

> **Welche Möglichkeiten bestehen mit einem Textverarbeitungsprogramm?**

> **Was ist bei der Arbeit mit Diktiergeräten zu beachten?**

> **Wie erfolgt die Umsetzung der Diktatsprache in die Schrift?**

Aus der Berufspraxis Martin Steding ist seit drei Monaten als Auszubildender in einem kleineren Unternehmen der Pharmaindustrie tätig. Vorher besuchte er die Zweijährige Berufsfachschule Wirtschaft und hatte dort Unterricht im Fach „Textverarbeitung". Er hat in der Schule mit Computern der neuesten Generation gearbeitet und ist nun etwas frustriert, weil die Computer und Diktiergeräte in seinem Ausbildungsbetrieb nicht auf dem neuesten Stand der Technik, sondern schon seit mehreren Jahren im Einsatz sind. Das hat zur Folge, dass er „umlernen" und sich an die komplizierte Arbeitsweise der veralteten Hard- und Software gewöhnen muss.

Er schlägt seinem Chef vor, das Büro auf die neue Technik umzustellen. Der Chef und der Auszubildende ermitteln, wie man mit einer Rationalisierung des Schriftverkehrs insbesondere durch den Einsatz von Textbausteinen und Serienbriefen enorme Kosten sparen kann. Martin erkennt auch, dass in dem Unternehmen viele Inhalte der Normen DIN 5008 „Schreib- und Gestaltungsregeln der Textverarbeitung" sowie DIN 5009 „Diktierregeln" nicht beachtet werden. Auch hier kann er seinen Chef und die anderen Mitarbeiter überzeugen, dass diese Norm den Schriftverkehr nicht nur vereinheitlichen, sondern auch vereinfachen kann.

6.1 Die Arbeitsmittel

Diese Lektion informiert Sie über:

- **Möglichkeiten eines Textverarbeitungsprogramms**
- **verschiedene Diktiergeräte**
- **den Arbeitsablauf bei Büro- und Handdiktiergeräten**

mit Praxistipps und Internethinweisen

Wissenswertes

Stellenangebot
„Wir sind ein Ingenieurbüro mit wachsendem Auftragsvolumen und suchen zur Verstärkung unsere Teams zum nächstmöglichen Eintrittstermin eine Sekretärin mit Kenntnissen im Zehnfinger-Tastschreiben (mind. 300 Anschläge/Min.), Beherrschung eines Textverarbeitungsprogramms und der Fonotypie nach DIN 5007. Gute Deutsch- und Englischkenntnisse werden vorausgesetzt. Wir bieten eine Dauerstellung mit überdurchschnittlicher Bezahlung. Ihre schriftliche Bewerbung richten Sie bitte an unsere Personalabteilung, Frau Schwan, Ingenieurbüro Klaus Bock, Wilhelmstraße 7, 56130 Bad Ems."

Schreibmaschinen haben ihre Daseinsberechtigung verloren.
Die wirtschaftliche Textverarbeitung wird fast nur noch mit elektronischen Arbeitsmitteln durchgeführt. Das Zehnfinger-Tastschreiben ist jedoch nach wie vor unentbehrlich.

Sammler
kauft historische Schreibmaschinen und Diktiergeräte (auch aus den Jahren 1960 bis 1980). Zuschriften unter 31840

Wichtige Normen für die Textverarbeitung
Die Norm DIN 5008 „Schreib- und Gestaltungsregeln für die Textverarbeitung" ist die wohl bekannteste Norm des NBü (= Normenausschuss für Bürowesen). Daneben spielt die Norm DIN 5009 „Diktierregeln" eine große Rolle für die Berufspraxis im Bereich der Textverarbeitung.

4379104

6.1.1 Textverarbeitungsprogramm.

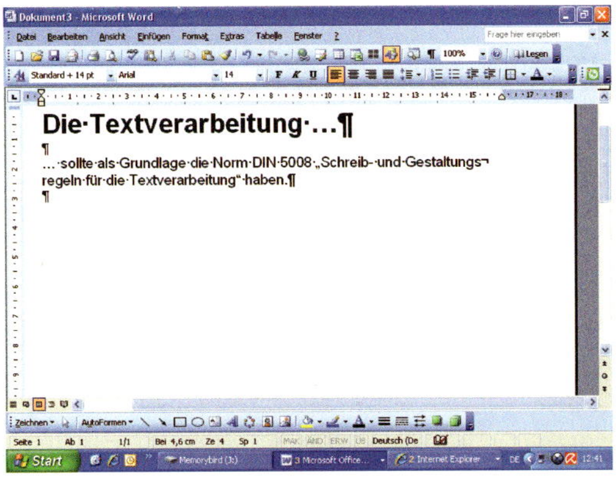

Mit einem Personal Computer und der entsprechenden Software sind vielfältige Aufgaben der elektronischen Verarbeitung von Texten möglich.

Als Software wird ein Textverarbeitungsprogramm eingesetzt, das u. a. zum Erfassen von Schriftstücken dient. Das erfasste Dokument kann gespeichert und gedruckt werden. Daneben sollten Textverarbeitungsprogramme über Layout- und Formatierungsfunktionen verfügen sowie eine Rechtschreibprüfung ermöglichen. Hilfreich ist auch die Funktion „Suchen und Ersetzen“. Für eine einheitliche Gestaltung sollte die Arbeit mit Formatvorlagen möglich sein.

Erfahrene Fachkräfte sollten folgende Abläufe kennen:

- Grundeinstellungen des Personal Computers und Textverarbeitungsprogramms
- Grundtätigkeiten der Textverarbeitung (Erfassen, Speichern, Öffnen, Drucken von Textdokumenten)
- Formatieren von Textdokumenten
- Arbeiten mit Kopf- und Fußzeilen sowie Fußnoten
- Erstellen von Tabellen, Vordrucken, Format- und Dokumentvorlagen
- Einfügen und Verändern von Bildern und Grafiken
- Arbeiten mit Textbausteinen
- Erstellen von Serienbriefen

Die Menüzeile eines Textverarbeitungsprogramms in Verbindung mit der Pulldown-Technik und die Symbole mit dem Tool-Tip-Text zeigen die verschiedenen Möglichkeiten zur Gestaltung eines Schriftstückes. Die Maus und die Tastatur als Eingabeeinrichtung spielen eine große Rolle. Bei der Anwendung der Tastatur sollte das Zehnfinger-Tastschreiben angewendet werden. Eine Tastatur gliedert sich in folgende Bereiche:

1 = Alphanumerische Tastatur nach DIN 2137
2 = Funktionstasten
3 = Sondertasten
4 = Numerische Tastatur
5 = Cursorsteuertasten

6.1.2 Das Diktiergerät. Ein Diktiergerät ist nach der Norm DIN 9765 „ein Gerät zum Aufzeichnen von Sprache auf einen Tonträger und zur Wiedergabe von Sprache“. Das Aussehen und die Technik von Diktiergeräten haben sich im Laufe der Jahre stark geändert. Auch bei den Tonträgern (Magnettonplatte, -manschette, -folie und -kassette) hat es zahlreiche Neu- und Weiterentwicklungen gegeben. In den Büros sind noch „alle Generationen“ vertreten. Hier eine Auswahl neuzeitlicher Geräte:

Bürodiktiergeräte haben einen Netzanschluss, evtl. zusätzlich eine Stromversorgung durch Batterien. Geräte, die am Arbeitsplatz des Diktierenden eingesetzt werden, sind kombinierte Aufnahmewiedergabegeräte. Am Arbeitsplatz der Schreibkraft werden oftmals nur Wiedergabegeräte eingesetzt.

Als Tonträger werden Minikassetten bzw. Mikrokassetten verwendet. Der Trend bei Bürodiktiergeräten ist jedoch die digitale Aufzeichnung.

Handdiktiergeräte verfügen über eine netzunabhängige Stromversorgung. Die Abmessungen sind geringer als bei Bürodiktiergeräten. Der Vorteil dieser Arbeitsmittel liegt darin, dass sie überall eingesetzt werden können.

Nach Aussagen der Hersteller gilt Folgendes: „Die Zukunft des Diktierens ist digital“. Das hat u.a. den Vorteil, dass eine Verbindung per USB-Kabel und Software zum PC möglich ist. Mit zusätzlicher Spracherkennungssoftware kann das Diktat sogar in editierbaren Text umgewandelt werden.

Extrem klein, nämlich kaum größer als ein Kugelschreiber, ist das „Diktiergerät“ der o. a. Abbildung. Es ist eine Sprachaufzeichnung von bis zu 8,5 Stunden möglich und es ist sogar ein Lautsprecher für die Wiedergabe eingebaut.

Nicht nur ein „Diktiergerät“, sondern eine Digitalkamera, eine Webcam, eine VideoCam, ein MP3-Player und ein tragbarer Datenspeicher sind in dem Arbeitsmittel (Abbildung rechts oben) integriert. An diesem Beispiel ist der Trend zur Multifunktionalität und zur Anbindung an den Personal Computer zu erkennen.

Zubehör zum Diktieren und Übertragen

Zum **Aufnehmen** von Diktaten werden Handmikrofone mit Fernbedienung verwendet. Zur Aufnahme von Gesprächen eignen sich Konferenzmikrofone.

Die **Wiedergabe** einer Aufnahme kann über einen Fußschalter erfolgen, während das Übertragen von Diktaten oder Gesprächen mit einem Kopfhörer, Ohrhörer oder Stetofon möglich ist.

4379106

Praxistipps

- Bei der Textverarbeitung sind sichere Kenntnisse im Zehnfinger-Tastschreiben und in der Briefgestaltung hilfreich.
- Die Arbeitsweise mit einem Diktiergerät erleichtert den Diktierenden das Leben. Sie müssen nur das „Handling" richtig beherrschen. Auch hier ist ein ausführliches Training und ein Studium der jeweiligen Betriebsanleitung erforderlich. Nutzen Sie deshalb jede Möglichkeit, damit Sie in der Praxis wirtschaftlich arbeiten können.

Internethinweise

Die Frage „Warum sich das Tastschreiben lohnt" wird auf der folgenden Internetseite unter dem gleichnamigen Link erläutert: www.stv-haltern.de/

Die „10 Gebote der Textverarbeitung" sind auf folgender Internetseite zu finden: www.tinohempel.de/info/info/sonstiges/tvgebote/tvgebote.htm

Digitale und analoge Diktiergeräte werden auf der folgenden Internetseite vorgestellt und beschrieben: www.e-dictaphone.de/

Auf einen Blick

- Der Einsatz von Computern erstreckt sich sowohl auf die individuelle Korrespondenz als auch auf die Textverarbeitung.
- Die Unterscheidungsmerkmale bei Diktiergeräten lauten nach der Norm: Bürodiktiergerät, Handdiktiergerät und Zentrale Diktieranlage.
- Zum Diktieren bzw. Aufnehmen werden Handmikrofone mit Fernbedienung und Konferenzmikrofone verwendet. Für die Wiedergabe setzt man einen Fußschalter ein. Das Übertragen ist mit einem Kopfhörer, Ohrhörer oder Stetofon möglich.

Aufgaben

1. Mit welchen Arbeitsmitteln ist die Textverarbeitung möglich?

2. Über welche Kenntnisse sollten Fachkräfte für Textverarbeitung verfügen?

3. Geben Sie die verschiedenen Bereiche der Tastatur eines Personal Computers an.

4. Beschreiben Sie den Begriff „Diktiergerät“ mit eigenen Worten.

5. Welche Arten von Diktiergeräten werden unterschieden?

6. Welche Tonträger von Diktiergeräten kennen Sie?

7. Welche Merkmale haben Bürodiktiergeräte?

8. Welche Tonträger werden bei Bürodiktiergeräten verwendet?

9. Beschreiben Sie den Begriff „Handdiktiergerät“.

10. Welchen großen Vorteil haben digitale Diktiergeräte?

11. Welche Trends sind bei der Entwicklung von Handdiktiergeräten festzustellen?

12. Nennen Sie das Zubehör für Diktiergeräte und beschreiben Sie die Einsatzmöglichkeiten.

13. Beschreiben Sie das in der folgenden Abbildung dargestellte Zubehör für ein Diktiergerät und zeigen Sie die Unterschiede zu einem Kopfhörer auf.

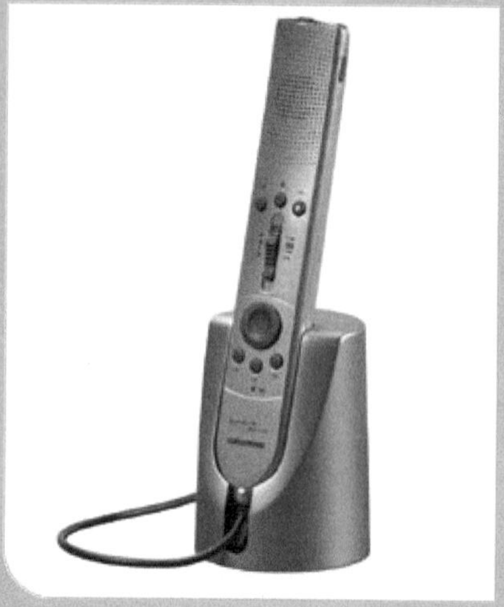

14. Aktivieren Sie die Internetseite www.rsla.landshut.org/schulleb/faecher/tva/dasfach.htm, lesen Sie die Absätze 1 und 2 aufmerksam und informieren Sie sich über die Lerninhalte der Jahrgangsstufen. In welchen Jahrgangsstufen wird Textverarbeitung unterrichtet?

15. Welche Einsatzmöglichkeiten hat ein Diktiergerät neben der Textverarbeitung und dem Diktieren? Sie erhalten im Internet durch Eingabe der Suchwörter „Einsatz-Tipps, Diktiergeräte“ umfangreiche Informationen.

6.2 Arbeitsverfahren

Diese Lektion informiert Sie über:

- **die praxisgerechte Anwendung der Diktatsprache nach der Norm DIN 5009**
- **die Umsetzung der Diktatsprache in die Schrift**
- **die Möglichkeiten der Sprachsteuerung und Spracherkennung**
- **elektronische Textverarbeitung**
- **den Arbeitsablauf vom Texthandbuch zum programmierten Brief**

mit Praxistipps und Internethinweisen

Wissenswertes

Aus dem Prospekt eines Diktiergeräteherstellers:
Immer auf die richtige Distanz zum Mikrofon achten. Sprechen Sie so, als ob Ihre Schreibkraft Ihnen gegenübersitzt. Ein Mikrofon beißt nicht, halten Sie es seitlich in etwa 5 – 10 cm Abstand und sprechen Sie in normaler Lautstärke. Danke.

Formen des Diktats: Maschinendiktat, Stenodiktat, Spracherkennung, Fonodiktat, Stichwortbrief

Korrespondenzanalyse und Interviewmethode
Die **Korrespondenzanalyse** ist die Grundlage für ein Texthandbuch. Man untersucht dabei Kopien der Ausgangspost während eines bestimmten Zeitraums um festzustellen, welche Texte sich am Arbeitsplatz ständig wiederholen und für die Programmierung geeignet sind.
Die **Interviewmethode** ist so aufgebaut, dass die Sachbearbeiter in einer Befragung die Texte angeben, die in einem Texthandbuch erscheinen sollen.

Anweisungen sind Wünsche oder Anregungen zur Textgestaltung, die beim Diktieren durch Stopp und Text eingegrenzt werden.
Konstanten werden ohne Stopp und Text angesagt. Konstanten sind übrigens feststehende Benennungen aus dem Duden und der Norm DIN 5008.

Noch hinkt die Spracherkennung der Maschine dem Menschen hinterher. Doch schon bald könnte das Gespräch mit einem Haushaltsgerät Wirklichkeit werden, meint Christian Thanninger (www.tu-chemnitz.de).

6.2.1 Fonodiktat. Alle Möglichkeiten des Diktats (Maschinendiktat, Stenodiktat, Stichwortbrief und Fonodiktat) haben sowohl Vorteile als auch Nachteile. Das Fonodiktat hat folgende **Vorteile:**

- Es ist ein örtlich und zeitlich unabhängiges Arbeiten der beteiligten Mitarbeiter möglich.
- Die Diktatsprache ermöglicht eine klare Verständigung.
- Diktiergeräte sind bedienungsfreundlich und benötigen wenig Platz.

Postamtliche Buchstabiertafel

Zum Buchstabieren schwieriger Wörter und Bezeichnungen sollte man die postamtliche Buchstabiertafel anwenden.

Inland				**Ausland**			
A	Anton	O	Otto	A	Amsterdam	N	New York
Ä	Ärger	Ö	Ökonom	B	Baltimore	O	Oslo
B	Berta	P	Paula	C	Casablanca	P	Paris
C	Cäsar	Q	Quelle	D	Danemark	Q	Quebec
Ch	Charlotte	R	Richard	E	Edison	R	Roma
D	Dora	S	Samuel	F	Florida	S	Santiago
E	Emil	Sch	Schule	G	Gallipoli	T	Tripoli
F	Friedrich	ß	Eszett	H	Havana	U	Upsala
G	Gustav	T	Theodor	I	Italia	V	Valencia
H	Heinrich	U	Ulrich	J	Jerusalem	W	Washington
I	Ida	Ü	Übermut	K	Kilogramme	X	Xanthippe
J	Julius	V	Viktor	L	Liverpool	Y	Yokohama
K	Kaufmann	W	Wilhelm	M	Madagaskar	Z	Zürich
L	Ludwig	X	Xanthippe				
M	Martha	Y	Ypsilon				
N	Nordpol	Z	Zacharias				

Diktierregeln

Die Diktierregeln sind in der Norm DIN 5009 festgelegt, sie sind aus den Erfahrungen der Praxis und den Bestrebungen nach wirtschaftlicher Arbeit entstanden. Sowohl der Diktierende als auch die Schreibkraft (Fonotypist/-in) sollten diese Regeln kennen und bei der Arbeit anwenden. Daneben sollen der Duden, Rechtschreibung (neueste Auflage) und die „Schreib- und Gestaltungsregeln für die Textverarbeitung" nach der Norm DIN 5008 wichtige Grundlagen für die Diktatsprache sein.

Anweisungen und Konstanten

Bei vielen Texten sind **Anweisungen** erforderlich, das sind z. B. Hinweise für Hervorhebungen (Zeichenformatierung durch Unterstreichen, Kursivschrift usw. oder Absatzformatierung durch Zentrieren). Auch das Buchstabieren, die Anordnung einer Übersicht oder eine Grafik gehören zu den Anweisungen. Der folgende Satz aus der Diktatsprache zeigt, dass Anweisungen am Anfang mit „Stopp" und am Ende mit „Text" gekennzeichnet werden:

Beim Diktat soll man immer deutlich – Stopp – unterstreichen deutlich – Text – sprechen – Punkt

4379110

Konstanten sind anzusagende feststehende Benennungen aus dem Duden und der Norm DIN 5008, die neben Anweisungen innerhalb eines Fonodiktats zur besseren Verständigung zwischen Diktierenden und Schreibkräften dienen. Zu den Konstanten zählen Satzzeichen (Punkt, Komma, Fragezeichen, Ausrufezeichen usw.), Hinweise auf die Form (neue Zeile, Absatz, nächstens usw.), Hinweise auf den Ablauf (Versendungsform, Anschrift, Informationsblock, Kommunikationszeile, Bezugszeichen, Betreff usw.).

Ansage und Übertragung

Die folgenden Beispiele zeigen die Umsetzung der Diktatsprache in die Schrift. In allen Fällen handelt es sich um Teile eines Briefes, wobei die Anforderungen der Normen beachtet wurden. Bitte vergleichen Sie die Unterschiede zwischen Ansage und Übertragung.

Ansage	Übertragung
Hier spricht ... Abteilung ... Telefonnummer ... Bitte ein Schreiben auf Briefblatt A4 – ein Durchschlag – Anschrift – Frau Anja – Stopp – ich buchstabiere Roth – Richard Otto Theodor-Heinrich – Text – Weserstraße – drei – Postleitzahl – drei eins sieben acht neun – Hameln	Frau Anja Roth Weserstraße 3 31789 Hameln

Ansage

Betreff – Fonotypieseminar – Sehr geehrte Frau Roth – Komma – wir danken für Ihr Interesse an unserem Fonotypieseminar – Komma – das am kommenden Wochenende in – Stopp – Fettschrift Hameln – Text – veranstaltet wird – Punkt

Übertragung

Fonotypieseminar

Sehr geehrte Frau Roth,

wir danken für Ihr Interesse an unserem Fonotypieseminar, das am kommenden Wochenende in **Hameln** veranstaltet wird.

6.2.2 Sprachsteuerung und Spracherkennung.

Die Vorstellung, dass man mit einem Computer sprechen kann, war in der Vergangenheit so gut wie unmöglich. In der Zukunft wird hier jedoch ein Wandel eintreten.

Schon heute sind vielfach **Sprachcomputer** im Einsatz. Hier einige Beispiele aus der Praxis: Bei der Telefonauskunft der Telekom wird z. B. eine Telefonnummer angesagt, nachdem der Computer die Frage des Anrufers verstanden hat. In den USA gibt es Getränkeautomaten, die auf das Wort „Cola" und andere Wörter reagieren und in Verbindung mit der Kreditkarte das gewünschte Getränk liefern.

Die rechnergestützte Sprachverarbeitung (englisch: voice processing bzw. speech processing), die als höchste Aufgabe die Umwandlung von Sprache in Text ermöglicht, wird die Textverarbeitung in den nächsten Jahren in großem Maß beeinflussen und andere Arbeitsverfahren als bisher hervorrufen.

Die klassischen Bestandteile eines Computersystems, nämlich Tastatur, Maus, Bildschirm und Drucker werden bei den modernen Systemen der Zukunft durch ein weiteres Arbeitsmittel für die Sprachsteuerung und Spracherkennung ergänzt. Es

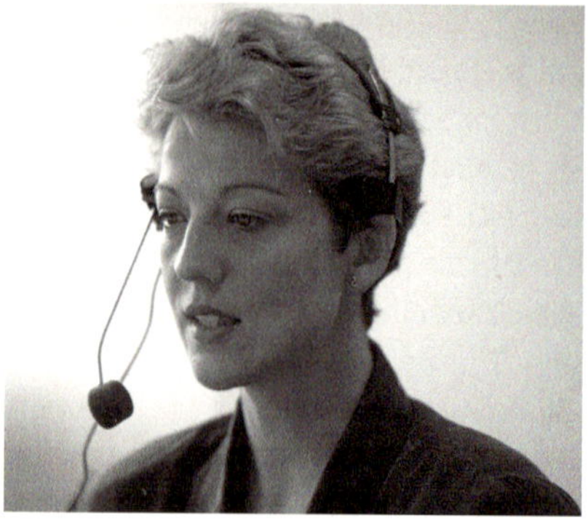

handelt sich dabei um ein Headset, das eine Kombination zwischen Mikrofon und Kopfhörer darstellt. Das Headset wird wie ein Kopfhörer ausgesetzt und gewährleistet eine einwandfreie Spracherkennung.

Sprachsteuerung
Bei der Sprachsteuerung werden Maschinen bzw. Computer mit der Sprache gesteuert. In der Computertechnik werden dabei Menüs bzw. der Mauszeiger durch die akustischen Signale unterschiedlich beeinflusst. Die Sprachsteuerung wird bei der Entwicklung moderner Software einen großen Stellenwert einnehmen.

Spracherkennung
Bei der Spracherkennung wird nach dem Diktat ein Such- und Vergleichsprozess mit gespeicherten Wörtern, grammatischen Modellen und Satzstrukturen eingeleitet, bis die Anzeige der Wörter auf dem Bildschirm zur weiteren Bearbeitung erfolgt. Es werden dabei zwei Arten unterschieden:

- Sprecherunabhängige Spracherkennung
- Sprecherabhängige Spracherkennung

Bei der **sprecherunabhängigen Spracherkennung** kann der Benutzer ohne Vorarbeiten sofort mit der Arbeit beginnen. Nachteilig ist, dass der Wortschatz nur auf eine geringe Anzahl von Wörtern begrenzt ist. Diese Möglichkeit kann innerhalb von automatischen Dialogsystemen eingesetzt werden. Bei einer professionellen Textverarbeitung wird die Fehlerquote sehr hoch sein.

Bei der **sprecherabhängigen Spracherkennung** muss die Software vom jeweiligen Anwender auf seine persönliche Sprache „eingestellt werden". Dafür ist ein besonderes Training erforderlich, das u. a. das Vorlesen eines bestimmten Textes umfasst. Dieses Training dauert mehrere Stunden. Nach den Vorarbeiten kann diktiert werden.

Vereinfachter Arbeitsablauf

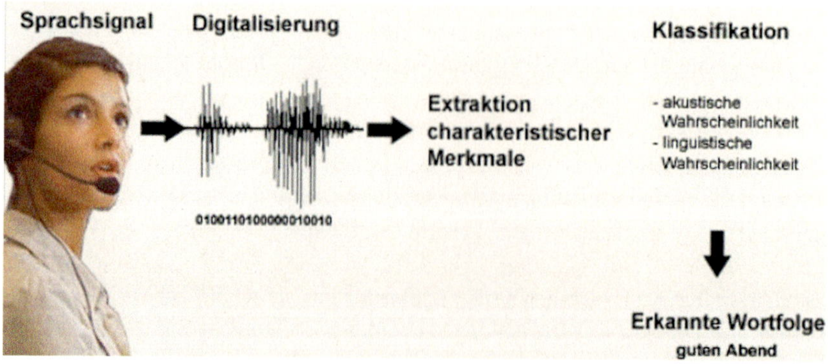

4379112

Beim Diktat wird die Sprache in digitale Signale umgewandelt. Ein Suchprozess vergleicht die digitalen Wörter mit den gespeicherten Wörtern eines Programmlexikons, wobei grammatische Modelle und Satzstrukturen berücksichtigt werden. Voraussetzungen für das Funktionieren dieser Arbeitsabläufe sind die Größe des Programmlexikons sowie die Qualität der Aufnahme. Vor der Entscheidung für eine bestimmt Software sollte man sich über die Hardware- und Softwareanforderungen informieren.

6.2.3 Elektronische Textverarbeitung.

Der technische Fortschritt bringt immer wieder Änderungen. Diese Aussage bezieht sich nicht nur auf Maschinen oder Systeme, sondern auch auf Bezeichnungen und Begriffe. Auch der Begriff **Textverarbeitung,** der in den 50er-Jahren als Gegensatz zur Datenverarbeitung entstand, unterliegt einem gewissen Wandel. Dieser Begriff bezieht sich auf drei verschiedene Ebenen. Textverarbeitung steht im weitesten Sinne als Oberbegriff für verschiedene Büroarbeiten im Zusammenhang mit Texten, z. B. Konzipieren, Diktieren, Schreiben und Aufbewahren. Die Stellung des Begriffs **Elektronische Textverarbeitung** ist aus der folgenden Übersicht zu entnehmen:

Textverarbeitung (1. Ebene)

verschiedene Büroarbeiten in Zusammenhang mit Texten

Konzipieren	Diktieren	Schreiben	Aufbewahren
Kurzschrift	Diktiergerät	Schreibmaschine	Registratur

Textverarbeitung (2. Ebene)

(elektronische Verarbeitung von Texten)

Textbearbeitung	Textverarbeitung	Textspeicherung
individuelle Texte	Diktiergerät	Schreibmaschine
- Erfassen	- Zusammentragen	
- Gestalten	- Selektieren	

Von den verschiedenen Ebenen der Textverarbeitung muss noch die **Datenverarbeitung** unterschieden werden. Hierbei handelt es sich um alle anderen Bereiche, die mit einem Computer verarbeitet werden.

Während in der Vergangenheit für den Bereich „Schreibdienst" Schreibmaschinen bzw. Textsysteme und für die „Datenverarbeitung" EDV-Anlagen = Computer eingesetzt wurden, gilt heute der Arbeitsplatzcomputer = Personal Computer als Arbeitsmittel für beide Bereiche.

Auf den folgenden Seiten wird die Verarbeitung fertig formulierter Texte innerhalb der elektronischen Textverarbeitung beschrieben. Die Textbearbeitung, das Erfassen und Gestalten individueller Texte, gehört nicht zu den Inhalten dieses Lernbuches. Die Textspeicherung innerhalb der elektronischen Datenablage wird an anderer Stelle dieses Lernbuches erläutert.

Texthandbuch

Textbearbeitung	Nr.	
... s-k ... **Ihr Besuch in der Rattenfängerstadt Hameln**	10	Bezugszeichen und Betreff
Sehr geehrt...	20	Einzelanrede
Sehr geehrte Damen und Herren,	21	Allgemeinanrede
wir danken für Ihr Vertrauen und bestätigen unsere telefonischen Vereinbarungen für Ihren Besuch in der Rattenfängerstadt Hameln. Folgende Unternehmungen haben wir für Ihre Reisegruppe am ... geplant:	30	Einleitung
Stadtführung durch das historische Hameln mit dem Treffpunkt um ..:.. Uhr vor dem Hochzeitshaus in der Osterstraße. Die Kosten betragen je Teilnehmer 1,50 €.	40	Stadtführung
Dampferfahrt auf der Weser von Hameln bis Ohr und zurück mit dem Treffpunkt um ..:.. Uhr am Dampferanleger an der Kaimauer. Die Kosten betragen je Teilnehmer 5,00 €.	41	Dampferfahrt 1
Dampferfahrt auf der Weser von Hameln bis Bodenwerder und zurück mit dem Treffpunkt um ..:.. Uhr am Dampferanleger an der Kaimauer. Die Kosten betragen je Teilnehmer 13,00 €.	42	Dampferfahrt 2
Waldwanderung unter Leitung eines Oberförsters im Hamelner Stadtwald „Klüt“ auf einem Waldlehrpfad mit dem Treffpunkt um ..:.. Uhr am Waldparkplatz „Finkenborn“. Die Kosten betragen je Teilnehmer 2,00 €.	43	Waldwanderung
Heimatabend in der Rattenfängerhalle mit volkstümlichen Musikdarbietungen der Gruppe „Rattenfängertrio“ ab ..:.. Uhr in der Rattenfängerhalle, Mühlenstraße 14. Ein reichhaltiges Abendbüfett ist vorgesehen. Die Kosten betragen (ohne Getränke) je Teilnehmer 25,00 €.	44	Heimatabend
Mit diesem Brief senden wir Ihnen einen Stadtplan. Eine genaue Abrechnung werden wir nach den Veranstaltungen unter Berücksichtigung der genauen Teilnehmerzahl vornehmen. Wir wünschen Ihnen einen angenehmen Aufenthalt in unserer historischen Rattenfängerstadt. Mit freundlichen Grüßen TOURISTIK-ORGANISATION RATTENFÄNGERSTADT HAMELN GMBH **Anlage** 1 Stadtplan	50	Schluss, Gruß und Anlagenvermerk

Schreibauftrag

Anschrift:
Sekretärinnenverband
Norddeutschland e. V.
Frau Gisela Renker
An den Eichen 3
26935 Stadtland

Bemerkungen: Absendedatum =: ....-06-09

Nr.	Selektionsnummer = Auswahlnummer	Variable = individuelle Einfügung
1	10	21226 Frau Ohm
2	20	e Frau Renker,
3	30	kommenden Wochenende
4	40	10:00
5	41	15:00
6	44	20:00
7	50	
8		
9		
10		
11		
12		

Unterschrift und Datum: Ohm, . .-06-08

Im **Texthandbuch** ist der Wortlaut von Texten in Form von Textbausteinen aufgeführt. Innerhalb einer Entscheidungsgruppe bestehen meistens mehrere Auswahlmöglichkeiten. Alle Textbausteine sind mit Selektions- bzw. Auswahlnummern versehen und durch einen Suchbegriff (Kurzbezeichnung) schnell aufzufinden.

Im **Schreibauftrag** werden allgemeine Angaben zum Brief, die Selektionsnummern und Variable (= individuelle Einfügungen) vermerkt. Der Schreibauftrag dient als Arbeitsgrundlage für die Eingabe am Computer.

4379114

Programmierter Geschäftsbrief

Nachdem alle Angaben des Schreibauftrags eingegeben wurden, wird der Geschäftsbrief gedruckt; er ist das Ergebnis des Arbeitsablaufs im Rahmen der Textverarbeitung mithilfe eines Texthandbuchs.

Touristik-Organisation GmbH · Bäckerstr. 5 · 31785 Hameln

Touristik-Organisation
Rattenfängerstadt Hameln GmbH

Sekretärinnenverband
Norddeutschland e. V.
Frau Gisela Renker
An den Eichen 3
26935 Stadland

Ihr Zeichen, Ihre Nachricht vom	Unser Zeichen, unsere Nachricht vom	Telefon, Name 05151 212-	Datum
	s-o	266 Sandra Ohm	20..-06-09

Ihr Besuch in der Rattenfängerstadt Hameln

Sehr geehrte Frau Renker,

wir danken für Ihr Vertrauen und bestätigen unsere telefonischen Vereinbarungen für Ihren Besuch in der Rattenfängerstadt Hameln. Folgende Unternehmungen haben wir für Ihre Reisegruppe am kommenden Wochenende geplant:

Stadtführung durch das historische Hameln mit dem Treffpunkt um 10:00 Uhr vor dem Hochzeitshaus in der Osterstraße. Die Kosten betragen je Teilnehmer 1,50 €.

Dampferfahrt auf der Weser von Hameln bis Bodenwerder und zurück mit dem Treffpunkt um 15:00 Uhr am Dampferanleger an der Kaimauer. Die Kosten betragen je Teilnehmer 5,00 €.

Heimatabend in der Rattenfängerhalle mit volkstümlichen Musikdarbietungen der Gruppe „Rattenfängertrio" ab 20:00 Uhr in der Rattenfängerhalle, Mühlenstraße 14. Ein reichhaltiges Abendbüfett ist vorgesehen. Die Kosten betragen (ohne Getränke) je Teilnehmer 25,00 €.

Mit diesem Brief senden wir Ihnen einen Stadtplan. Eine genaue Abrechnung werden wir nach den Veranstaltungen unter Berücksichtigung der genauen Teilnehmerzahl vornehmen.

Wir wünschen Ihnen einen angenehmen Aufenthalt in unserer historischen Rattenfängerstadt.

Mit freundlichen Grüßen

Touristik-Organisation
Rattenfängerstadt Hameln GmbH

i. A. Sandra Ohm

Anlage
1 Stadtplan

Touristik-Organisation Rattenfängerstadt Hameln GmbH
Hameln

Bäckerstr. 5
31785 Hameln
Telefon 05151 212-0
Telefax 05151 212-11
USt-IdNr. DE 174293978

info@touristikorg-wvd.de
www.touristikorg-wvd.de

Bankverbindung:
Deutsche Bank
BLZ 254 700 24
Konto-Nr. 21158134

Hameln HRB 9442
Geschäftsführer:
Petra Kolb,
Jürgen Teis

100 06 01

Serienbriefe sind z. B. Angebote, Einladungen, Mahnungen, Werbebriefe, mit gleichem Inhalt, die an mehrere Empfänger versandt werden. Der Text wird dabei nur einmal erfasst und nach einem bestimmten Programmablauf in Verbindung mit bereits erfassten Empfängeranschriften wiederholt vom Textsystem gedruckt.

Vorteile programmierter Briefe:

- Die Arbeitsleistung des Sachbearbeiters und der Schreibkraft ist größer.
- Die Brieftexte sind gut formuliert.
- Es entfallen Rechtschreibfehler.
- Alle Angaben sind normgerecht angeordnet.

Praxistipps

- Ein schriftlicher Diktatauftrag, in dem kurze Einzelheiten über das Diktat vermerkt sind (z. B. die Bezugszeichen) erleichtert die Verständigung zwischen den beteiligten Mitarbeitern.
- Ein Seminar zum Thema „Diktieren“ eignet sich sowohl für die Diktierenden als auch für die Schreibkraft.
- Überprüfen Sie bei der Anschaffung von Software für Spracherkennung die Arbeitsweise des Programms. Die kontinuierliche Spracherkennung ist für die Textverarbeitung am besten geeignet.
- Bei der Aufstellung eines Texthandbuches ist eine Kombination aus Korrespondenzanalyse und Interviewmethode zu empfehlen, da bei der Korrespondenzanalyse bestimmte Fälle während eines begrenzten Untersuchungszeitraums nicht auftreten.

Internethinweise

Ein Schreibbüro informiert auf der folgenden Internetseite über eine Diktatanleitung: www.schreibbuero-stuttgart.de/schreibbuero/schreibbuero_02_02.htm

Zum Thema „Spracherkennung“ finden Sie unter dem gleichnamigen Suchwort ausführliche Informationen auf der folgenden Seite: http://de.wikipedia.org/wiki/

Auf einen Blick

- Neben dem Fonodiktat gibt es in der Berufspraxis folgende Möglichkeiten: Stenodiktat, Maschinendiktat, Spracherkennung und Stichwortbrief.
- Bei der Spracherkennung wird nach dem Diktat ein Such- und Vergleichsprogramm eingeleitet und es erscheinen die Wörter auf dem Bildschirm des Computers.
- In der Diktatsprache werden die Diktierregeln (DIN 5009) und die Schreib- und Gestaltungsregeln für die Textverarbeitung (DIN 5008) angewendet.
- Von den drei verschiedenen Ebenen der Textverarbeitung wird die Datenverarbeitung unterschieden.
- Bei der Sprachsteuerung werden Maschinen bzw. Computer durch Eingabe von Sprache gesteuert.
- Ein Texthandbuch und der Schreibauftrag sind wichtige Grundlagen für den programmierten Geschäftsbrief.

Aufgaben

1. Welche fünf Möglichkeiten des Diktats werden in der Praxis angewandt?

2. Beschreiben Sie die einzelnen Möglichkeiten des Diktats mit ihren Vor- und Nachteilen.

3. Begründen Sie, warum das Stenodiktat trotz der vielen Vorteile anderer Möglichkeiten auch im modernen Büro von Vielen vorgezogen wird.

4. Aus welchen Grundlagen setzt sich die Diktatsprache zusammen?

5. Welches ist der Unterschied zwischen Anweisungen und Konstanten in der Diktatsprache?

6. Bei einem schreibgerechten Fonodiktat sollte der Diktierende die Arbeitsabläufe für die Textverarbeitung berücksichtigen. Erfassen Sie die einzelnen Punkte in einer Übersicht.

7. Wie würden Sie den folgenden Satz eines Briefes normgerecht diktieren? Das Diktiergerät KOMPAKTA wird als Neuentwicklung auf der Messe vorgestellt.

8. In welchen Fällen wird die postamtliche Buchstabiertafel angewandt?

9. Buchstabieren Sie Ihren Zunamen nach der postamtlichen Buchstabiertafel.

10. Was könnte einen Sachbearbeiter veranlassen, sein Diktiergerät nicht zu benutzen, sondern anderen Möglichkeiten des Diktats den Vorzug zu geben? Geben Sie die Gründe an.

11. Welche Gundsätze sollten in einer Diktatanleitung aufgeführt werden?

12. Beschreiben Sie die Begriffe Sprachsteuerung und Spracherkennung.

13. Welches Arbeitsmittel eines Computersystems ist für die Sprachsteuerung und Spracherkennung erforderlich?

14. Was versteht man unter „Textverarbeitung“ als Oberbegriff in der 1. Ebene?

15. Welche Grundtätigkeiten umfasst die elektronische Textverarbeitung am Textsystem oder Personal Computer?

16. Welche Arbeitsschritte werden als „Textbearbeitung“ bezeichnet?

17. Beschreiben Sie mit eigenen Worten ein Texthandbuch.

18. Erläutern Sie, welche organisatorischen Maßnahmen zum Erstellen eines Texthandbuchs für die programmierte Textverarbeitung erforderlich sind.

19. Welche Nachteile hat die Korrespondenzanalyse?

20. Was versteht man unter einem Schreibauftrag?

21. Beschreiben Sie den Begriff „Serienbrief“ und nennen Sie Beispiele für den Einsatz in der Praxis.

07

Problemlösungen mit Informationen, Lernimpulsen und Anwendungsmöglichkeiten zu folgenden Fragen:

> **Mit welchen Einrichtungen ist ein Personal Computer ausgestattet?**

> **Welche Möglichkeiten zur Text-, Grafik- und Bildverarbeitung hat man mit einem Personal Computer**

> **Wie lässt sich die Software praxisgerecht einsetzen?**

> **Welche Gefahren entstehen durch Fremdeinwirkung?**

> **Was ist beim Datenschutz und beim Urheberrecht zu beachten?**

Aus der Berufspraxis Herr Ernst Mensing ist Inhaber eines größeren Unternehmens. Er hat zwei Sekretärinnen. Wenn Schreibarbeiten oder andere Arbeiten am Computer zu erledigen sind, greift er zum Telefonhörer und beauftragt seine Mitarbeiterinnen. Er hat einmal geäußert: „Mit Computern will ich nichts zu tun haben." Nach und nach gewinnt er den Eindruck, dass Computerkenntnisse und ein Notebook auf dem Schreibtisch auch für einen Chef ganz nützlich sein können. Er will zwar keine Briefe schreiben, möchte den Computer auch nicht als Statussymbol nutzen – aber kleinere Arbeiten könnte man schon damit erledigen. Er denkt dabei an das Schreiben von E-Mails, an das Surfen im Internet u. Ä. Er spricht mit seinen Sekretärinnen darüber, diese raten ihm zu und beschaffen ein Notebook. Herr M. ist dankbar, dass seine Sekretärinnen ihm bei den ersten Schritten helfen, und bekommt Freude an der Arbeit. Sein Interesse geht so weit, dass er die Organisation eines Computer-Grundlagen-Kurses veranlasst. Raten Sie mal, wer der eifrigste Teilnehmer ist.

7.1 Die Hardware

Diese Lektion informiert Sie über:

- die Einrichtungen eines Personal Computers nach DIN 32748
- die Möglichkeiten der Eingabe von Text-, Grafik- und Bilddaten
- die unterschiedlichen Tasten bei Personal Computern
- die Aufgaben der Funktionseinheit
- die Möglichkeiten der externen Datenspeicherung

mit Praxistipps und Internethinweisen

Wissenswertes

Der Arbeitsspeicher
Der Arbeitsspeicher eines Computers kann nicht groß genug sein. Zurzeit sind für Anwendungsprogramme sowie Maus- und Tastaturtreiber 512 MB ausreichend. Für hohe Leistungen z. B. bei der Grafikbearbeitung sind jedoch 1024 MB empfehlenswert.

Die Geschwindigkeit einer Funktionseinheit wird als Taktfrequenz bezeichnet. Die **Taktfrequenz** von z. B. 3000 (= 3,0 Gigahertz) Megahertz sagt aus, dass 3 000 000 000-mal pro Sekunde ein Arbeitsschritt ausgeführt werden kann. Diese Angaben sind also eine hervorragende Vergleichsgrundlage für die Arbeitsgeschwindigkeit.

Jackentaschen-PC
wird der persönliche digitale Assistent (engl. personal digital assistant, abgekürzt: PDA) bezeichnet. Man nennt ihn auch Palmtop (deutsch: auf der Handfläche), Handheld (deutsch: in der Hand gehalten) oder Organizer (deutsch: Organisator).
In erster Linie wird er als elektronisches Adress- und Telefonbuch, Terminkalender sowie Notizbuch eingesetzt. Die Größe beträgt höchstens 20 x 10 x 3 cm. Dieses kleine Wunderwerk der Technik wird sicherlich noch eine große Entwicklung vor sich haben.

Computer und Programme
innerhalb eines Netzwerkes müssen einem einheitlichen Standard entsprechen, d. h., sie müssen kompatibel sein.

4379120

Aus dem Lexikon

Verhältnis von Angabe in Byte			
KB	Kilobyte	1 000 Bytes	(Tausend)
MB	Megabyte	1 000 000 Bytes	(Million)
GB	Gigabyte	1 000 000 000 Bytes	(Milliarde)

7.1.1 Begriffsklärungen. Nach dem Lexikon wird **Hardware** folgendermaßen beschrieben: „... ein Oberbegriff für die maschinentechnische Ausrüstung einer Computeranlage. Die Hardware umfasst alle elektronischen und mechanischen Bauteile der Zentraleinheit und der angeschlossenen Peripherie ..." Wörtlich übersetzt würde man „harte Ware" sagen, es handelt sich dabei um Arbeitsmittel, die man sieht und die man anfassen kann. Die Hardware steht im Gegensatz zur Software, die in der Digitaltechnik das erforderliche „Know-how" eines Computersystems beinhaltet.

Ein **Personal Computer** wird in der Norm DIN 32748 so bezeichnet: „Bürosystem für die Ein- und Ausgabe sowie Verarbeitung von Informationen."

Folgende **Einrichtungen** sollten vorhanden sein:

Bezeichnung laut Norm	Beispiele bzw. Begriffe aus der Alltagssprache
Eingabeeinrichtung	Tastatur, Maus, Trackball, Scanner, Touch-Screen, Joystick, Mikrofon
Funktionseinheit	Zentraleinheit
Einrichtung zur Speicherung von Informationen	Festplatte, DVD-Laufwerk, CD-ROM bzw. USB-Anschlüsse
Anzeigeeinrichtung	Bildschirm
Schnittstelle für die Ausgabeeinrichtung	Anschluss für einen Drucker

Der Begriff „Computer" stammt aus dem Amerikanischen und wurde von to compute = rechnen abgeleitet. Heutige Computer können mehr als nur rechnen, sie sind als vielseitige Arbeitsmittel in fast allen Bereichen des Lebens vertreten.

Neben einer Reihe von Unterscheidungsmerkmalen spielt der **Einsatzbereich** bei einem Personal Computer eine entscheidende Rolle. Die Abbildungen zeigen bedeutende Unterschiede.

Personal Computer, der z. B. im Büro eingesetzt wird

Persönlicher digitaler Assistent (PDA), ein akkubetriebener „Jackentaschen-PC"

Notebook-PC, ein transportables System auch für „unterwegs"

Normung, Bezeichnung und Kennzeichnung der Tasten

Die Norm DIN 2137 Alphanumerische Tastatur berücksichtigt nur 48 Tasten, die mit Schriftzeichen belegt sind (Schreibmaschinentastatur). Die Funktionstasten (Eingabetaste, Umschalttaste usw.) sind mit ihren Symbolen in der Norm DIN 2130 aufgeführt. Die folgende Übersicht zeigt die Unterschiede bei den wichtigsten Tasten.

englische Bezeichnung	deutsche Bezeichnung	Funktion
Return Enter	Eingabetaste	a) Bestätigung einer Eingabe b) Zeilenschaltung
Shift ⇧	Umschalttaste	Umschalten zwischen Klein- und Großbuchstaben sowie Ziffern und Zeichen
Space	Leerschritttaste	Einfügen von Leerschritten bzw. Löschen des Zeichens rechts vom Cursor
Backspace	Korrekturtaste	Korrektur der Zeichen links vom Cursor
Esc (escape)	-	frei programmierbar
Alt	Alternativtaste	frei programmierbar
Strg	Steuerung	frei programmierbar
Pos 1	-	frei programmierbar, oftmals: Cursor an den Bildschirmanfang
End	Ende	Cursor an das Zeilenende
Einfg	Einfügen	Einfügen von Zeichen und Wörtern
Entf	Entfernen	Entfernen von Zeichen und Wörtern
Tab	Tabulator	Tabulatorfunktion(en)
PgDn (paging down)	Bild ↓	Vorwärtsblättern des Bildschirms
PgUp (paging up)	Bild ↑	Rückwärtsblättern des Bildschirms

7.1.2 Die Eingabeeinrichtungen. Mit der Eingabeeinrichtung werden Daten zur Verarbeitung in den Computer eingegeben. Hier eine Auswahl verschiedener Möglichkeiten:

Tastatur

Maus

Tastatur und Maus berücksichtigen ergonomische Gesichtspunkte. Die **Maus** dient zum Steuern des Cursors und erledigt innerhalb der Anwenderprogramme bestimmte Arbeitsschritte. Die Mausfunktionen können auch über einen Trackball erfolgen.

4379122

Joystick

Scanner

Mit einem **Joystick** lassen sich z. B. bei Computerspielen schnelle Bewegungsabläufe auf dem Bildschirm ausführen.

Der **Scanner** erfasst Text-, Grafik und Bildvorlagen mit einer Optik und ermöglicht die Computerverarbeitung

Mikrofon

Touch-Screen

Ein **Mikrofon** ermöglicht die Spracheingabe am Computer. Oft wird das Mikrofon als Headset in Verbindung mit einem Kopfhörer angewendet.

Als **Touch-Screen** bezeichnet man einen berührungsempfindlichen Bildschirm, der die Eingabe von Daten ermöglicht.

7.1.3 Die Funktionseinheit. Die Funktionseinheit = Zentraleinheit = Mikroprozessor = CPU (Central Processing Unit) ist mit den anderen Einrichtungen des Computers verbunden und löst verschiedene Verarbeitungsvorgänge aus. Die Bestandteile der Funktionseinheit und deren Aufgaben sind in der folgenden Übersicht aufgeführt:

Bezeichnung	**Aufgabe**
Steuerwerk	Erkennen und Durchführen von Befehlen
Rechenwerk	Bearbeiten von Rechenvorgängen
Arbeitsspeicher	Speichern von Arbeitsergebnissen

Hauptplatine

Mikrochip

Die **Hauptplatine** (Mainboard oder Motherboard) ermöglicht das Einstecken von Karten, die Installation von Kabeln und regelt den Datenaustausch zwischen den einzelnen Komponenten. Das integrierte Bussystem sorgt dafür, dass die Daten z. B. den Arbeitsspeicher erreichen.

Das Kernstück der Funktionseinheit eines Computers sind **Mikrochips**, die durch ein Spezialverfahren als Träger digitaler Schaltungen mit mehreren hunderttausend Transistorfunktionen auf kleinem Raum geeignet sind.

Der **Arbeitsspeicher** wird auch als interner Speicher bezeichnet. Die **Speicherkapazität** eines Arbeitsspeichers wird in Megabyte (MB) angegeben. Die Angabe 512 MB RAM bedeutet, dass die Kapazität des Arbeitsspeichers 512 MB beträgt.

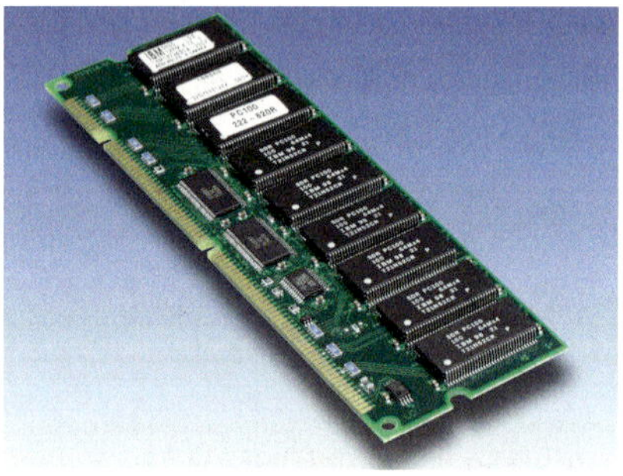

RAM (Random Acces Memory),
der Arbeitsspeicher mit wahlfreiem Zugriff, kann vom Anwender geändert werden. In diesem Speicher werden das Betriebsprogramm und die Anwenderprogramme geladen. Hier werden auch Daten (z. B. Briefe oder Textbausteine) abgelegt und wieder herausgelesen. Bei Stromausfall geht der Speicherinhalt verloren.

ROM (Read Only Memory),
der Nur-Lese-Speicher, ist vom Anwender nicht zu verändern. Hier sind die fest programmierten Teile des Betriebssystems, die für die Inbetriebnahme des Computers erforderlich sind, gespeichert. Nach dem Einschalten des Computers meldet sich das Grundbetriebssystem. Es enthält wichtige Routinen und regelt den Selbsttest.

Speichererweiterungen sind durch separate Steckkarten möglich und oft erforderlich, da umfangreiche Programme (Grafik, Kommunikation) einen sehr großen Arbeitsspeicher benötigen.

Eine **Grafikkarte** ermöglicht die Anzeige auf dem Bildschirm. Die Qualität ist entscheidend für die Geschwindigkeit des Bildschirmaufbaus sowie für die Darstellung. Die Darstellung erfolgt in Pixeln. Die Auflösung gibt an, wie viele Pixel über- bzw. untereinander dargestellt werden können.

Schnittstellen = Interfaces werden benötigt, um an die Funktionseinheit andere Einrichtungen (z.B. Tastatur, Bildschirm, Drucker) anschließen zu können. Diese Aufgabe erfüllt eine Steckverbindung und ein Steuerprogramm. Das Schnittstellensystem USB (= Universeller Serieller Bus) ermöglicht den Anschluss vieler beliebiger Peripheriegeräte. Beim USB-System ist auch die Stromversorgung kleinerer Geräte möglich.

7.1.4 Externe Speicher. Da der interne Speicher in der Funktionseinheit oftmals für umfangreiche Programme und Daten nicht ausreicht bzw. sein Inhalt bei Stromunterbrechung nicht mehr zur Verfügung steht, werden Massenspeicher verwendet. Nach der Norm DIN 32748 wird dieser externe Speicher als „Einrichtung zur Speicherung von Informationen" bezeichnet, dazu zählen folgende Möglichkeiten:

CD, USB-Stick | Festplatte | Magnetband | Optische Speicherplatte

Die **Diskette** (abgeleitet aus dem Englischen: disk = Platte, Scheibe) hat die Vorteile des schnellen Austauschs und der Wiederbeschriftung. Zurzeit werden Mikrodisketten am häufigsten verwendet. Der technische Fortschritt hat das Aussehen und die Speicherkapazität von Disketten geändert. Das heißt, die heutigen Mikrodisketten sind mit 3,5 Zoll wesentlich kleiner als die früheren Minidisketten (5,25 Zoll) und Normaldisketten (8 Zoll), wobei die Speicherkapazität größer geworden ist. Die folgende Übersicht verdeutlicht die technischen Daten einer Mikrodiskette.

Typ/Aufzeichnungsdichte	Speicherkapazität	Sektoren	Spuren
DD Double Density = doppelte Aufzeichnungsdichte	720 KB	9	80
HD High Density = hohe Aufzeichnungsdichte	1,44 MB	18	80
ED Extra Density = extreme Aufzeichnungsdichte	2,88 MB	36	80

Die **Festplatte** ist meistens im Bereich der Zentraleinheit fest installiert und hat eine wesentlich größere Speicherkapazität als eine Diskette. Der Speicherinhalt einer Festplatte wird in GB (= Gigabyte) angegeben. Eine Festplatte zählt zur Grundausrüstung eines leistungsfähigen Personal Computers, denn neben der hohen Speichermöglichkeit ist der Zugriff auf Daten wesentlich schneller als bei Disketten. Neben der hier beschriebenen Festplatte gibt es transportable **Wechselplatten**.

Magnetbänder auf Spulen oder in Kassetten haben keinen direkten Zugriff und somit eine langsame Arbeitsweise.

Optische Speicherplatten sind runde feste Scheiben aus Kunststoff, die durch lasergenerierte Lichtenergie zum Lesen und Schreiben eingesetzt werden können.

Die folgende Übersicht zeigt und beschreibt die verschiedenen Arten.

Bezeichnung	Beschreibung
CD-ROM (engl. **C**ompact **D**isk – **R**ead **O**nly **M**emory) Nur-Lese-Speicher	Speichermedium, das im Handel erhältlich ist und eine Speicherkapazität von 650 MB hat, das sind über 500 Mikrodisketten oder über 300 000 Textseiten A4. Die Informationen können beliebig oft gelesen, aber nicht überschrieben werden. Einsatzgebiete: EDV-Programme, Lexika, Arbeitsunterlagen
CD-R (engl. **C**ompact **D**isk **R**ecordable) beschreibbar	Speichermedium, das vom Anwender mit einem CD-Brenner auf CD-Rohlingen erstellt, beliebig oft gelesen und danach nicht mehr verändert werden kann. Einsatzgebiete: Kopieren von CDs und CD-ROMs, elektronische Registratur, Datenbanken
CD-RW (engl. **C**ompact **D**isk – **R**ead/**W**rite) lesen – schreiben	Speichermedium wie CD-R mit dem Unterschied, dass ein etwa 1000-maliges Wiederbeschreiben möglich ist. Einsatzgebiete: Anwendungen, die geändert oder ergänzt werden müssen
DVD (engl. **D**igital **V**ersatile **D**isk) digitale vielseitige Platte	Speichermedium, das aufgrund einer wesentlich erhöhten Spurdichte sehr große Speicherkapazitäten (bis zu 17 GB) hat. Einsatzgebiete: Multimedia, Spielfilme DVD-ROM = nur lesbar DVD-R = überschreibbar DVD-RAM = wie CD-RW

Speicherkarten, auch Flash-Cards oder Memory-Cards genannt, sind externe Speicher, die Audioaufnahmen, Bilder und Texte für mobile Geräte (Handys, Diktiergeräte, Kameras) speichern. Speicherkarten haben den Vorteil, dass sie gegenüber Disketten und Festplatten ohne bewegliche Teile arbeiten. Es entstehen keine Laufgeräusche. Der Verschleiß ist gering und die Lebensdauer beträgt ohne Stromzufuhr etwa zehn Jahre. Die folgende Abbildung zeigt verschiedene Speicherkartenformate:

4379126

Compact-Flash (CF) | Memory Stick | SD-Card | xD-Picture-Card

Einen Vergleich der verschiedenen Speicherkarten und technische Einzelheiten finden Sie auf folgender Internetseite: www.freenet.de/freenet/computer_und_technik/audio_video_foto/foto_und_digitalkameras/speicherkarten/index.html

USB-Stick ist die Abkürzung für **U**niversal-**S**erial-**B**us-**Stick**. Dieses Speichermedium wird mit der USB-Schnittstelle des Computers verbunden und gilt als moderne Möglichkeit der Datenspeicherung. Ein USB-Stick hat wie eine Speicherkarte keine beweglichen Teile und ist für alle digitalbinären Daten einsetzbar. USB-Sticks werden sowohl in ihrer Grundfunktion als Massenspeicher als auch in Verbindung mit anderen Arbeitsmitteln z. B. Digitalkamera, Diktiergerät, MP3-Player oder Radio eingesetzt.

Die Abbildung links zeigt einen USB-Stick als „Nur-Speicher-Medium" und die Abbildung rechts zeigt ein Taschenmessesr, in dem ein USB-Stick integriert ist.

7.1.5 Die Anzeigeeinrichtung. Personal Computer sind mit einem **Bildschirm** ausgestattet; hier erscheinen Menüs, Aufforderungen, Befehle und Kommandos. Im Bereich der Textverarbeitung ermöglicht der Bildschirm z. B. das Erfassen, Bearbeiten und Verarbeiten von Texten, indem ein Editierfeld vorgesehen ist, das als Arbeitsgrundlage dient. Bildschirme helfen die Papierflut in den Büros einzuschränken.

Die **Maße eines Bildschirms** in der Diagonalen werden in Zoll angegeben. Heute sind Bildschirmgrößen von 17 Zoll und mehr erforderlich, da die Anwenderprogramme mit vielen Fenstern und Symbolen arbeiten. Sofern sich die Arbeiten mit Grafiken oder CAD-Anwendungen beschäftigen, sollten sogar 20- oder 21-Zoll-Bildschirme eingesetzt werden.

Die **Bildwiederholfrequenz** ist ein wichtiger technischer Gesichtspunkt für die „Flimmerfreiheit". 17-Zoll-Bildschirme sollten eine Bildwiederholfrequenz von mindestens 85 Hz aufweisen, größere Bildschirme sollten 90 bis über 100 Hz haben.

Auch die **Bildauflösung** z. B. pro Zeile 1 024 bis 1 600 und in der Höhe 768 bis 1 200, das ist die Angabe von Punkten bzw. Pixeln, sollte beachtet werden. Auch hier gilt die Regel: „Je mehr desto besser".

Aussagen über die **Bildschirmergonomie** sowie über ökologische Anforderungen sind aus den schwedischen Normen TC95 und TC99 zu entnehmen, die u.a. einen 17-Zoll-Bildschirm, eine Bildwiederholfrequenz von mindestens 85 Hz, Grenzwerte für die Strahlung, eine Begrenzung des Stromverbrauchs und einen Standby-Modus fordern.

Bei älteren Bildschirmen erzeugt eine Bildröhre das Monitorbild, dabei werden verschiedene Energiearten und Strahlen frei. TFT-Bildschirme (**T**hin **F**ilm **T**ransistor) verfügen über eine Technik, die diese nachteiligen Auswirkungen nicht hat, d.h., sie sind flimmer- und strahlungsfrei. Auch hinsichtlich der Zeichengeometrie sind diese Bildschirme vorteilhaft, da das Display flach ist und an den Eckbereichen keine Verzerrungen auftreten. Außerdem verfügen diese Monitore über ein stabiles Bild mit hoher Zeichenschärfe und guten Kontrasten. Auf der nebenstehenden Abbildung ist zu erkennen, dass die Konstruktion sehr platzsparend ist. Außerdem zeichnet sie sich durch geringes Gewicht aus.

7.1.6 Die Drucker. Die Schnittstelle für die Ausgabeeinrichtung ist die Verbindung zwischen Personal Computer und EDV-Drucker. Ein Drucker wird nach der Norm DIN 9784 so beschrieben: „Gerät der Büro- und Datentechnik, das zur Ausgabe visuell erkennbarer Zeichen auf Papier dient und eine Einrichtung zur Aufnahme und Führung des Papiers hat".

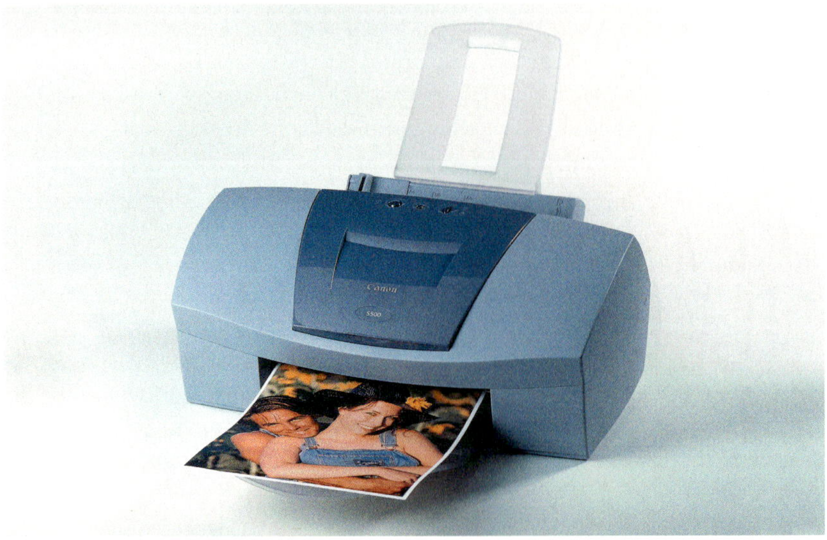

Tintenstrahldrucker haben sich wegen ihrer vielen Vorteile stark verbreitet.

Die folgende Übersicht zeigt technische Einzelheiten über verschiedene Druckertypen:

	Tintenstrahl	**Laserstrahl**	**Thermotransfer**	**LED**
	Die Zeichen werden in Form einer Matrix erzeugt, indem Tinte auf das Papier gestrahlt wird.	Die Laserstrahltechnik und die Arbeitsweise des elektrostatischen Kopierens erzeugen hohe Geschwindigkeiten und beste Druckergebnisse bei geräuschloser Arbeitsweise.	Arbeitsweise mit einem Spezialfarbband, das durch Wärme eine Farbschicht auf das Papier überträgt und eine sehr gute Druckwiedergabe bei mittlerer Geschwindigkeit geräuscharm erzielt.	Belichtung der Vorlage über eine Leuchtdiode (= Light Emitting Diode), wobei der Druck nach dem Prinzip des elektrostatischen Kopierens erfolgt.
Schriftbild	gut	sehr gut	sehr gut	sehr gut
Durchschläge	nein	nein	nein	nein
Urkundenechtheit	ja	nein[1]	nein[1]	nein[1]
Papier	einzel	einzel	einzel	einzel
	endlos			
Geschwindigkeit	schnell	sehr schnell	mittel	schnell
Farbe/Grafik	ja	ja	ja	ja
Geräusch	sehr leise	sehr leise	sehr leise	sehr leise
Verbrauchsmaterial	Tinte	Toner	Spezialfarbband	Toner
Betriebskosten	teilweise hoch	mittel	hoch	hoch
Wartungskosten	mittel	hoch	mittel	mittel
Anschaffungskosten	gering	hoch	hoch	mittel
Marktanteil	hoch	hoch	gering	gering

1 „ja" – wenn Prüfgutachten vorliegt

7.1.7 Netzwerke und Kommunikation. Unter einem Netzwerk versteht man die Verbindung mehrerer Computer an verschiedenen Orten zur Kommunikation über ein gemeinsames Netz. Damit der Datenaustausch auch funktioniert, muss ein gemeinsamer Standard vorliegen, d. h., die Hardware und auch die Software müssen kompatibel sein. Durch die Anwendung der Netzwerktechnik ergeben sich folgende Vorteile:

- Austausch von Daten zwischen verschiedenen Arbeitsplätzen
- Gemeinschaftliche Nutzung von Zusatzgeräten
- Gemeinschaftliche Nutzung von Software
- Kommunikation im Internet

Praxistipps

- Bei der Arbeit am Computer sollten die „Sicherheitsregeln für Bildschirmarbeitsplätze im Bürobereich" der Verwaltungsberufsgenossenschaft beachtet werden, da die physische und psychische Gesundheit des Menschen stark angegriffen wird.
- Mit einem Scanner erleichtert man sich das „Einlesen" vorhandener Text-, Grafik- und Bildvorlagen für die Weiterverarbeitung mit dem Computer.
- Erkundigen Sie sich vor der Anschaffung eines Druckers nach allen Vor- und Nachteilen, indem Sie verschiedene Konstruktionsmerkmale vergleichen.

Internethinweise

Wenn Sie Ihr Wissen zum Thema „Computer" erweitern möchten, hilft Ihnen das sehr informative „Computerlexikon" mit aufschlussreichen Tipps und Hinweisen, das durch folgenden Link zu erreichen ist: www.computerlexikon.com/

Die folgende Internetseite informiert über TFT-Bildschirme, wenn Sie in der Suchfunktion die Überschrift des Artikels „Das müssen Sie über TFT-Bildschirme wissen" eingeben: www.chip.de/

Auf einen Blick

- Ein Personal Computer besteht nach der Norm DIN 32748 aus den folgenden Einrichtungen: Eingabeeinrichtung, Funktionseinheit, Einrichtung zur Speicherung von Informationen, Anzeigeeinrichtung und Schnittstelle für die Ausgabeeinrichtung.
- Mit der Eingabeeinrichtung (Tastatur, Maus, Scanner) werden Daten (Text-, Grafik- und Bilddaten) in den Computer zur Verarbeitung eingegeben.
- Die Funktionseinheit (Zentraleinheit) ist mit den anderen Einrichtungen des Computers durch Schnittstellen verbunden und löst die verschiedenen Verarbeitungsvorgänge aus.
- Die Anzeigeeinrichtung (Bildschirm) zeigt die eingegebenen Zeichen und Befehle an. Auf der Anzeigeeinrichtung erscheinen auch Hinweise für den Programmablauf in Form von Menüs.
- Die externen Speicher (Festplatte, CD usw.) werden als Massenspeicher für umfangreiche Datenmengen eingesetzt.
- Der Drucker ist durch die Schnittstelle für die Ausgabeeinrichtung mit dem Personal Computer verbunden. Durch diese Einrichtung wird es ermöglicht, die im Computer verarbeiteten Daten auf dem Papier sichtbar erscheinen zu lassen.

Aufgaben

1. Über welche Einrichtungen sollte ein Personal Computer nach der Norm DIN 32748 verfügen?

2. Beschreiben Sie ein Notebook und erläutern Sie den großen Vorteil dieses Arbeitsmittels.

3. Welche Arten der Eingabeeinrichtung werden unterschieden?

4. Was versteht man unter der „Einrichtung zur Speicherung von Informationen“?

5. Wozu dient eine Maus im Bereich der Computertechnik?

6. Beschreiben Sie einen Scanner.

7. Welche Doppelfunktion hat die Eingabetaste eines Personal Computers? Geben Sie die verschiedenen Bezeichnungen für diese Taste an.

8. Nennen Sie die Bestandteile und die Aufgaben der Funktionseinheit eines Personal Computers.

9. In welche Bereiche gliedert sich der Arbeitsspeicher und welche Merkmale sind von Bedeutung?

10. In welcher Einheit wird die Speicherkapazität eines Personal Computers angegeben?

11. Nennen Sie die Möglichkeiten zur externen Speicherung von Daten.

12. Welche Vorteile hat eine CD bzw. ein USB-Stick gegenüber einer Festplatte?

13. Welche Speicherkapazität haben USB-Sticks?

14. Beschreiben Sie den Begriff CD-ROM.

15. Welche Einsatzgebiete hat die DVD?

16. In welche Konstruktionsgruppen lassen sich Drucker einteilen? Beschreiben Sie die Möglichkeiten und nennen Sie Beispiele.

17. Beschreiben Sie einen Tintenstrahldrucker?

18. Welche Vor- und Nachteile hat ein Laserdrucker?

19. Für welchen Drucker würden Sie sich entscheiden? Begründen Sie Ihre Entscheidung.

20. Diskutieren Sie die Aussage: „Ein Computer ist ein wichtiger Schritt zum papiorloson Büro.“

21. Geben Sie das Suchwort „TCO“ ein, lesen Sie die Informationen genau. Was legt die TCO fest (allgemeine Aussage)?

7.2 Die Software

Diese Lektion informiert Sie über:

- die Bedeutung, Einsatzbereiche, Merkmale, Überlassung und Ergonomie der Software
- die Dualzahlen und den ASCII-Code
- das Grundprinzip „Eingabe, Verarbeitung, Ausgabe"
- die Arten von Daten
- Möglichkeiten von Datenverlusten und des Datenschutzes
- die Gefahr durch Computerviren, Würmer und Trojaner
- den Urheberschutz bei Software

mit Praxistipps und Internethinweisen

Wissenswertes

Kennen Sie diese Sprachen?
Die Maschinensprache, nach der ein Computer arbeitet, setzt sich aus einer Folge von Bytes zusammen, die aus den Ziffern 1 (Strom an) und 0 (Strom aus) bestehen. Die Programmiersprache, nach der ein Mensch ein Programm erstellt, ist an die englische Sprache angelehnt. Sie wird in der Zentraleinheit des Computers in die Maschinensprache übersetzt.

EVA bedeutet in der EDV
• Eingabe • Verarbeitung • Ausgabe

WYSIWYG
What You See Is What You Get bedeutet im übertragenen Sinn: Was du am Bildschirm siehst, wird auf dem Druck erscheinen. Dies ist ein wichtiger Grundsatz für alle Anwendungsprogramme. Informieren Sie sich vor dem Kauf, ob das betreffende Anwendungsprogramm nach diesem Grundsatz arbeitet.

Vertragsklausel in einem Software-Lizenzvertrag:
Die Software und die Programmhandbücher sind urheberrechtlich geschützt.

7.2.1 Begriffsklärung und Programmarten. Unter Software versteht man alle Programme, die ein Computer zum Arbeiten benötigt. Man unterscheidet bei der Software die folgenden Bereiche, die Ihnen in der Übersicht vorgestellt und beschrieben werden.

Bezeichnung	**Beschreibung und Beispiele**
Systemsoftware 	Der Begriff „Betriebssystem“ ist vielleicht geläufiger. Dieses Programm ist die Grundlage für jeden Computer. Nach dem Aktivieren der Systemsoftware kann mit den Anwenderprogrammen (Standardsoftware oder Individualsoftware) gearbeitet werden. LINUX, MS-DOS, OS/2 WARP, WINDOWS X usw.
Standardsoftware 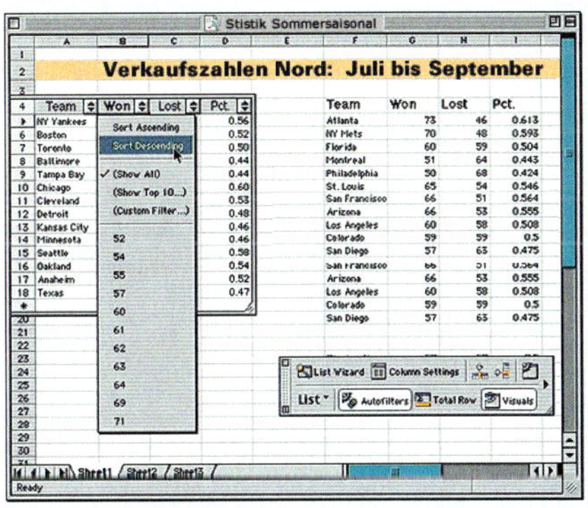	Für einen breiten Anwenderkreis wurden bestimmte Programme entwickelt, die häufige Aufgaben erledigen. Diese Software wird entweder beim Kauf des Computers mitgeliefert bzw. sie ist günstig zu erwerben. Oftmals werden sie auch als Softwarepaket (Zusammenfassung mehrerer Programme) angeboten. Textverarbeitung: MS-WORD Tabellenkalkulation: MS-EXCEL Präsentation: MS-POWER-POINT usw.
Individualsoftware 	Spezielle Aufgaben lassen sich durch betriebsspezifische, branchenspezifische oder selbst erstellte Programme ausführen.
Programmiersprachen 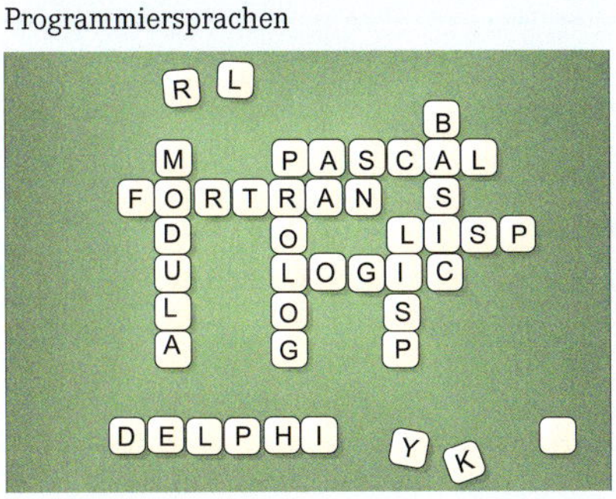	Mit diesen Programmen kann der Programmierer die o. a. Möglichkeiten der Software entwickeln. APL, BASIC, C+C++, DELPHI, LISP, LOGO MODULA, PROLOG

7.2.2 Die Überlegungen. Das Angebot an Software ist groß. Grundlage für die Anschaffung und den Einsatz sind folgende Überlegungen:

- Erreicht man mit der Software das gewünschte Arbeitsergebnis?
- Stehen die Kosten für die Software, der Aufwand für die Einarbeitung und das Arbeitsergebnis in einem angemessenen Verhältnis?

7.2.3 Die Überlassung von Software. Nicht immer muss die Anschaffung von Software mit großen Kosten verbunden sein. Es gibt folgende Möglichkeiten zur Kostenersparnis:

Public Domain-Software (= PD-Software) wird dem Anwender kostenlos oder gegen geringe Vergütung überlassen. Das Programm darf zwar kopiert und weitergegeben, aber nicht verändert werden. Sofern der Berechtigte die Software gegen Vergütung anbietet, ist eine kommerzielle Vervielfältigung untersagt.

Shareware wird dem Anwender ebenfalls kostenlos zur Erprobung überlassen. Sobald ein ständiger Einsatz erfolgt, muss der Anwender eine Registrierung vornehmen und eine Shareware-Gebühr bezahlen, wobei er eine erweiterte oder überarbeitete Programmversion und evtl. eine Programmdokumentation erhält.

Freeware ist Public Domain-Software, die völlig kostenlos eine Veränderung und die Weitergabe in veränderter Form gestattet.

Geben Sie in eine Suchmaschine im Internet den Begriff „freeware“ ein. Sie erhalten eine Vielzahl von Angeboten.

7.2.4 Die Software-Ergonomie. EDV-Programme sollten dem Anwender angepasst sein und nicht umgekehrt. Voraussetzung dafür ist, dass die einzelnen Arbeitsschritte in sinnvollen Arbeitsprozessen zusammengefasst sind. Hauptaugenmerk dabei ist das Dialogsystem, in dem die „Verständigung zwischen Anwender und Computer“ stattfindet.

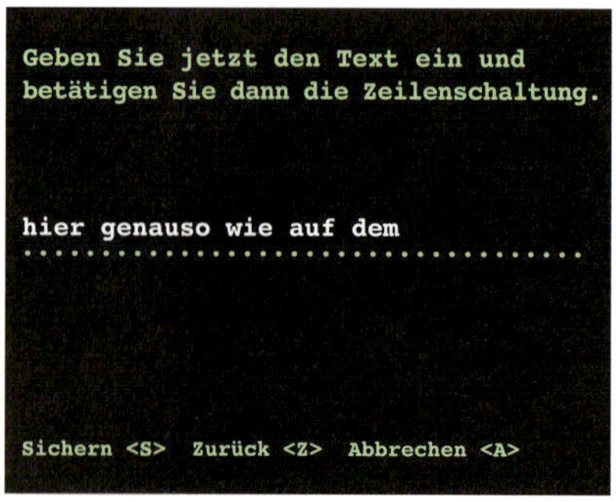

4379134

Die Bildschirmmasken sollten so gestaltet sein, dass der Anwender die Informationseingabe und -verarbeitung am Computer verfolgen und verstehen kann. Besondere Informationen finden Sie in der Norm DIN 66234 Teil 8 „Dialoggestaltung der Benutzerschnittstelle“ und in der Norm DIN 66234 Teil 3 und Teil 5 „Maskengestaltung“.

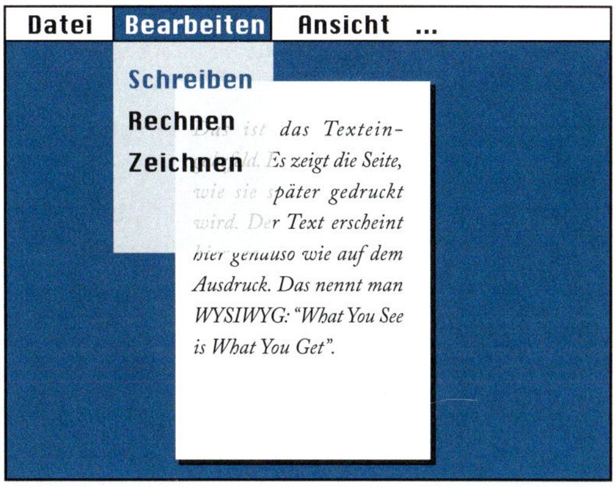

Die Eingabe von Befehlszeichen wurde durch die ergonomischere Arbeitsweise in Verbindung mit der Maus über Menüs und Fenster abgelöst.

7.2.5 Dualzahlen und ASCII-Code. Die kleinste Verarbeitungsgrundlage von Daten ist die Dualzahl. Eine Dualzahl ist auf der linken Seite der nebenstehenden Gleichung aufgeführt. Ein Computer verwendet diese Zahlen als Grundlage für seine Rechentätigkeit.

1000001 = A

Die Rechengrundlage sind nur zwei Zahlenwerte, nämlich 0 und 1. Wenn diese beiden Zahlenwerte nach einem bestimmten System in Dualzahlen codiert werden (Binärcode), so kann man jede Zahl, jeden Buchstaben und jedes Zeichen darstellen. Dies ist die Ausgangsbasis für die optische Darstellung sämtlicher Daten.

Da ein Computer mit Strom arbeitet, erhalten die Binärcodeziffern innerhalb eines Verarbeitungsvorganges folgende Werte:

Strom aus = 0 Strom an = 1

Diese „Zustände“ verarbeitet der Computer innerhalb von Bruchteilen einer Sekunde.

Der **ASCII-Code** (**A**merican **S**tandard **C**ode for **I**nformation **I**nterchange) ist der internationale Standard, in dem 256 unterschiedliche Zeichen codiert werden. Dieser Code ist so aufgebaut, dass jedes Zeichen aus sieben Dualzahlen und einem Steuerzeichen besteht.

Der Großbuchstabe A wird gemäß der folgenden Übersicht vereinfacht ausgedrückt durch Stromschaltungen so dargestellt: Einmal an (= 1), fünfmal aus (= 00000), einmal an (= 1).

Art des Zeichens	Darstellung	Dualzahl	ASCII-Code-Nr.
Ziffer	0	0110000	048
	1	0110001	049
	2	0110010	050
Kleinbuchstabe	a	1100001	097
	b	1100010	098
	c	1100011	099
Großbuchstabe	A	1000001	065
	B	1000010	066
	C	1000011	067

Die Übersicht zeigt nur eine Auswahl; neben den aufgeführten Ziffern, Klein- und Großbuchstaben können auch noch Satz- und Sonderzeichen dargestellt werden.

Der ASCII-Code ist für den Austausch von Daten sehr gut geeignet, weil alle standardisierten Programme diese Zeichen übernehmen und verarbeiten können. Durch Betätigen der Alt-Taste bzw. der Strg- und Alt-Taste erscheinen in Verbindung mit den entsprechenden ASCII-Code-Nummern (0 - 255) die betreffenden Zeichen auf dem Bildschirm und können auch gedruckt werden. Diese Möglichkeit zeigt, dass der Computer weitaus mehr Zeichen darstellen kann als die Tastatur vorsieht.

7.2.6 Bit und Byte. Die kleinste Einheit einer Dualzahl ist die Ziffer 0 oder die 1, die auch als **Bit** bezeichnet wird. Für die Darstellung eines lesbaren Zeichens benötigt der Computer 7 Bit-Gruppen mit Ziffern und eine Bit-Gruppe als Steuerzeichen, also insgesamt 8 Bit-Gruppen. Die 8 Bit-Gruppen ergeben **1 Byte**.

Bit + Bit + Bit + Bit + Bit + Bit + Bit + Bit = Byte

Ein Computer kann in seinem Speicher nur ein volles Byte oder ein Mehrfaches davon verarbeiten.

7.2.7 Eingabe, Verarbeitung und Ausgabe. Die drei Tätigkeiten, Eingabe, Verarbeitung und Ausgabe (abgekürzt: EVA), gehören zu den Grundfunktionen der EDV. Die folgende Übersicht zeigt die Grundtätigkeiten der EDV in Verbindung mit Arbeitsschritten bzw. Ergebnissen:

Grundtätigkeit	Arbeitsschritt bzw. Ergebnis
Eingabe	Buchstaben, Ziffern und Zeichen werden über die Tastatur eingegeben.
Verarbeitung	Dualzahlen = Bytes werden in der Zentraleinheit verarbeitet.
Ausgabe	Buchstaben, Ziffern und Zeichen werden auf einem Drucker ausgegeben.

7.2.8 Die Arten von Daten. Dualzahlen bzw. Bytes sind Träger von Zeichen. Diese Zeichen beinhalten Informationen und werden als Daten bezeichnet, wobei man folgende Möglichkeiten unterscheidet:

Merkmal	Möglichkeiten		
Zeichen	numerische Daten = Ziffern und Zeichen	alphabetische Daten = Buchstaben bzw. Wörter aus a) und b)	alphanumerische Daten = Kombination
Beispiel:	7040	EDV	Jahrgang 1960
Veränderlichkeit	d) Stammdaten = feste Daten	e) Bewegungsdaten = veränderliche Daten	
Beispiel:	Ulrike Kaiser (Vor- und Zuname)	23,40 € (Preis)	

Computer und EDV-Programme in Verbindung mit der menschlichen Leistung ermöglichen es, dass Daten eingegeben, in Bytes umgewandelt, verarbeitet und ausgegeben werden. Dies ist die Grundlage für eine schnelle und gründliche Arbeit auf vielen Gebieten in der Technik, Verwaltung und Wirtschaft.

7.2.9 Datenverluste. Um Datenverlusten vorzubeugen, werden im Bereich der EDV laufend Maßnahmen getroffen. Das größte Risiko ist der Mensch, daneben spielen Einflüsse durch höhere Gewalt, wie Feuer, Wasser, Erdbeben, Gewitter und Stromunterbrechung, eine Rolle. Grundsätzlich lassen sich die Ursachen für Datenverluste in vier Bereiche gliedern:

- Gerätefehler
- Bedienungsfehler
- Programmfehler
- Manipulationen

Es gibt viele Maßnahmen, die das Sicherheitsrisiko einschränken, z. B.:
- Geräte und Datenträger werden verschlossen aufbewahrt.
- Es wird eine laufende Datensicherung durchgeführt.
- Der Kopierbefehl ist nur zur Datensicherung möglich.
- Die CD-Laufwerke werden gesperrt.
- Der Zugang zum Computer ist nur mit einer Chipkarte möglich.
- Es wird ein Arbeitsprotokoll (Log-Buch) geführt.
- Es werden Virenprogramme eingesetzt.

7.2.10 Datenschutz. Der Datenschutz ist in den letzten Jahren durch den verstärkten Einsatz von Personal Computern in den Mittelpunkt vieler Diskussionen der betroffenen Bürger geraten und hat die Bemühungen der Anwender angeregt. Das **Bundesdatenschutzgesetz** (BDSG) sagt in § 1 Folgendes aus:

„Aufgabe des Datenschutzes ist es, durch den Schutz personenbezogener Daten vor Missbrauch bei ihrer Speicherung, Übermittlung, Veränderung und Löschung (Datenverlust) der Beeinträchtigung schutzwürdiger Belange der Betroffenen entgegenzuwirken."

Die **Rechte des Bürgers** und somit die **Pflichten des Anwenders** sehen folgendermaßen aus:

- Mitteilung über Datenspeicherung und regelmäßige Datenweitergabe
- Auskunft über Daten
- Berichtigung falscher Daten
- Löschen oder Sperren von unzulässigen, überflüssigen und bestrittenen Daten

Die Überwachung des Datenschutzes zeigt die folgende Übersicht:

Privatbereich	Betriebsbereich	öffentlicher Bereich
jeder Bürger und die Aufsichtsbehörden	Datenschutzbeauftragte und der Betriebs- bzw. Personalrat	Bundes- und Landesschutzbeauftragte

7.2.11 Computerviren, Würmer und Trojaner. Hierbei handelt es sich um Software, die den reibungslosen Ablauf bei der Computerarbeit stört oder sogar verhindert.

Bei den **Computerviren** werden folgende Kategorien unterschieden:

Programm- oder Dateiviren, die sich an ausführbare Programme (.exe- und .com-Dateien) anhängen und Überschreibungen vornehmen, die wiederum Fehler im Ablauf hervorrufen.

Boot- und Partitionsviren beeinflussen die Sektoren der Diskette oder Festplatte beim Startvorgang und übernehmen eine Beeinflussung des Computersystems.

Makroviren befinden sich z. B. in Dokumentvorlagen von Standard-Software und werden beim Öffnen aktiv, indem sie auf das Computersystem negativ einwirken.

Würmer sind Schadprogramme, die sich von Computer zu Computer innerhalb eines Netzwerkes selbstständig verbreiten.

Trojaner sind das Ergebnis von Aktionen, die durch Viren oder Würmer entstehen. Hiermit kann eine schädliche Einwirkung auf den Computer aktiviert werden und z. B. geheime Benutzerdaten (Passwörter) ausgespäht und per E-Mail an den Hacker übersendet werden.

4379138

Die folgenden **Hinweise zum Virenschutz** helfen dem Anwender, mögliche Schäden am Computer und der Software zu verhindern bzw. einzudämmen:

Hinweis	Bemerkung
Installieren Sie einen Virenscanner.	Informationen über Virenscanner erhalten Sie, wenn Sie im Internet das Suchwort „Virenscanner" eingeben.
Lassen Sie keine CDs/DVDs im Laufwerk.	Liegt im Laufwerk eine virenbefallene CD/DVD, kann beim Hochfahren des Computers ein Virus übertragen werden.
Nehmen Sie von Fremden keine Dateien an.	Das gilt sowohl für CDs/DVDs als auch das Übertragen von Dateien im Internet.
Seien Sie bei E-Mail-Anhängen vorsichtig.	E-Mail-Anhänge sollten nur aus vertrauenswürdigen Quellen geöffnet werden.
Informieren Sie sich im Internet über (aktuvelle) Viren.	Das Suchwort „Computervirus" hilft Ihnen dabei.
Klären Sie Mitarbeiter und Kollegen über die Gefahren auf.	Der Gebrauch von privaten CDs/DVDs muss untersagt werden.
Installieren Sie eine Firewall.	Hierdurch werden Netzbereiche getrennt und die Sicherheit erhöht.

7.2.12 Der Urheberschutz. Das Urheberrechtgesetz und das Strafgesetzbuch sichern den Herstellern von Software das ausschließliche Verwertungsrecht zu. Nach § 1 des Gesetzes gegen den unlauteren Wettbewerb stellt das Kopieren fremder Programme und der Verkauf solcher Kopien eine verbotene Handlung dar.

Da die meisten Programme nicht kopiergeschützt sind, werden Lizenzverträge abgeschlossen. Diese Verträge können z. B. folgende Bedingungen und somit **Pflichten für den Erwerber** beinhalten:

- Mit dem Programm darf nur auf einem Computer gearbeitet werden.
- Die Programmhandbücher dürfen nicht kopiert werden.
- Die Software darf nicht von einem Computer zu einem anderen kopiert werden.
- Die Software darf nicht verschenkt, vermietet oder verliehen werden.

Neben der Nutzung besteht das Recht für den Erwerber, von dem Programm eine Sicherheitskopie anzufertigen.

Praxistipps

- Die Kosten für die Software sind oftmals höher als die Kosten für die Hardware. Kaufen Sie deshalb nur Software, die Ihren Wünschen und Bedürfnissen entspricht. Unbekannte Software sollte man vorher testen.
- Arbeiten Sie sich Schritt für Schritt in ein neues Programm ein. Beginnen Sie mit einem neuen Arbeitsgebiet erst, wenn Sie vollständige Sicherheit haben.
- Legen Sie Sicherheitskopien Ihrer Programme an und bewahren Sie die Originale an einem sicheren Ort auf.
- Gegen den Erwerber eines kopierten Programms kann ein Softwarehersteller gesetzlich vorgehen, indem er einen Unterlassungsanspruch und Schadenersatz geltend macht.

Internethinweise

Was Sie über das Urheberrecht in der digitalen Welt wissen müssen, können Sie folgender Internetseite entnehmen: www.irights.de/

Unter dem Suchwort „Computerviren“ informiert die folgende Internetseite: www.bsi.de/

Auf einen Blick

- Die kleinste Verarbeitungsgrundlage von Daten ist die Dualzahl bzw. ein Bit. 8 Bit ergeben 1 Byte.
- Software ist die Vielfalt der Programme, die ein Computer zum Arbeiten benötigt.
- Man unterscheidet bei der Software zwei Bereiche: Systemsoftware (als Grundlage für den Betrieb) sowie Standardsoftware und Individualsoftware (für besondere Aufgaben).
- Die Textverarbeitung ist ein Hauptanwendungsgebiet beim Einsatz des Personal Computers.

Aufgaben

1. Was versteht man unter dem Begriff „Software“?

2. Welche Bereiche werden bei der Software unterschieden?

3. Welche Möglichkeiten gibt es zur Überlassung von Software?

4. Welcher Grundsatz gilt bei der Software-Ergonomie?

5. Beschreiben Sie den Begriff „Daten“ mit eigenen Worten.

6. Geben Sie den Grund an, warum ein Computer mit Dualzahlen arbeitet.

7. Wie heißt der internationale Standard, in dem 256 unterschiedliche Zeichen dargestellt werden und wofür steht die Abkürzung dieser Bezeichnung?

8. Erläutern Sie das Grundprinzip des angegebenen Standards.
   Geben Sie an, welche Arten von Zeichen berücksichtigt werden.

9. Was versteht man unter Bit und Byte?

10. Wie wird das Grundprinzip der EDV bezeichnet und welche Grundtätigkeiten sind darin enthalten? Geben Sie bei Ihren Beschreibungen praktische Beispiele an.

11. Nach welchen Unterscheidungsmerkmalen werden Daten geordnet? Geben Sie dazu Anwendungen aus der Praxis an.

12. Nennen Sie die Ursachen der höheren Gewalt, die für einen Datenverlust verantwortlich sind.

13. In welche Fehlerbereiche lassen sich Datenverluste grundsätzlich gliedern?

14. Welches Gesetz schützt den Bürger vor Missbrauch seiner persönlichen Daten im Bereich der EDV?

15. Welche Stellen überwachen den Datenschutz im privaten, betrieblichen und öffentlichen Bereich?

16. Welche Kategorien werden bei Computerviren unterschieden?

17. Geben Sie die Gesetze an, die beim Urheberschutz von EDV-Software gelten.

18. Welche Schäden entstehen durch Computerviren? Informieren Sie sich im Internet durch Eingabe des Suchwortes „Schaden durch Computerviren“.

08

Problemlösungen mit Informationen, Lernimpulsen und Anwendungsmöglichkeiten zu folgenden Fragen:

> **Wie lassen sich Termine planen und überwachen?**

> **Welche Hilfsmittel unterstützen die Terminarbeit?**

> **Welche Formen der Kommunikation sind in der Praxis zu empfehlen?**

> **Wie werden Veranstaltungen und Geschäftsreisen vorbereitet?**

> **Was ist beim Ablauf und der Auswertung einer Veranstaltung bzw. Geschäftsreise zu beachten?**

> **Welche Bedeutung haben Protokolle in der Praxis?**

Aus der Berufspraxis Robert Schäfer ist im dritten Ausbildungsjahr zum Bürokaufmann. Er arbeitet in der Organisationsabteilung und hat eine einwöchige Veranstaltung „Vertreterschulung zur Einführung einer neuen Produktpalette" organisiert. Heute ist er mit einigen Abrechnungsarbeiten beschäftigt und hat eine Besprechung wegen der Erstattung von Reisekosten mit seinem Abteilungsleiter. Während dieser Besprechung lobt ihn der Abteilungsleiter für seine umsichtige Arbeitsweise. Da die Gesamtaufgabe bald abgeschlossen sein wird, erwähnt er noch einmal den Vordruck „Der bessere Weg". Dabei handelt es sich um eine Tabelle, in der Fehler oder Beanstandungen sowie Möglichkeiten zur Vermeidung eingetragen werden. Robert zeigt dem Abteilungsleiter den folgenden Vordruck, den er vor, während und nach der Veranstaltung ausgefüllt hat:

Der bessere Weg

für die nächste Vertreterschulung

Fehler bzw. Beanstandung	**Möglichkeit zur Vermeidung**
Tischreservierung im Ratskeller vergessen	Notiz im Terminkalender bzw. Handy
Vertreter Kinast nicht eingeladen	Einladungsdatei überprüfen
Teilnehmer bemängeln Anonymität	Ausgabe von Namensschildern
Rahmenprogramm am 1. Abend langweilig	Alternativen anbieten
Protokoll zu ausführlich	Kurzprotokoll anfertigen
...	...

8.1 Die Termine

Diese Lektion informiert Sie über:

- **den Begriff „Termin“ und die Terminarten**
- **die Aussagekraft eines Termins**
- **die Bedeutung der Terminplanung und Terminüberwachung**
- **Hilfsmittel vom herkömmlichen bis zum elektronischen Kalender**

mit Praxistipps und Internethinweisen

Wissenswertes

Jede **Planung** ist ständig auf dem Laufenden zu halten, neue Termine sind sofort einzutragen.

Denken Sie bei der Terminplanung auch an Vorbereitungszeit und Pausen?!

Bei der **Terminüberwachung** kommt es vor allem darauf an, dass die geplanten Zeitpunkte auch eingehalten und die vorgesehenen Ziele erreicht werden.
Eventuell müssen die Beteiligten auf das geplante Ergebnis bzw. auf bestimmte Fristen hingewiesen werden.

Feste Termine haben gegenüber den **beweglichen Terminen** immer Vorrang.

Aus der mündlichen Abschlussprüfung
Frage: „In welchen Arbeitsbereichen eines Büros entstehen Termine?“
Antwort: Termine entstehen in den folgenden Bereichen:

- bei Besprechungen, Tagungen, Konferenzen, auf Reisen
- bei der Postbearbeitung
- durch Kündigungen
- durch Zahlungsverpflichtungen (Eingangsrechnungen, Beiträge, Steuern)
- durch Produktionspläne

8.1.1 Begriff: Termin. Ein Termin ist ein festgesetzter Zeitpunkt, z.B. ein bestimmter Tag oder eine bestimmte Uhrzeit, an dem etwas Wichtiges geplant ist bzw. stattfindet. Termine spielen sowohl im Privat- als auch im Geschäftsleben eine entscheidende Rolle. Deshalb ist eine sorgfältige Terminplanung und -überwachung sehr wichtig.

8.1.2 Terminarten. Eine wesentliche Unterscheidung von Terminen zeigt die folgende Übersicht:

Terminarten	**fest (= fix)**	**beweglich (= variabel)**
Beispiele	Geburtstag	Besprechung
	Jubiläum	Tagung
	Steuerzahlung	Reise
	Ferienbeginn	Besuch

Nach der **Bedeutung** werden folgende Termine unterschieden:
- dringend (Zahlung eines fälligen Rechnungsbetrages)
- wichtig (Kundenbesuch eines Vertreters)
- zukunftsentscheidend (Vorstellungsgespräch)

Nach den **Fristen** werden folgende Termine unterschieden:
- kurzfristig (Tage, Wochen)
- mittelfristig (Monate, Quartal, Halbjahr)
- längerfristig (Jahr)
- langfristig (mehrere Jahre)

8.1.3 Termininformation. Mit einem Termin stehen wichtige Informationen in Verbindung. Die **Aussagekraft** eines Termins wird durch folgende Frageworter beeinflusst:
- Wann? (möglichst genaue Zeitangabe)
- Was? (Aufgabe, Ziel)
- Wer? (ausführende Personen)
- Wie? (Lösung der Aufgabe, Weg zum Ziel)
- Wo? (Ort des Geschehens)

8.1.4 Terminplanung. Die Beurteilung über die Art eines Termins (fester Termin, beweglicher Termin), die Bedeutung und die Fristen sind wichtige Voraussetzungen für eine erfolgreiche Terminplanung. Daneben spielen jedoch auch das organisatorische Hilfsmittel und die Abstimmung mit den Beteiligten eine entscheidende Rolle.

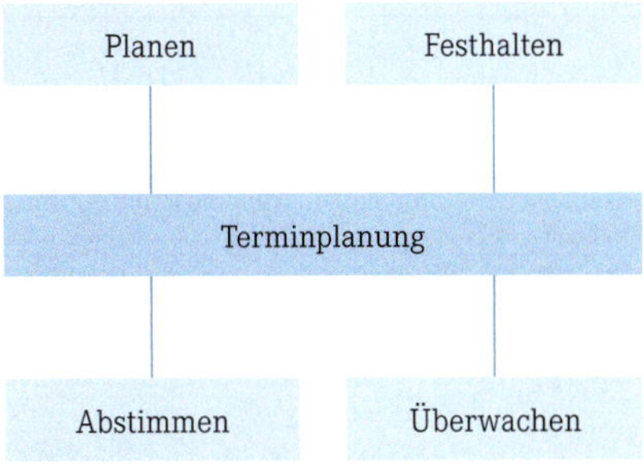

8.1.5 Terminüberwachung. Bei der Terminüberwachung handelt es sich um eine Tätigkeit, die ein ständiges Vergleichen zwischen der Terminplanung und dem erreichten Ziel erfordert. Für die Terminüberwachung bieten sich verschiedene Hilfsmittel vom Terminkalender bis zum EDV-gesteuerten Programm an. Die Wahl wird u. a. durch die Zahl der überwachten Termine und den Bereich der Terminüberwachung entschieden.

8.1.6 Terminkalender. Terminkalender werden als Tages-, Monats- oder Jahreskalender geführt. Tageskalender haben hinsichtlich der Uhrzeiten sehr genaue Einteilungen und erleichtern die Bearbeitung. Für größere Zeiträume eignen sich Monats- oder Jahreskalender als organisatorische Hilfsmittel der Terminplanung und -überwachung.

Das Angebot an Möglichkeiten ist groß. Bei der Auswahl sollte man den Einsatzbereich berücksichtigen.

8.1.7 Der Terminplaner. Terminplaner hängen an einer Wand und zeigen ein ganzes Jahr in übersichtlicher Einteilung nach Tagen, Wochen und Monaten. Die Kalenderwochen sind nummeriert, die Wochenenden und Feiertage sind farbig markiert. Dies erleichtert die Terminplanung.

8.1.8 Die Plantafel. Plantafeln geben eine gute Übersicht „auf einen Blick“. Es gibt Plantafeln zur Terminüberwachung mit einer Jahres- oder Monatseinteilung. Ein weites Anwendungsfeld haben Plantafeln mit steckbaren Kärtchen (Stecktafeln) oder mit magnetisch haftenden Kärtchen (Magnettafeln). Neben Kärtchen eignen sich auch farbige Symbole als Planungsmittel. Plantafeln dienen als Belegungsplaner, z. B. bei einem Stunden- und Raumbelegungsplan in der Schule oder für die Reservierung von Buchungen in einem Hotel. Als Aktionsplaner lassen sich Plantafeln in der betrieblichen Produktion einsetzen.

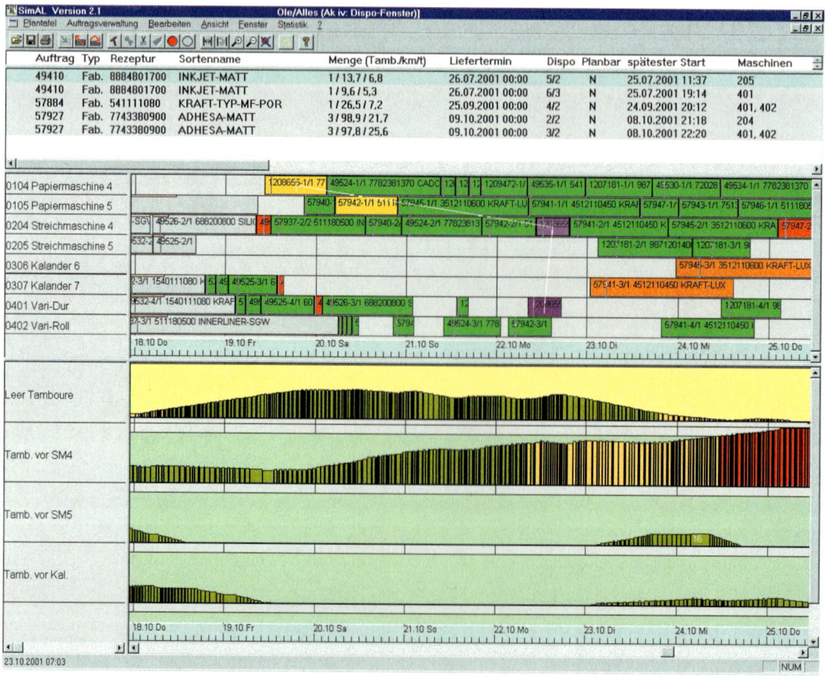

8.1.9 Elektronische Terminverarbeitung. Als Terminkalender eignen sich auch elektronische Medien, z. B. der auf den Seiten 120/121 angesprochene „Jackentaschen-PC“. Auch Handys haben als Zusatzfunktion einen Terminkalender oder eine Erinnerungsfunktion. Was liegt jedoch näher, als einen Arbeitsplatzcomputer mit der entsprechenden Software auszustatten und als Terminkalender zu nutzen? Auf diese Weise kann eine qualifizierte Terminplanung und -überwachung erfolgen. Auf der folgenden Seite werden nähere Hinweise dazu gegeben.

Mit einem **Computerterminplaner** hat man nicht nur eine sehr einfache Eingabe der Termine, sondern auch eine übersichtliche Anzeige der einzelnen Termine. Diese Programme bieten neben akustischen Erinnerungsfunktionen auch die Möglichkeit der Erinnerung durch E-Mail oder SMS.

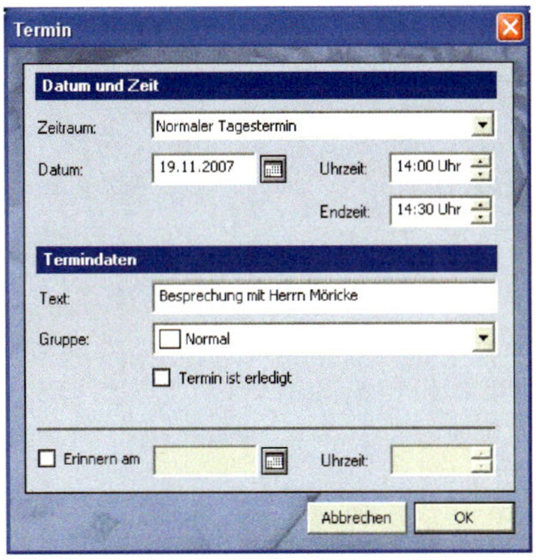

In dieser Maske (Bildschirm) erfolgt die Eingabe.

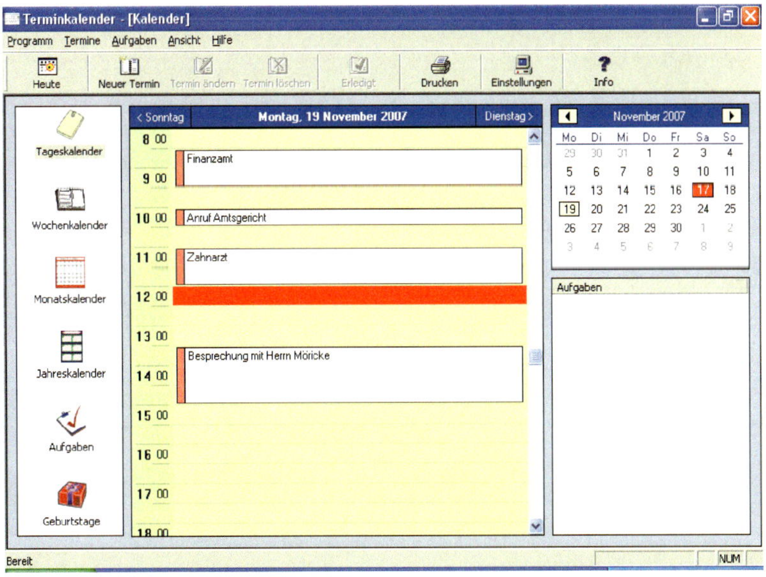

Auf diesem Kalender (Bildschirm) erfolgt die Anzeige.

Unter dem Stichwort **Termin-SMS** können Sie mithilfe einer Suchmaschine im Internet viele Anbieter finden, die Sie über das Medium „Handy“ an Termine erinnern. Sie geben dabei im Wesentlichen die Terminzeit und das Erinnerungsdatum sowie den Erinnerungstext ein und haben den Vorteil, dass Sie per Handy an jedem Ort und zu jeder Zeit zu erreichen sind.

Auch mit einer **E-Mail** können Sie sich auf ähnliche Weise an Termine erinnern lassen. Die Aktivierung der Erinnerungsfunktion und die Erinnerung sind auch über Handy möglich.

8.1.10 Checklisten. Um verschiedene Teilaufgaben eines Projekts nach einem Plan zu erledigen, sollte eine Checkliste verwendet werden. Der Begriff „check" kommt aus dem Englischen und bedeutet „kontrollieren" bzw. „abhaken". Mithilfe einer Checkliste können erledigte Fragen, Probleme und Gesichtspunkte eines Gesamtprojekts durchgeführt, überwacht und gekennzeichnet werden. Ursprünglich wurden Checklisten für die Kontrolle von Flugzeugen entwickelt, sie bieten sich jedoch auch für die Arbeiten innerhalb eines Büros für folgende Bereiche an:

- Überwachung des Arbeitsablaufs
- Durchführung von Werbeaktionen
- Vorbereitung von Besprechungen, Tagungen, Konferenzen und Reisen

Checkliste Nr. 1 für eine Besprechung, Tagung, Konferenz usw.

Projektpunkte		Bemerkungen
Thema, Motto:	....	....
	....	....
Ziel:	....	....
	....	....
Ort:	....	....
Termin:	....	....
Raum:	....	....
	....	....
Mitwirkende:	....	....
	....	....
Teilnehmer:	....	....
	....	....
	....	....
	....	....
Einladungen:	....	....

8.1.11 Wiedervorlagen. Wenn ein unerledigtes Schreiben (Angebot, Mahnung usw.) zu einem bestimmten Termin zur Bearbeitung benötigt wird, muss dieser Vorgang überwacht werden. Zur Überwachung bieten sich zwei grundlegende Arbeitsweisen an, die im Folgenden beschrieben werden.

Wiedervorlage am 2008-05-15
Abteilung: Einkauf
Name: Rogge
Akte Nr.: 23 A
Schreiben: HT GmbH, Braunschweig
Datum: 2008-02-04
Betreff: Mängelrüge

Sowohl der Wiedervorlagestempel als auch der Wiedervorlagevordruck sollten durch ihren Aufdruck wichtige Einzelheiten zur Bearbeitung der Wiedervorlage anzeigen.

4379148

Bei der **herkömmlichen Arbeitsweise** muss auf dem betreffenden Schriftstück ein Hinweis (evtl. Stempel) zur Wiedervorlage angebracht werden. Außerdem muss der Termin zur Wiedervorlage registriert werden, dazu eignen sich folgende Hilfsmittel:

- Wiedervorlagekalender, in denen Termine notiert werden
- Wiedervorlagemappen, in denen Wiedervorlagevordrucke abgelegt werden
- Reiter, die Schriftgutbehälter zur Wiedervorlage kennzeichnen

Bei der **computerunterstützten Arbeitsweise** kann man sich nach dem Erfassen und Speichern des Schriftstückes eine automatische Terminerinnerung einrichten. Dies ist zum Beispiel bei den Programmen MS-Word und MS-Excel in Verbindung mit dem Programm MS-Outlook möglich. Die folgende Abbildung zeigt die Maske mit den verschiedenen Möglichkeiten.

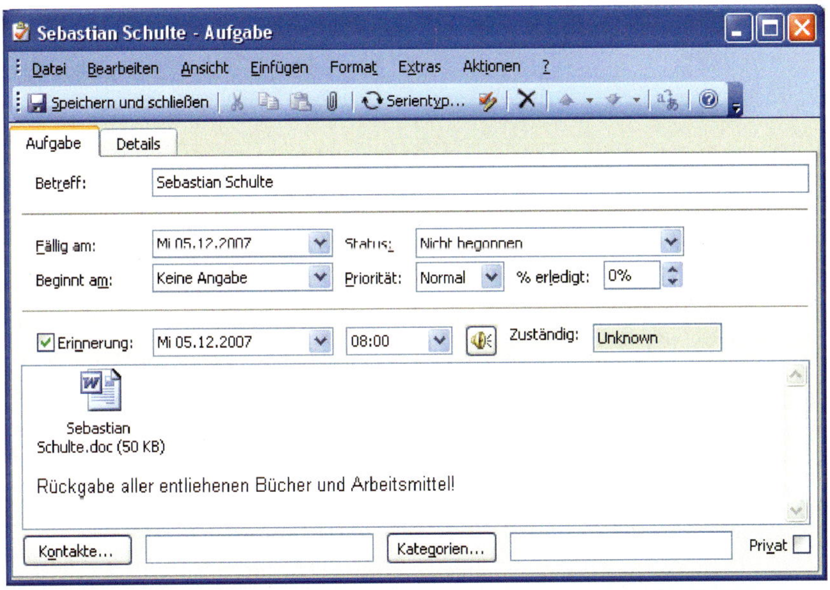

8.1.12 Weitere Organisationsmittel. Neben der Checkliste, die als Vordruck aufgebaut ist, können für die Terminarbeit weitere **Vordrucke** eingesetzt werden. Solche Vordrucke können entweder zur betrieblichen Situation selbst gestaltet bzw. von Fachverlagen bezogen werden. Außerdem bieten sich **Terminkarteien** und **Terminmappen** an, die allerdings wegen der fortschreitenden Umstrukturierung in den Unternehmen und Behörden sicherlich immer weniger Anwendung finden werden.

Praxistipps

- Termine, die mit den Beteiligten abgesprochen wurden, ergeben bei der Terminüberwachung eine höhere Erfolgsquote hinsichtlich der Einhaltung.
- Eine Checkliste kann man erstellen, indem man alle Punkte (ungeordnet) eines Arbeitsprojekts notiert und anschließend in die richtige Reihenfolge bringt. Sobald man festgestellt hat, dass sich der Ablauf bewährt hat und vollständig ist, kann ein Vordruck „Checkliste" erstellt werden.
- Beim Eintragen von Terminen in einen Terminkalender sollte man eine Unterscheidung nach festen und beweglichen Terminen vornehmen.
- Bewegliche oder leicht veränderbare Termine können mit Bleistift eingetragen werden. Eine farbige Markierung erhöht die Übersichtlichkeit.

Internethinweise

Einen Service, mit dem Sie sich an Termine erinnern lassen können, bietet die folgende Internetseite an: www.hermes24.de/

Einen Terminkalender können Sie sich online einrichten und übersichtlich alle wichtigen Termine zentral verwalten. Die folgende Internetseite informiert über diese Möglichkeit: www.terminland.de/

Auf einen Blick

- Ein Termin, d.h. ein festgesetzter Zeitpunkt, steht mit wichtigen Informationen in Verbindung. Diese Informationen beziehen sich auf die Aufgabe und das Ziel, den Ausführungsort und die handelnden Personen.
- Zur Terminplanung und -überwachung bieten sich verschiedene Hilfsmittel an, wie z.B. Terminkalender, Terminplaner, Plantafeln, EDV-Programme und elektronische Kalender.
- Mit einer Checkliste kann man verschiedene Teilaufgaben eines Projekts nach einem bestimmten Plan erledigen.
- Zu den weiteren Organisationsmitteln der Terminarbeit zählen Vordrucke, Terminkarteien und Terminmappen.

Aufgaben

1. Was verstehen Sie unter dem Begriff „Termin"?

2. In welchen Arbeitsbereichen eines Büros wird mit Terminen gearbeitet?

3. Nennen Sie Beispiele zu den folgenden Terminarten:

   a) feste Termine
   b) bewegliche Termine

4. Welche Termine werden nach der Bedeutung unterschieden?

5. Geben Sie die Einteilung von Terminen nach den Fristen mit den entsprechenden Zeiträumen an.

6. Durch welche Fragewörter wird die Aussagekraft eines Termins beeinflusst; welche Aussage erhält man durch die Fragewörter?

7. Welche Voraussetzungen spielen bei der Terminplanung eine Rolle?

8. Welche wichtige Aufgabe ist bei der Terminüberwachung zu beachten?

9. Nennen Sie zwei wichtige Gesichtspunkte, die bei der Auswahl eines Hilfsmittels für die Terminplanung und -überwachung zu beachten sind.

10. Welche organisatorischen Hilfsmittel bieten sich für die Terminplanung und -überwachung an?

11. Welche Vorteile haben Terminkalender?

12. In welchen Arbeitsbereichen werden Plantafeln eingesetzt?

13. Welcher Unterschied besteht zwischen einem Terminplaner und einer Plantafel?

14. Mit welchen Arbeitsmitteln werden Termine elektronisch gespeichert?

15. Für welches Hilfsmittel würden Sie sich bei der Terminplanung und -überwachung entscheiden? Begründen Sie Ihre Entscheidung.

16. Entwerfen Sie das Blatt eines Terminkalenders für eine Woche. Gehen Sie davon aus, dass ein Abteilungsleiter in diesem Kalender verschiedene Besprechungstermine einträgt, die über den ganzen Tag verteilt sind.

17. Welche Angaben sollten in dem laut Aufgabe 16 entworfenen Kalender nicht fehlen?

18. Was versteht man unter dem Begriff „Wiedervorlage"? Geben Sie an, wie Wiedervorlagetermine in einem Unternehmen organisiert werden.

19. Welche Arbeitsweisen werden bei Wiedervorlagen unterschieden?

20. Warum spielen Terminkarteien und Terminmappen eine untergeordnete Rolle?

21. Welche Möglichkeiten für Termine bietet die NABU-Termindatenbank unter dem Motto „Alle Termine in Deutschland rund um die Natur"? Informieren Sie sich auf folgender Internetseite unter dem Link „Termine" und notieren Sie die verschiedenen Möglichkeiten: www.nabu.de/

8.2 Die Kommunikation

Diese Lektion informiert Sie über:
- **den Begriff „Kommunikation“ und die Formen von Zusammenkünften**
- **die Vorbereitung von Veranstaltungen**
- **die Arbeit mit Einladungen zu Veranstaltungen**
- **den Ablauf einer Veranstaltung bis zur Auswertung und Abrechnung**

mit Praxistipps und Internethinweisen

Wissenswertes

Pausen sind bei jeder Veranstaltung unerlässlich. Sollte der Veranstaltungsleiter oder der Referent eine Pause vergessen, kann er mit einem kleinen Zettel erinnert werden.
Pausen sollten neben der Entspannung auch zur Lüftung des Raumes und zum Entleeren der Aschenbecher genutzt werden.

Einladungen sind nach den „Schreib- und Gestaltungsregeln für die Textverarbeitung“ (DIN 5008) zu gestalten. Wenn Sie sich über den Inhalt eines Einladungsschreibens informieren möchten, finden Sie im Internet entsprechende Beispiele.

Manager sprechen von Zeitverschwendung
New York. – Der amerikanische Unternehmensberater Mackenzie hat bei einer Befragung von Managern festgestellt, dass 75 % der Befragten angaben, die Hälfte ihrer in Sitzungen verbrachten Zeit verschwendet zu haben. Aus diesem Grund muss bei der Vorbereitung einer Veranstaltung Folgendes überprüft werden:
1. Ist die Zusammenkunft überhaupt erforderlich?
2. Ist die Zusammenkunft mit einer anderen Veranstaltung zu verbinden?
3. Ist die Zusammenkunft durch eine Telefon- oder Videokonferenz zu ersetzen?

Zur Auswertung einer Veranstaltung gehört auch die Frage
„Was kann bei der nächsten Veranstaltung verbessert werden?“

4379152

8.2.1 Begriff: Kommunikation. Die Sprache und die Schrift sind entscheidende Werkzeuge bei der Kommunikation. Beide können mithilfe der Telekommunikation übertragen werden. Der Begriff „Kommunikation" soll hier in folgender Form verwendet werden: Mehrere Menschen kommen zu einem Gespräch zusammen. Die Bezeichnung dieser Zusammenkunft ist im Alltags- und Geschäftsleben unterschiedlich. Die folgende Übersicht zeigt Begriffe und Beschreibungen verschiedener Veranstaltungen. Übergänge zwischen den einzelnen Formen sind möglich.

Beratung Besprechung	Wenige Teilnehmer beraten über ein Thema bzw. besprechen eine Aufgabe. Eine (telefonische) Einladung kann (kurzfristig) erfolgen. Eine schriftliche Aufzeichnung ist zu empfehlen.
z. B.	Gespräch zwischen Geschäftsführer und Abteilungsleitern
Konferenz	Mehrere Teilnehmer, die schriftlich eingeladen wurden, treffen sich. Sie sind über die Tagesordnung informiert. Es wird beraten und diskutiert. Außerdem werden Beschlüsse gefasst. Ein Protokoll ist erforderlich.
z. B.	Lehrerkonferenz
Sitzung	Mehrere Teilnehmer, die miteinander einen Termin vereinbart haben, treffen sich zur Diskussion bzw. gemeinsamen Arbeit mit dem Ziel, ein Ergebnis zu erreichen. Ein Protokoll bzw. Aufzeichnungen der Arbeitsergebnisse werden angefertigt.
z. B.	Sitzung einer Arbeitsgruppe zur Erarbeitung von Richtlinien
Tagung	Viele Teilnehmer, die schriftlich eingeladen wurden, treffen sich evtl. mehrere Tage zu Referaten und Diskussionen. Ein „Rahmenprogramm" für die Freizeit sollte eingeplant werden. Ein Protokoll ist üblich.
z. B.	Ärztetagung
Verhandlung	Mehrere Teilnehmer, die schriftlich eingeladen wurden, verhandeln über ein Thema bzw. Problem und bemühen sich, ein Ergebnis zu erzielen. Ein Protokoll ist erforderlich.
z. B.	Tarifverhandlung
Versammlung	Viele Teilnehmer, die schriftlich eingeladen wurden, hören Berichte und Vorträge. Wenige Teilnehmer äußern sich zu Wort. Ein Protokoll wird angefertigt.
z. B.	Betriebsversammlung
Seminar	Mehrere Teilnehmer treffen sich nach besonderen Vorplanungen, um unter Anleitung von Dozenten bzw. Referenten einen Erfahrungsaustausch durchzuführen bzw. um Kenntnisse zu erwerben oder zu erweitern. Schriftliche Aufzeichnungen bzw. Protokolle mit den Lerninhalten sind empfehlenswert.
z. B.	Sekretärinnen und Abteilungsleiter bei einem Zeitmanagement-Seminar.
Kongress	Mehrere Teilnehmer, die schriftlich eingeladen wurden, haben eine Zusammenkunft fachlicher Art mit Informationen und Diskussionen. Schriftliche Protokolle sind üblich.
z. B.	Kongress eines wissenschaftlichen Verbandes

8.2.2 Vorbereitung von Veranstaltungen. Die Organisation einer Veranstaltung (Konferenz, Sitzung, Tagung usw.) beginnt mit der Vorbereitungsphase nach einem Plan. Empfehlenswert ist hier die Anwendung einer Checkliste (siehe Seite 148). Folgende Punkte müssen bei der Vorbereitung berücksichtigt werden:

Termin: Der Termin der Veranstaltung ist von vielen Faktoren abhängig. Es muss die günstigste Zeit unter Berücksichtigung von Urlaubszeit, Feiertagen, Wochentagen, Tageszeiten und anderen wichtigen Veranstaltungen (Messen, Ausstellungen, Fernsehübertragungen) gewählt werden.

Mitwirkende: Referenten, Dozenten und andere Mitwirkende sind oftmals die wichtigsten Teilnehmer der Veranstaltung. Die Zusage dieser Personen benötigt man bereits im ersten Stadium der Vorbereitungen.

Teilnehmer: Nachdem das Interesse der Teilnehmer festgestellt wurde, muss der Teilnehmerkreis festgelegt werden. Es wird eine Teilnehmerliste erstellt. Diese Liste kann als Arbeitsunterlage während der gesamten Vorbereitungsphase und auch als Anwesenheitskontrolle während der Veranstaltung eingesetzt werden.

Nr.	Name	Schriftwechsel		Übernachtung		Bemerkungen	Bestätigung	Anwesenheit
		Einladung	Zusage	Wunsch	Unterbringung			
1	Abel	20..-10-15	20..-10-26	EZ	Parkhotel	–	20..-10-28	✓
2	Decker	20..-10-15	20..-10-18	DZ	Hotel Stern	Ehefrau	20..-10-21	✓
3	Krüger	20..-10-15	20..-10-22	EZ	Parkhotel	–	20..-10-28	erkrankt
4	Lange	20..-10-15	20..-10-21	EZ	Parkhotel	–	20..-10-27	✓
5	Sander	20..-10-15	20..-10-18	DZ	Hotel Stern	Ehefrau	20..-10-21	✓

Raum: Bei der Wahl eines geeigneten Raumes sind folgende Punkte zu beachten: Erst wenn die genaue Teilnehmerzahl feststeht, kann die **Größe** des Raumes angegeben werden. **Technische Verhältnisse** (ausreichende Lichtquellen, Verdunkelungsmöglichkeit für Projektionen, Lautsprecheranlage), **Nebenräume** (Garderobe, Toiletten) und die **Bewirtung** sind wichtige Gesichtspunkte bei der Auswahl eines Raumes. Vor jeder Veranstaltung sollte man sich den Raum ansehen und hinsichtlich der **Lage** (Ausschilderung, Parkplatz) sowie **Wirkung** den günstigsten Ort der Veranstaltung ermitteln.

Kosten: Die Kostenermittlung und -verteilung gehört zu den wichtigen Vorbereitungen jeder Veranstaltung. Die Teilnehmer müssen bereits in der Einladung darüber informiert werden, wer die Kosten trägt. Folgende Möglichkeiten bieten sich an:

- Der Veranstalter übernimmt alle Kosten, z. B. Fahrt, Übernachtung und Spesen.
- Der Teilnehmer übernimmt die Kosten selbst.
- Der Veranstalter übernimmt einen Teil der Kosten, z. B. die Übernachtung und Bewirtung.

8.2.3 Form der Einladung. Während der Vorbereitung einer Veranstaltung erfolgt das Erstellen und Versenden von Einladungen an die Beteiligten. Bei einer Einladung sind die „Schreib- und Gestaltungsregeln für die Textverarbeitung“ gemäß Norm DIN 5008 zu beachten. Die folgende Einladung ist als A4-Brief vorgesehen.

winklers · Postfach 3320 · 38023 Braunschweig

winklers®

Frau
Hannelore Zietz
Hohe Straße 21
39124 Magdeburg

Ihr Zeichen, Ihre Nachricht vom	Unser Zeichen, unsere Nachricht vom	Telefon, Name 0531 708-	Datum
	ma-wb	325 Sabine Martin	20..-05-15

Einladung zur Vertreterversammlung

Sehr geehrte Frau Zietz,

wir informieren Sie gern näher über unser Unternehmen und über unser neues Verkaufsprogramm. Aus diesem Grund laden wir Sie zu unserer Vertretertagung ein, die am

Freitag, 12. Juni 20.., in Quedlinburg,
Hotel „Stern“, Steinweg 7, veranstaltet wird.

Beginn ist um 14:00 Uhr. Nähere Einzelheiten können Sie aus dem beiliegenden Tagungsprogramm entnehmen.

Bitte teilen Sie uns auf der beiliegenden Postkarte mit, ob Sie nach Quedlinburg kommen werden. Wir freuen uns über Ihren Besuch.

Mit freundlichen Grüßen

Bildungshaus Schulbuchverlage

i. A. *Sabine Martin*

Anlagen
Antwortkarte
Tagungsprogramm

Bildungshaus Schulbuchverlage Westermann Schroedel Diesterweg Schöningh Winklers GmbH
Braunschweig · Paderborn

Georg-Westermann-Allee 66
38104 Braunschweig
Telefon 0531 708-0
Telefax 0531 708-127
USt-IdNr. DE 176993985

service@winklers.de
www.winklers.de

Schulbuchzentren in:
Berlin, Braunschweig, Dortmund, Düsseldorf, Frankfurt, Hamburg, Hannover, Köln, Leipzig, München, Stuttgart, Mannheim

Bankverbindung:
Deutsche Bank
BLZ 250 700 70
Konto-Nr. 21158100

Braunschweig HRB 9572
Geschäftsführer:
Ulrike Jürgens,
Thomas Michael,
Dr. Peter Schell

100 06 01

8.2.4 Hinweise zur Einladung. Wenn einer Einladung ein Vordruck (Postkarte) mit folgendem Text beigefügt wird, erleichtert man dem Empfänger die Antwort.

Einladung zur Vertretertagung in Quedlinburg

Ich/~~wir~~ habe~~(n)~~ Ihre Einladung erhalten und teile~~(n)~~ Ihnen dazu Folgendes mit:

☐ Ich/wir werde(n) nicht erscheinen.
☒ Ich/~~wir~~ nehme~~(n)~~ teil.

Personenzahl: 1

Übernachtung: ☒ nein
☐ ja
. . . Einzelzimmer
. . . Doppelzimmer

Veranstaltungs–Nr.
920612.12/Quedlbg

Absender: Hannelore Zietz, Hohe Straße 21, 39124 Magdeburg
Unterschrift: H. Zietz

Die Veranstaltungs-N erleichtert die Rücklaufkontrolle der Einladungen.

Folgende Punkte, die bereits zur Vorbereitung einer Veranstaltung zählen, sind in Verbindung mit Einladungen zu beachten:

Termin und Tagesordnung: Das Einladungsschreiben sollte neben den Informationen, die mit dem Termin in Verbindung stehen, auch die Tagesordnung bzw. ein Programm und Aussagen zur Kostenübernahme beinhalten.

Unterbringung: Vorschläge für die Unterbringung bei Veranstaltungen mit Übernachtungen sollten in der Einladung angegeben sein. Umfangreiche Vorarbeiten (Telefongespräche mit Verkehrsvereinen und Hotels) sind hierfür erforderlich.

Arbeitsunterlagen: Um eine ausreichende Vorbereitungs- und Beschaffungszeit zu gewährleisten, müssen Arbeitsunterlagen in der Einladung erwähnt werden.

Rahmenprogramm: Besichtigungen, gesellige Abende und andere Freizeitaktivitäten sollten bei einer mehrtägigen Veranstaltung eingeplant werden. Der Hinweis auf das Rahmenprogramm in der Einladung erhöht die Attraktivität der Veranstaltung und die Bereitschaft zur Teilnahme.

Presse: Nicht nur die Teilnehmer und Mitwirkenden sollten zu einer Veranstaltung eingeladen werden, sondern auch Vertreter der Presse. Auch hier ist es ratsam, auf den Inhalt und die Bedeutung der Veranstaltung hinzuweisen.

Vertretung am Arbeitsplatz: Sofern es sich um eine hausinterne Veranstaltung handelt, muss der eingeladene Mitarbeiter die Sicherheit haben, dass er am Arbeitsplatz vertreten wird.

4379156

8.2.5 Ablauf einer Veranstaltung, Gestaltung und Ausstattung des Raumes. Betriebliche und kleinere Zusammenkünfte werden im Allgemeinen in den Räumen des Unternehmens durchgeführt, während für größere Veranstaltungen repräsentative Räume in Hotels oder anderen Tagungsstätten gemietet werden. Folgende Fragen sind bei der Planung zu beachten bzw. zu verschiedenen Zeitpunkten zu überprüfen:

- Ist der Raum groß genug?
- Sind die erforderlichen technischen Einrichtungen vorhanden und betriebsbereit?
- Liegen alle Unterlagen bereit?
- Entsprechen die Räumlichkeiten der Bedeutung der Zusammenkunft (Ausstattung, Blumenschmuck)?
- Ist der Raum gelüftet und richtig temperiert?

Begrüßung und Betreuung: Bei der Begrüßung der Teilnehmer kann anhand der Teilnehmerliste überprüft werden, ob alle Angemeldeten erschienen sind. Die Teilnehmer erwarten, dass sie bei der Begrüßung weitere Einzelheiten erfahren. Auf folgende Punkte sollte geachtet werden:

- Vorstellen anderer Teilnehmer
- Weg zum Veranstaltungsraum beschreiben
- Möglichkeit zu einem Imbiss oder Begrüßungsgetränk einrichten
- Sitzordnung klären (Tischkarten oder freie Wahl der Plätze)
- Ausgabe von Namensschildern
- Ausgabe einer Informationsmappe mit Tagungsprogramm, Rahmenprogramm, Hotelprospekt, Stadtplan usw.

Protokollführung: Viele Veranstaltungen erfordern die Anfertigung eines Protokolls. Gleich nach dem Beginn der Veranstaltung sollte die „Protokollfrage" geklärt werden, d. h., es muss entschieden werden, wer für die Protokollführung zuständig ist. Evtl. kann man diese Regelung jedoch vorher vornehmen.

Begleitpersonen und Rahmenprogramm: Oftmals erscheinen Veranstaltungsteilnehmer mit Begleitpersonen, für die ein besonderes Programm vorbereitet wird. Boi oinor guten Organisation geht der offizielle Teil einer Veranstaltung später in das Rahmenprogramm über, an dem auch die Begleitpersonen teilnehmen.

8.2.6 Auswertung einer Veranstaltung. Für die Auswertung einer Veranstaltung muss eine Mitarbeiterin oder ein Mitarbeiter beauftragt werden. Dabei sind folgende Punkte von Bedeutung:
Protokoll: Das Protokoll muss vervielfältigt und an alle Beteiligten versandt werden.
Beschlüsse: Sofern Beschlüsse im Protokoll enthalten sind, müssen die Beteiligten davon in Kenntnis gesetzt werden. Es muss überwacht werden, ob die Beschlüsse verwirklicht werden.
Termine: Bei Terminangaben im Protokoll müssen ebenfalls die Beteiligten hingewiesen und evtl. erinnert werden.

8.2.7 Abrechnung einer Veranstaltung. Wenn bei der Vorbereitung und beim Ablauf einer Veranstaltung nach einem Plan und mit Checklisten gearbeitet wurde, ist die Abrechnung keine Schwierigkeit; folgende Kosten sind zu berücksichtigen:

- Fahrtkosten
- Übernachtungskosten
- Honorare für Dozenten und Referenten
- Bewirtungskosten
- Raummieten
- Warenlieferungen und Dienstleistungen

Praxistipps

- Für Einladungsfristen hat sich folgende Grundregel bewährt: Je mehr Teilnehmer vorgesehen sind, desto früher sollte man einladen.
- Fertigen Sie für jede Phase der Veranstaltung eine Checkliste an, dann kann nichts vergessen werden.
- Die äußeren Bedingungen einer Veranstaltung (Raum, Unterkunft, Bewirtung usw.) spielen für den Ablauf eine große Rolle und beeinflussen das Ergebnis.
- Ein Protokoll ist für alle Beteiligten ein hilfreiches Mittel für die Verwirklichung der Ideen und Beschlüsse.
- Referenten und Dozenten sollten für ihre Arbeit nicht nur ein Honorar, sondern auch ein Dankschreiben erhalten, das erhöht die Motivation und Bereitschaft für eine spätere Mitwirkung.
- Die Kostenregelung (Fahrtkosten, Übernachtung, Bewirtung usw.) muss in allen Einzelheiten in der Vorbereitungsphase erfolgen.

Internethinweis

Unter der Überschrift „Business-Knigge: Veranstaltungen organisieren“ bietet die folgende Internetseite wichtige Grundregeln und Tipps für eine Veranstaltung: www.barmenia.de/myJob/3617.asp

Auf einen Blick

- Für die Kommunikation bietet sich sowohl die Telekommunikation als auch die Kommunikation in Form von Beratungen, Besprechungen, Konferenzen, Sitzungen, Tagungen usw. an.
- Bei der Vorbereitung von Veranstaltungen müssen folgende Punkte berücksichtigt werden: Termin, Mitwirkende, Teilnehmer, Raum, Kosten und Versenden der Einladungen.
- Unmittelbar vor bzw. beim Ablauf einer Veranstaltung ist auf Folgendes zu achten: Gestaltung und Aus-stattung des Raumes, Begrüßung und Betreuung der Teilnehmer, Protokollführung und Rahmenprogramm.
- Die Auswertung einer Veranstaltung bezieht sich auf die folgenden Tätigkeiten: Protokollversand sowie Überwachung von Beschlüssen und Terminen.

Aufgaben

1. Welche zwei Werkzeuge kann man in der Kommunikation unterscheiden?

2. Nennen Sie acht Möglichkeiten von Zusammenkünften, die im Geschäftsleben eine Rolle spielen.

3. In welche Phasen würden Sie die verschiedenen Veranstaltungen einteilen?

4. Wie lautet der Begriff für die folgende Beschreibung: Viele Teilnehmer, die schriftlich eingeladen wurden, treffen sich (evtl. mehrere Tage) zu Referaten und Diskussionen. Ein „Rahmenprogramm“ für die Freizeit sollte eingeplant werden. Ein Protokoll ist üblich.

5. Welcher Unterschied besteht zwischen einer Besprechung und einer Konferenz?

6. Beschreiben Sie den Begriff „Seminar“.

7. Welcher Unterschied besteht zwischen einem Seminar und einer Versammlung?

8. Welche Leitwörter sollte die Teilnehmerliste einer Tagung haben?

9. Nennen und beschreiben Sie die Punkte, die bei der Wahl eines Raumes in der Vorbereitungsphase einer Veranstaltung zu berücksichtigen sind.

10. Welche Möglichkeiten der Kostenregelung bei Veranstaltungen kennen Sie?

11. In welcher Phase einer Veranstaltung sollte mit den Teilnehmern das Problem der Kostenregelung geklärt werden?

12. Geben Sie sechs Punkte an, die in einer Einladung enthalten sein sollten.

13. In welcher Form sollte ein Abteilungsleiter drei Sachbearbeiter zu einer Besprechung einladen?

14. Welche Vorschläge haben Sie für die Beschaffung von Möglichkeiten zur Unterbringung?

15. Was versteht man unter dem Begriff „Rahmenprogramm“?

16. Welche Punkte sollten Sie bei der Begrüßung von Veranstaltungsteilnehmern beachten?

17. Geben Sie an, welche Aufgaben bei der Auswertung einer Veranstaltung zu beachten sind.

18. Welche Kosten fallen während einer Veranstaltung an?

19. Welches Arbeitsmittel hilft Ihnen sowohl bei der Vorbereitung als auch beim Ablauf und bei der Auswertung einer Veranstaltung?

20. Erstellen Sie eine Checkliste für die Abrechnung eines dreitägigen Seminares.

21. Welche Punkte beinhaltet ein Bewirtungsbeleg? Auf der folgenden Internetseite finden Sie Informationen unter dem Suchwort „Bewirtung“: www.vrtonline.de/

8.3 Die Geschäftsreisen

Diese Lektion informiert Sie über:

- die Vorbereitung von Geschäftsreisen
- die Besonderheiten und Möglichkeiten verschiedener Verkehrsmittel
- die Abwicklung von Hotelbuchungen
- die Ermittlung von Zugverbindungen
- wichtige Arbeiten beim Auswerten einer Geschäftsreise

mit Praxistipps und Internethinweisen

Wissenswertes

Links zum Thema Geschäftsreisen finden Sie auf der folgenden Internetseite: www.fernweh.com/links_geschaeftsreisen.htm
Informieren Sie sich vor Antritt Ihrer Geschäftsreise ins Ausland über die Sprache. Neben der Landessprache werden oftmals englisch, französisch, spanisch und deutsch gesprochen. Eventuell hilft auch ein Dolmetscher. Wichtig ist jedoch, dieses Problem in die Vorbereitungen einer Geschäftsreise einzubeziehen.

Auszug aus einer Dienstanweisung:
Geschäftsreisen sollten in ihrer Dauer auf ein Minimum reduziert werden, weil während dieser Zeit die Arbeit im Büro nicht in vollem Umfang fortgesetzt werden kann. Insbesondere hat es sich als negativ erwiesen, dass Anfragen von Kunden nicht beantwortet werden können. Jeder Mitarbeiter, der eine Geschäftsreise antritt, sollte einen Vertreter für folgende Aufgaben bestimmen:

1. Sammeln von Informationen
2. Beantwortung telefonischer Anfragen im Rahmen des Kenntnisstandes
3. Erteilen von Zwischenbescheiden mit dem Hinweis, dass sich der zuständige Kollege zurzeit auf einer Geschäftsreise befindet.

Koffer weg, was nun?
Koffer scheinen prädestiniert dafür, ihren Besitzern Ärger zu machen: Sie lassen sich nicht schließen, haben mehr Gewicht als vorher vermutet, sind nach der Reise beschädigt oder verschwinden auf dem Flughafen. Deshalb sollten Sie Ihre Gepäckstücke sowohl außen als auch innen mit Ihrem Namen und Ihrer Adresse versehen. Am besten eignen sich dazu verdeckte Adressanhänger, die „bösen Buben“ nicht gleich freien Blick auf Ihre Anschrift ermöglichen.

4379160

8.3.1 Vorbereitung von Geschäftsreisen. Eine Geschäftsreise lässt sich ähnlich wie eine Veranstaltung in drei Bereiche gliedern:

Vorbereitung **Durchführung** **Auswertung**

In der Phase der Vorbereitung geht es darum, dass die Geschäftsreise zunächst mit dem Vorgesetzten und den Beteiligten abgesprochen wird. Es sind dabei folgende Fragen zu klären:

- Wohin soll die Reise gehen?
- Welcher Reisetermin ist vorgesehen?
- Wie lange soll die Reise dauern?
- Warum soll die Reise durchgeführt werden?
- Wer soll an der Reise teilnehmen?

Sobald diese Fragen geklärt sind, können weitere Vorbereitungen vorgenommen werden, z. B. folgende:

- Wahl des Verkehrsmittels
- Reservierung von Unterkünften
- Ausarbeitung des Reiseplans

Informationsmaterial

Bei Reisen mit der Bahn erhält man hilfreiche Unterstützung durch die Deutsche Bahn AG oder durch Reisebüros. Bei Autoreisen kann man sich beim ADAC (Allgemeiner Deutscher Automobilclub) informieren. Verkehrsvereine leisten bei der Beschaffung von Unterkünften wertvolle Hilfe. Wer oft mit der Vorbereitung von Reisen beschäftigt ist, sollte mit dem Kursbuch vertraut sein. Die Deutsche Bahn AG stellt auch elektronische Medien für den Einsatz am Computer zur Verfügung. Dabei handelt es sich um „Elektronische Städteverbindungen Deutschland", die auf einer Diskette herausgegeben werden und um einen „Elektronischen Fahrplan", der auf einer CD-ROM erscheint.

Reisekartei/-datei

Alle wichtigen Informationen über eine Reise können in einer Reisekartei oder beim Einsatz eines Computers in einer Reisedatei festgehalten werden. Diese Informationsspeicher sollten systematisch angelegt und immer auf dem neuesten Stand gehalten werden; folgende Punkte sollten enthalten sein:

- Beförderungsmöglichkeiten
- Restaurants
- Hotels
- Tagungsräume

Beförderungsmöglichkeiten

Die folgende Übersicht zeigt verschiedene Beförderungsmöglichkeiten mit verschiedenen Verkehrsmitteln und die entsprechenden Besonderheiten:

Besonderheiten verschiedener Verkehrsmittel		
Auto	Vorteile:	+ keine Bindung an Abfahrtsorte und -zeiten + kostengünstige Beförderung mehrerer Personen + Mitnahme von Gepäck + Besprechungen und Diktate während der Fahrt
	Nachteile:	– ohne Fahrer sehr anstrengend großes Unfallrisiko – unsichere Zeitplanung (Verkehrsstaus)
	Anwendung:	• Vertreterreisen, Zubringerfahrten
Bahn	Vorteile:	+ exakte Zeitplanung + sichere Beförderung + umfangreicher Service (Speisewagen, Schlafwagen, Telefon, Auto im Zug usw.) + keine Parkplatzsuche
	Nachteile:	– feste Abfahrten und Verbindungen – zeitliche Verzögerungen durch Verspätungen – Wartezeiten durch Umsteigen – Benutzung anderer Verkehrsmittel (z. B. Taxis)
	Anwendung:	• Einzelreisen, Intercity-Verkehr
Flugzeug	Vorteile:	+ exakte Zeitplanung + schnelle Beförderung + ermüdungsfreies Reisen
	Nachteile:	– starke Einschränkung bei der Gepäckmitnahme – Zubringerdienst zum und vom Flughafen erforderlich – hohe Kosten
	Anwendung:	• schnelle Überbrückung der Entfernungen
Schiff	Vorteile:	+ exakte Zeitplanung + ermüdungsfreies Reisen + Mitnahme von Gepäck
	Nachteile:	– großer Zeitaufwand
	Anwendung:	• Fährverbindungen bzw. Reisen nach Übersee

4379162

Reiseplan

Für einen Reiseplan sollte am besten ein Vordruck laut folgender Abbildung verwendet werden:

Reiseplan

Zeitraum: 20..-06-12 bis 20..-06-14

Reiseziel: Quedlinburg / Halle

Teilnehmer: Frau Kuhn / Herr Winter

Fahrer: Herr Knoll

Anlass: Vertretertagung – Bezirk 31 und 37

Zeitraum	Uhrzeit	Abfahrt/Ankunft/Ort	Telefon	Reiseunterlagen	Bemerkung
06-12	09:00	ab Hameln			Fahrer ✓
	12:00	an Quedlinburg			
		Hotel „Stern"	0037 4552721	Hotelbestätigung	3 EZ 1 Nacht erl. 05-15
	14:00	Vertretertagung			
		im Hotel „Stern"	s.o.	Raumvereinbarung	

Reiseunterlagen

Die folgende Übersicht führt Reiseunterlagen für verschiedene Verkehrsmittel in alphabetischer Reihenfolge auf. Daneben sind Unterlagen für geschäftliche Besprechungen, Tagungen usw. in Schriftgutbehältern in geordneter Form zu berücksichtigen.

	Auto	Bahn	Flugzeug	Schiff
Fahrkarten und Platzreservierungen	–	•	–	–
Flugplan	–	–	•	–
Flugticket	–	–	•	–
Führerschein	evtl. für Zubringerdienst (Mietwagen)			
Hotelbestätigungen	•	•	•	•
Impfbescheinigungen	bei Auslandsreisen			
Kursbuch	–	•	–	–
Pass	bei Auslandsreisen			
Personalausweis	•	•	•	•
Stadtplan	•	•	•	•
Straßenatlas, -karten	•	–	–	–
Versicherungen	Gepäck, Krankheit, Unfall			
Visitenkarten	•	•	•	•
Zahlungsmittel	Bargeld, Reiseschecks, Schecks			

Hotelbuchungen

Für die Buchung von Hotelzimmern sind folgende Punkte von Bedeutung:

Lage **Kategorie** **Service**

Die Anfrage bzw. Buchung kann mit folgenden Arbeitsmitteln erfolgen: Brief, Telex, Telefon, Telegramm, Telefax, E-Mail. Es ist darauf zu achten, dass eine schriftliche Bestätigung erfolgt, die den Reiseunterlagen zuzuordnen ist. Die Buchung im Internet ist eine neue Form, die sich durchsetzen wird. Verschiedene Buchungssysteme, die unter dem Suchwort „Hotelbuchung zu finden sind, werden angeboten. Hier ist eine Auswahl aus den Möglichkeiten und ein kurzer Arbeitsablauf:

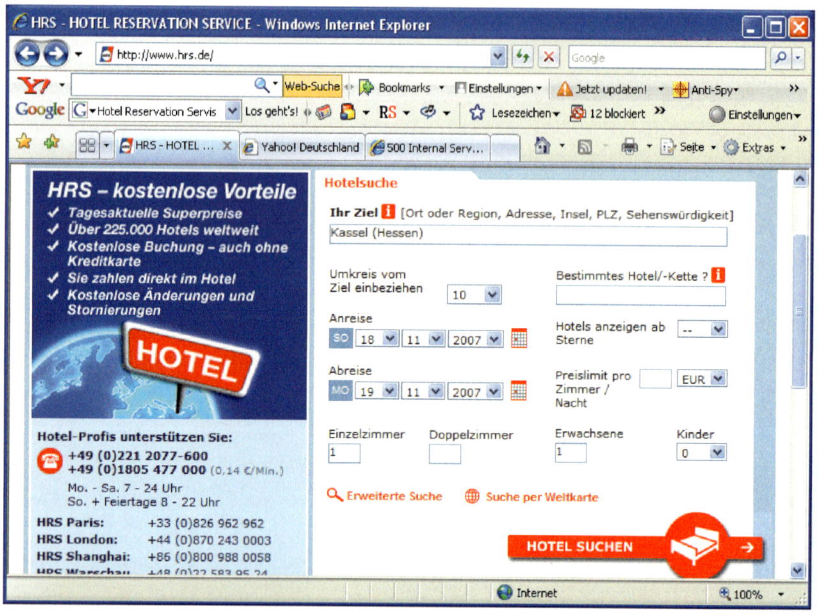

Zum Suchen braucht man nur die Reisezeiten einzugeben.

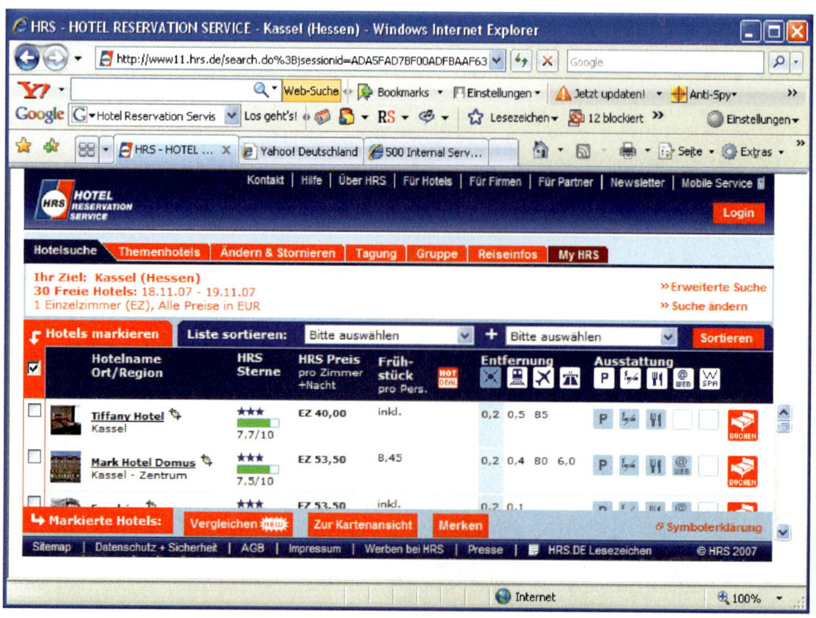

Zur verbindlichen Buchung braucht man nur den Hotelnamen anzuklicken und es erscheint eine Buchungsmaske, die per E-Mail dem Hotel übermittelt wird.

4379164

8.3.2 Durchführung von Geschäftsreisen. Die Fahrkartenausgaben der Deutschen Bahn AG sowie Reisebüros beraten ihre Kunden in allen Fragen des Reiseverkehrs. Dazu zählt auch der **Fahrplan der Deutschen Bahn AG.** Insbesondere während der Reise steht das Zug- und Begleitpersonal und auf größeren Bahnhöfen das Auskunfts- und Aufsichtspersonal für Auskünfte zur Verfügung. Trotz dieser Serviceleistungen sind für die Vorbereitung, Durchführung und Auswertung von Geschäftsreisen selbstständige Ermittlungen erforderlich. Dazu bieten sich mehrere Möglichkeiten an.

Das **Kursbuch** (Gesamtausgabe) der Deutschen Bahn AG enthält alle Zugverbindungen innerhalb Deutschlands, einschließlich S-Bahnen, und alle Fernverbindungen mit dem europäischen Ausland. Auch Einzelfahrpläne von Schifffahrtslinien, Bergbahnen und Museumsbahnen sind darin enthalten. Außerdem werden sieben verschiedene Regionalausgaben für bestimmte Gebiete und das Kursbuch „Europa“ als Informationsmedium für die wichtigsten Verbindungen im europäischen Ausland herausgegeben. Das Kursbuch galt jahrelang als „Informationsquelle Nr. 1“ für Reiseauskünfte, während im Computerzeitalter die folgenden elektronischen Medien eine größere Rolle spielen:

Die **CD-ROM** „DB ReiseService Deutschland und Europa“ ermöglicht es, eine Reise am Computer zu planen. Eine einzige Suchmaske ermöglicht den Zugriff auf alle Zugverbindungen innerhalb Deutschlands im Fern- und Nahverkehr (einschließlich S-Bahnen) und auf große Teile europäischer Bahnstrecken. Als besonderer Service werden die Fahrpreise ebenfalls angezeigt.

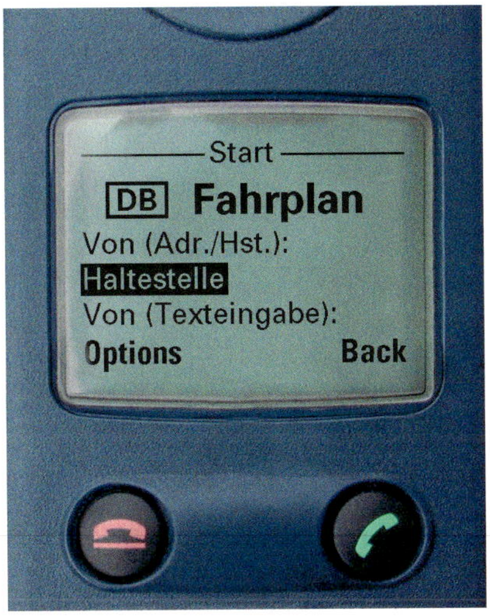

Mit einem **WAP-fähigen Handy** sind Informationen zum Fahrplan ebenfalls möglich. Im Vergleich zur Reiseauskunft im Internet, die eine komplette Eingabemaske zeigt und auf der folgenden Seite vorgestellt wird, leitet die WAP-Reiseauskunft den Anwender schrittweise zu den einzelnen Eingabefeldern, da auf dem Display des Handys der Raum begrenzt ist.

Die Adresse lautet: WAP.bahn.de

Im **Internet** erhalten Sie Informationen zum Fahrplan auf der Internetseite:
http://bahn.de/ Link: Reiseauskunft – Tickets

Arbeitsablauf: Eingabe Start und Ziel, Eingabe Reisedatum und Zeit, evtl. Angaben zur Verbindung und zu den Reisenden, Suche starten

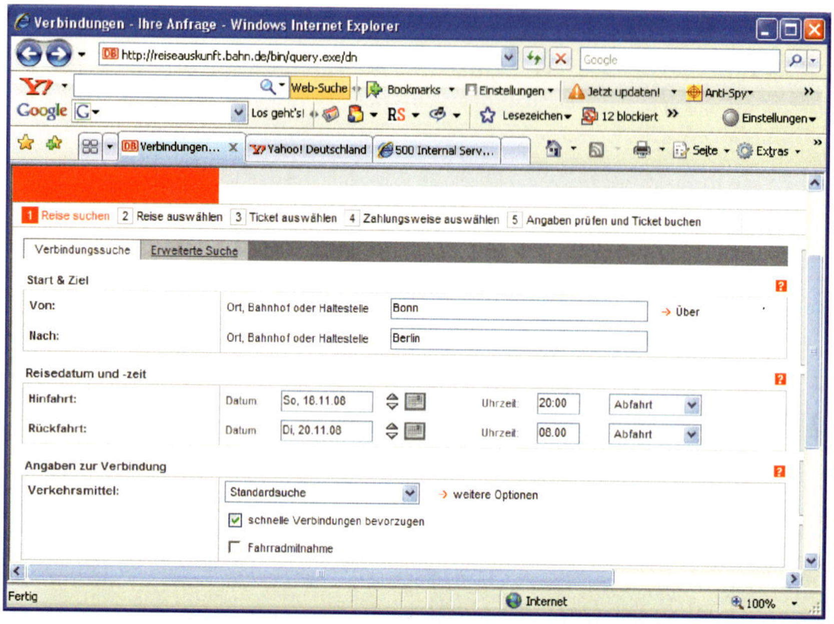

Als Ergebnis erscheint die folgende Seite, mit der eine Buchung erfolgen kann.

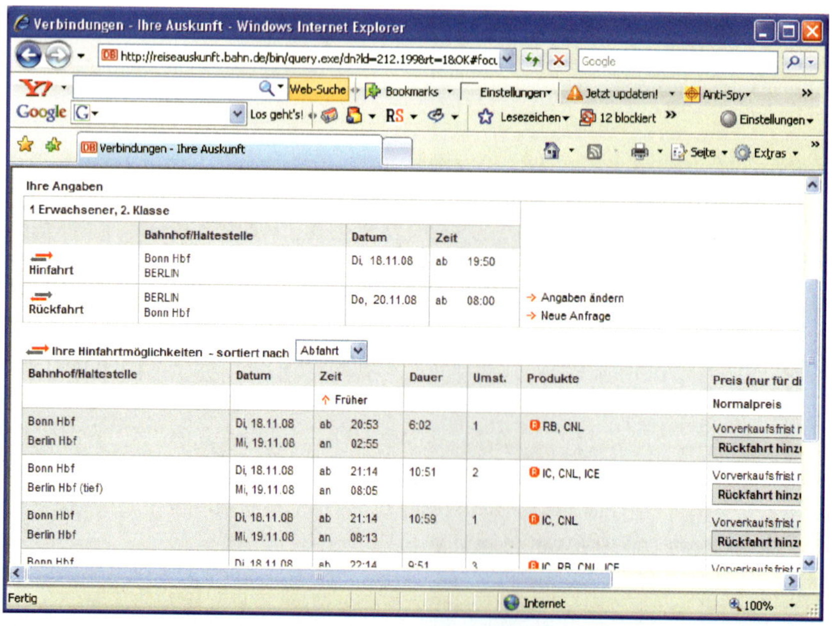

4379166

8.3.3 Auswertung von Geschäftsreisen.

Informationen und Ergebnisse werden während einer Geschäftsreise mit dem Notebook erfasst, mit einem Diktiergerät oder Handy dokumentiert oder auf Vordrucken notiert. Auch Bestellungen, Verträge, Reklamationen, Protokolle oder Aktennotizen können für die Auswertung verwendet werden. Im Wesentlichen spielen folgende Punkte eine Rolle:

- Terminerfassung und Terminüberwachung
- Durchführung von Vereinbarungen
- Benachrichtigung aller Beteiligten
- Überarbeitung der Unterlagen oder Dateien bei Änderungen
- Weiterleitung der Auswertungsergebnisse
- Ablage des Schriftgutes bzw. Speicherung der Dateien

Verbesserungsvorschläge sollten mit den Beteiligten der Reise erarbeitet und dokumentiert werden.

Die **Reisekostenabrechnung** erfolgt auf besonderen Vordrucken bzw. mit einem Reisekostenabrechnungsprogramm. Dabei werden im Wesentlichen folgende Kosten berücksichtigt: Verpflegung, Übernachtung, Fahrtkosten und Nebenkosten.

Reisekostenabrechnung Nr. 14 vom 20..-02-12 bis 20..-02-14 Beleg-Nr.

Name Heike Kuhn Abt. Verkauf

Datum	Reise-Beginn/Ende Uhr	Reiseanlass und Reiseweg (besuchte Orte angeben, Orte der Übernachtung unterstreichen)	Std.	Verpflegung	Übernachtung (ohne Frühstück)	Fahrtkosten (ohne MWSt-freie Kosten)	Neben-kosten	Belege (numerieren)	Summe	Sonstiges (MWSt-freie Kosten)
12. Feb.	09:00	Hameln Quedlinburg		24,00	56,00			1	80,00	
13. Feb.	09:00	Quedlinburg Halle		18,00	85,00			2	103,00	
14. Feb.	09:00	Halle Hameln		22,00					22,00	
				64,00	141,00			=	205,00	

geprüft | Zahlungsanweisung | gebucht

Abrechnung erstellt / Betrag erhalten

Ort Hameln Datum 20..-02-15

Unterschrift Kuhn

Buchungsvermerke

Kfz.-Kosten lt. Rückseite +

Summe für Vorsteuer-pauschale =

Sonstiges +

Gesamtsumme = 205,00

Aus-/Rückzahlung = 205,00

Vorschuss –

Verpflegungskosten werden nach Einzelbelegen bzw. pauschal (Staffelsätze) nach Dauer der Abwesenheit (in Stunden) erstattet.

Übernachtungskosten werden nach Beleg (Hotelrechnung) abgerechnet, wobei die Kosten für das Frühstück selbst zu tragen sind.

Fahrtkosten sind durch Fahrkarten und Flugtickets nachzuweisen. Beim Einsatz eines Privatwagens wird ein vereinbartes „Kilometergeld", z. B. 0,30 €/km, erstattet.

Nebenkosten entstehen durch Parkplatz-, Telefon- und Portogebühren sowie durch Eintrittsgelder, kleine Geschenke (Werbegeschenke, Blumen). Diese Kosten müssen durch Belege nachgewiesen werden.

Praxistipps

- Bei der Wahl des richtigen Verkehrsmittels sollte man alle Vor- und Nachteile der Beförderungsmöglichkeiten berücksichtigen.
- Um Fahrkarten, Platzreservierungen, Flugtickets, Hotelbuchungen usw. sollte man sich rechtzeitig in der Vorbereitungsphase einer Geschäftsreise bemühen.
- Neben einer Reisemappe mit privaten und geschäftlichen Unterlagen sollte man Kopien aller wichtigen Unterlagen (z. B. Ausweis, Führerschein, Fahrkarten und Flugtickets) mit sich führen.
- Bei der Buchung von Hotelzimmern mithilfe des Internets können Sie die Leistungen und Preise verschiedener Anbieter vergleichen

Internethinweis

Die Kosten einer Zugfahrt mit der Deutschen Bahn AG, die Abfahrts- und Ankunftszeiten sowie den Vergleich zu anderen Verkehrsmitteln können Sie ermitteln, wenn Sie die folgende Internetseite aufrufen: http://reiseauskunft.bahn.de

Auf einen Blick

- Die Vorbereitung einer Geschäftsreise aufgrund von Informationen über Beförderungsmöglichkeiten, Restaurants, Hotels und Tagungsräume.
- Alle Informationen sollten in eine Reisedatei aufgenommen werden.
- Das Internet leistet Ihnen wertvolle Hilfe bei der Reisplanung.
- Ein Reiseplan und die geordneten Reiseunterlagen sind wichtige Grundlagen einer Geschäftsreise.
- Bei der Auswertung von Geschäftsreisen werden Informationen und Ergebnisse verarbeitet, Verbesserungsvorschläge für künftige Reisen berücksichtigt und die Reisekostenabrechnung erstellt.

Aufgaben

1. Welche Bereiche einer Geschäftsreise sind für die Organisation von entscheidender Bedeutung?

2. Geben Sie fünf Fragen an, die bei der Vorbereitung einer Geschäftsreise eine Rolle spielen.

3. Bei welchen Stellen erhält man bei der Vorbereitung einer Reise wertvolle Informationen?

4. Beschreiben Sie den Begriff „Reisedatei“ und geben Sie an, welche Punkte darin enthalten sein sollten.

5. Welche Beförderungsmöglichkeiten bieten sich für die Durchführung einer Reise an? – Nennen Sie die Möglichkeiten der Anwendung.

6. Geben Sie die Vor- und Nachteile der verschiedenen Verkehrsmittel an.

7. Welche Leitwörter sollte ein Reiseplan enthalten?

8. Aus welchem Grund ist es wichtig, dass die Telefonnummer des Aufenthaltsortes im Reiseplan enthalten ist?

9. Nennen Sie zehn wichtige Reiseunterlagen.

10. In welcher Form würden Sie die in Aufgabe 9 erwähnten Reiseunterlagen mit sich führen?

11. Welche Punkte sind für die Buchung von Hotelzimmern ausschlaggebend?

12. Mit welchen Arbeitsmitteln kann die Buchung von Hotelzimmern erfolgen?

13. Für welches Arbeitsmittel entscheiden Sie sich? Begründen Sie Ihre Entscheidung.

14. Welche Möglichkeiten haben Sie, um eine geeignete Zugverbindung innerhalb des Fahrplans der Deutschen Bahn AG zu ermitteln?

15. Welche Möglichkeit der Information wählen Sie? Begründen Sie Ihre Entscheidung.

16. Welche Punkte spielen bei der Auswertung von Informationen und Ergebnissen einer Geschäftsreise eine Rolle?

17. Welche Kosten fallen unter dem Oberbegriff „Reisekosten“ an?

18. Mit den Suchwörtern „Reiseauskunft, Bahn“ erhalten Sie die Möglichkeit, Zugverbindungen zu ermitteln. Aktivieren Sie diese Seite und ermitteln Sie Folgendes:

    a) Wie lange dauert eine Zugfahrt von Darmstadt nach Kopenhagen?

    b) Wann müssen Sie mit dem Zug in Dortmund losfahren, wenn Sie an einem Werktag vor 20 Uhr in Dresden ankommen möchten?

    c) Wann kommen Sie in Hamburg an, wenn Sie um ca. 10 Uhr in München mit dem Zug losfahren?

    d) Was kostet eine Zugfahrt von Flensburg nach Garmisch-Partenkirchen?

8.4 Das Protokoll

Diese Lektion informiert Sie über:
- **den Begriff „Protokoll“ und die Protokollarten**
- **die Einsatzbereiche verschiedener Protokolle**
- **Auszüge aus verschiedenen Protokollen**

mit Praxistipps und Internethinweisen

Wissenswertes

Kurzschrift und Protokollführung
In der Protokollführung hat die Kurzschrift in einigen Bereichen bis heute Bedeutung. Z. B. im Bundestag und in den Landtagen schreiben Stenografen trotz moderner Technik die wörtliche Rede der Abgeordneten mit.

Wie können Sie in der heutigen Zeit auf Dauer mithalten?
Wer heute nicht am Ball bleibt, spürt das spätestens dann, wenn plötzlich der Chef wechselt und vom neuen Chef oder von der neuen Chefin Wissen vorausgesetzt wird, über das Sie sich vielleicht nie Gedanken gemacht haben. Professionelle Weiterbildung wird deshalb immer wichtiger (www.sekretaerinnen.de/).

Gesprächs- und Aktennotizen
Neben den verschiedenen Arten des Protokolls gibt es Gesprächs- und Aktennotizen. Die Gesprächsnotiz enthält in Stichwörtern wesentliche Punkte eines Gesprächs (auch Telefongesprächs) in schriftlicher Form, sie wird von einem der Gesprächsteilnehmer angefertigt und unterschrieben. Zur Erleichterung kann ein Vordruck verwendet werden. Die Aktennotiz wird ebenfalls stichwortartig angefertigt, jedoch von allen Gesprächsteilnehmern unterschrieben.

Auszug aus der Dienstanweisung eines Großbetriebs
Bei jeder Besprechung, Konferenz, Tagung, Verhandlung usw. soll ein Protokoll geführt werden. Darin sollen der Termin, der Ort, die Gesprächsteilnehmer, die Besprechungspunkte, der Name des Protokollanten und des Leiters der Zusammenkunft ersichtlich sein. Folgende Punkte müssen bei der Anfertigung von Protokollen beachtet werden:
- knappe und genaue Formulierung
- gewissenhafte und wahre Aussagen
- keine persönlichen Stellungnahmen
- keine Vermutungen

4379170

8.4.1 Begriff: Protokoll. Ein Protokoll ist die „förmliche“ Niederschrift einer Sitzung, Besprechung, Tagung usw. Das Protokoll dient der Information und es gilt betriebsintern als Beweismittel für Beschlüsse. Ein Protokoll stellt auch eine Rechtsgrundlage für die Eintragung ins Handelsregister bei Verhandlungen von Gesellschaften und Vereinsvorständen dar.

8.4.2 Die Protokollarten. Wörtliches Protokoll: Neben der wörtlichen Rede werden hierbei auch die Namen der Redner und evtl. Zwischenrufe aufgenommen. Bei der Übertragung müssen Stilfehler korrigiert werden, wobei die Aussage nicht geändert werden darf. An den Protokollanten werden hinsichtlich der Aufnahmegeschwindigkeit hohe Anforderungen gestellt.

Verlaufsprotokoll = ausführliches Protokoll: Angaben über den Verlauf in konzentrierter Form und die Namen der Redner gewährleisten, dass dieses Protokoll einen großen Informationswert hat. Der Protokollant muss neben guten stenografischen Leistungen über ein großes Sachwissen und Beurteilungsvermögen über das Wesentliche verfügen.

Kurzprotokoll = Ergebnis- bzw. Beschlussprotokoll: Der Inhalt bezieht sich auf Kerninformationen und gibt Ergebnisse in kurzer und aussagefähiger Form wieder.

Gedächtnisprotokoll = nachträgliche Niederschrift: Der Inhalt eines Besprechungsverlaufs wird nachträglich in schriftlicher Form wiedergegeben.

8.4.3 Die Einsatzbereiche. Die folgende Übersicht zeigt Protokollarten zu verschiedenen Anlässen:

Protokollart	**Wörtliches Protokoll**	**Verlaufs-protokoll**	**Kurz-protokoll**	**Gedächtnis-protokoll**
Bundestagssitzung	•	–	–	–
Dienstbesprechung	–	•	•	•
Interview	•	•	•	–
Konferenz	(•)	•	–	–
Kongress	–	•	•	–
Landtagssitzung	•		–	–
Mitgliederversammlung	–	•	–	–
Tagung	–	•	–	–

8.4.4 Aufbau eines Protokolls. Ein Protokoll gliedert sich in seinem Aufbau in folgende Bereiche:

Anfang **Text** **Ende**

Der Anfang eines Protokolls kann entweder auf einem besonderen Deckblatt oder auf der ersten Seite des Protokolls erfolgen. Zu beachten sind die genauen Angaben hinter den Leitwörtern (Datum, Beginn, Ort usw.). Das folgende Beispiel zeigt eine Möglichkeit:

Protokoll
zur Arbeitssitzung „Computer im Leasingverfahren“

Datum:	20..-12-09
Beginn:	10:00 Uhr
Ort:	Sitzungssaal, Hauptverwaltung
Leitung:	Herr Reimann
Teilnehmer:	Frau Bode, Frau Cordes, Frau Danne, Frau Eckel, Herr Kramer, Frau Watermann
Protokoll:	Frau Danne

Der **Text** eines Protokolls richtet sich in seinem Umfang danach, ob es sich um ein wörtliches Protokoll, ein Verlaufsprotokoll, ein Kurzprotokoll oder um ein Gedächtnisprotokoll handelt. Die Art des Protokolls ist ausschlaggebend. Auf der nächsten Seite sind Beispiele der Protokollarten aufgeführt, die in der Praxis häufig angewandt werden. Beachten Sie dabei die Unterschiede im Textumfang.

Das **Ende** eines Protokolls erscheint auf der letzten Seite des Protokolls. Zu beachten ist, dass Protokolle sowohl vom Leiter der Veranstaltung als auch vom Protokollanten unterschrieben werden müssen. Es kann ein Verteilvermerk angebracht werden. Das folgende Beispiel zeigt eine Möglichkeit:

Ende: 11:15 Uhr

Leitung	Protokoll
Reimann	*Danne*
Reimann	Danne

Verteiler
Sitzungsteilnehmer
Abt. Organisation

8.4.5 Textformen zu verschiedenen Protokollen

Wörtliches Protokoll: Bei einer Dienstbesprechung wird es in der Praxis nicht erforderlich sein, ein wörtliches Protokoll zu schreiben. Das folgende Beispiel (es handelt sich nur um einen Ausschnitt aus einer Dienstbesprechung) soll ein Vergleich zu den anderen Textformen sein und die Entwicklung aufzeigen.

Herr Reimann: Guten Tag, meine Damen und Herren, wir treffen uns heute, um über die Anschaffung weiterer Arbeitsplatzcomputer im Leasingverfahren zu beraten. Frau Bode und Herr Kramer werden Ihnen einige fachliche Einzelheiten aus dem Bereich des Leasingverfahrens erläutern.
Frau Bode: Das Leasingverfahren hat für uns zwei große Pluspunkte im Vergleich zum herkömmlichen Kauf. Wir benötigen keinen Eigenkapitaleinsatz für die Anschaffung und arbeiten mit verhältnismäßig neuzeitlichen Arbeitsmitteln, da wir evtl. nach zwei Jahren andere Computer erhalten. Ein ganz wichtiger Gesichtspunkt ist, dass wir unsere Liquidität erhöhen.
Herr Kramer: Grundsätzlich werden zwei Vertragsarten unterschieden:
1. Leasingverfahren mit festen monatlichen Raten und Rückgabe der Computer bei Beendigung der Laufzeit, 2. Leasingverfahren mit festen monatlichen Raten und Kaufverpflichtung nach zwei Jahren.

Ausführliches Protokoll: Im Gegensatz zum wörtlichen Protokoll wird hier die indirekte Rede mit Konjunktiv (Möglichkeitsform) verwendet.

Herr Reimann begrüßt die Anwesenden.
Frau Bode beschreibt zwei große Pluspunkte des Leasingverfahrens, nämlich die Einsparung von Eigenkapital und den Vorteil der neuzeitlichen Arbeitsmittel. Frau Bode ist der Meinung, dass sich bei Anwendung des Leasingverfahrens die Liquidität erhöhe.
Herr Kramer verdeutlicht folgende Vertragsarten: 1. Leasingverfahren mit festen monatlichen Raten und Rückgabe der Computer bei Beendigung der Laufzeit.
2. Leasingverfahren mit festen monatlichen Raten und Kaufverpflichtung nach zwei Jahren.

Kurzprotokoll: Im Vergleich zum wörtlichen und ausführlichen Protokoll werden hier nur Kerninformationen aufgeführt.

Nach der Begrüßung durch Herrn Reimann werden folgende Punkte erläutert:
1. Vorteile beim Leasingverfahren
2. Vertragsarten beim Leasingverfahren

8.4.6 Sprachliches

Zeitform: Jedes Protokoll wird im Präsens (Gegenwart) geschrieben.

richtig: Herr Weber begrüßt alle Kollegen.

falsch: Herr Weber begrüßte alle Kollegen.

Direkte und indirekte Rede: Wörtliche Protokolle werden immer in der direkten Rede und im Indikativ (Wirklichkeitsform) geschrieben.

Herr Nolte sagt: „Ich fahre morgen nach Darmstadt."

Verlaufsprotokolle werden in der indirekten Rede und im Konjunktiv (Möglichkeitsform) geschrieben.

Herr Nolte erwähnt, er fahre morgen nach Darmstadt.

Bei der indirekten Rede steht als erstes Prädikat das Einführungswort „erwähnt", davon ist „fahre", das zweite Prädikat im Konjunktiv (Möglichkeitsform), abhängig.

Praxistipps

- Der Protokollant sollte vor oder gleich bei Beginn der Zusammenkunft von seiner Aufgabe informiert bzw. verpflichtet werden.
- Notieren Sie während der Protokollaufnahme besser etwas mehr als zu wenig. Sie können bei der Übertragung alles Wichtige verwenden und Nebensächlichkeiten unberücksichtigt lassen.
- Nehmen Sie die Protokollführung nur dann an, wenn Sie die sachlichen Zusammenhänge des Themas genau kennen bzw. sich über die Angelegenheit informieren können.
- Für die indirekte Rede sollten immer wieder unterschiedliche Einführungswörter, wie behaupten, bitten, erläutern, erwähnen, erwarten, schildern und wünschen, verwendet werden.

Internethinweise

Hinweise zur Protokollführung sind auf der folgenden Internetseite aufgeführt: www.sekretaer-in.de/

Auf einen Blick

- Der schriftliche Informationsspeicher „Protokoll" wird bei Sitzungen, Besprechungen, Tagungen usw. angewandt und gilt betriebsintern als Beweismittel für Beschlüsse.
- Man unterscheidet zwischen folgenden Protokollarten: Wörtliches Protokoll, Verlaufsprotokoll, Kurzprotokoll und Gedächtnisprotokoll. „Verwandte" des Protokolls sind: Gesprächs- und Aktennotizen.

Aufgaben

1. Was versteht man unter dem Begriff „Protokoll“?

2. Zu welchen Anlässen würden Sie ein Protokoll anfertigen?

3. Welche Protokollarten werden unterschieden?

4. Geben Sie an, welche Merkmale ein wörtliches Protokoll hat.

5. Welche Angaben beinhaltet ein Verlaufsprotokoll?

6. Worauf bezieht sich der Inhalt eines Kurzprotokolls?

7. Welche andere Bezeichnung gibt es für ein Kurzprotokoll?

8. Welche andere Bezeichnung gibt es für die nachträgliche Niederschrift?

9. Nennen Sie zwei Punkte, die bei der Anfertigung eines Protokolls beachtet werden müssen.

10. Welche Bedeutung hat die Kurzschrift im Bereich der Protokollführung?

11. Beschreiben Sie die folgenden Begriffe:
    a) Aktennotiz
    b) Gesprächsnotiz

12. Aus welchen Gründen werden bei einer Bundestagssitzung wörtliche Protokolle angefertigt?

13. Welche Art des Protokolls würden Sie bei der Mitgliederversammlung eines Vereins vorschlagen? Begründen Sie Ihre Entscheidung.

14. Warum werden bei Dienstbesprechungen oftmals nur Kurzprotokolle angefertigt?

15. Geben Sie drei Bereiche an, die den Aufbau eines Protokolls bestimmen.

16. Welche Angaben müssen am Anfang (Deckblatt) des Protokolls aufgeführt werden?

17. Welche Angaben müssen am Ende des Protokolls aufgeführt werden?

18. Entwerfen Sie für den folgenden Fall
    a) ein Verlaufsprotokoll und
    b) ein Kurzprotokoll:

    Am 16. März .. treffen sich um 09:30 Uhr die Angestellten Frau Beier, Herr Friedrich und Herr Wappler zu einer Dienstbesprechung im Bürohochhaus, Raum 12, um über die Anschaffung von zwei weiteren Firmenfahrzeugen zu beraten. Die Leitung der Besprechung hat die Leiterin der Verkaufsabteilung, Frau Meister. In der Besprechung wird aufgezeigt, dass zwei weitere Außendienstmitarbeiter zum 1. Juli .. eingestellt werden sollen, für die zwei Kombiwagen benötigt werden. Der Leiter der Kraftfahrzeugabteilung, Herr Wappler, kennt den Fahrzeugmarkt gut, berichtet über zwei Fahrzeugtypen und legt Prospekte vor. Die Besprechungsteilnehmer vereinbaren einen Besichtigungstermin am 28. März .. um 14:30 Uhr im Fahrzeughaus „Wesertal“ wahrzunehmen, um einen Vergleich der beiden Fahrzeugtypen zu haben. Das Ende der Dienstbesprechung ist um 10:15 Uhr.

19. Das Suchwort „Protokollführung“ ermöglicht es, im Internet verschiedene Seiten zu diesem Thema zu finden. Erarbeiten Sie folgende Frage: Was wird in einem Kurzprotokoll = Beschluss-/Ergebnisprotokoll nicht protokolliert?

09

Problemlösungen mit Informationen, Lernimpulsen und Anwendungsmöglichkeiten zu folgenden Fragen:

> **Welche technischen Möglichkeiten werden innerhalb der Übertragung angewendet?**

> **Was versteht man unter „Satellitenkommunikation“?**

> **Welche Bedeutung hat das ISDN?**

> **Warum ist ein DSL-Anschluss zu empfehlen?**

> **Welche Bedeutung hat der PC in Verbindung mit Multimedia?**

> **Worin unterscheiden sich die verschiedenen Möglichkeiten der Nachrichtenübermittlung?**

> **Wie lässt sich das Internet privat und kommerziell nutzen?**

Aus der Berufspraxis In der ersten Woche seines Betriebspraktikums in einem Mittelbetrieb bewundert der Auszubildende Tobias Otto die moderne Ausstattung des Büros. Tobias hat im Büro seines Vaters schon oft mitgearbeitet und stellt die Unterschiede in der Arbeitsweise fest. Während sein Vater noch mit einem älteren Festnetztelefon arbeitet, werden in seinem Praktikumsbetrieb das Internettelefon und das Bildtelefon eingesetzt. Dadurch hat man einen höheren Komfort und spart außerdem noch Kosten. Im Büro seines Vaters werden die Briefe am Computer erfasst und auf dem Postweg versendet. In dem Praktikumsbetrieb stellt er schnell fest, dass die Arbeitsweise per E-Mail oder Telefax viele Vorteile bringt. Tobias ist bemüht, die moderne Technik genau kennen zu lernen, und wird seinem Vater eine Umstellung vorschlagen. Vielleicht erhält er durch den Verbesserungsvorschlag eine Belohnung.

9.1 Grundlagen

Diese Lektion informiert Sie über:

- **die Grundlagen der Übertragungstechnik**
- **die Aufgabe der Satellitentechnik**
- **die Bedeutung des ISDN**
- **die Übertragung mit DSL und WLAN**
- **den PC im Multimedia-Einsatz**

mit Praxistipps und Internethinweisen

Wissenswertes

Multimedia-Inhalte und Selbstkontrolle
Die FSM (Freiwilligen Selbstkontrolle Multimedia) ist ein eingetragener Verein, der 1997 von Medienverbänden und Unternehmen der Online-Wirtschaft gegründet wurde. Die Selbstkontrollorganisation bietet jedermann die Möglichkeit, sich im Bereich des Jugendmedienschutzes über strafbare oder Jugendgefährdende Inhalte im Netz zu beschweren oder Fragen zum Thema Jugendschutz im Internet zu stellen (www.fsm.de/).

Ein DSL-Speedtest gibt Ihnen Auskunft über die Leistungen Ihres Computers im Internet. Berücksichtigt werden dabei die Download- und die Upload-Geschwindigkeit: www.wieistmeineip.de/speedtest/

Aus dem Lexikon
analog = ähnlich, entsprechend
digital = ziffernmäßig
modular = in der Art einer Bau- oder Schaltungseinheit

Digitalisierung der Netze
Berlin. Mit der Umstellung des analogen Fernsprechnetzes auf Digitaltechnik folgte die Telekom AG einer allgemeinen technologischen Entwicklung, die mittelfristig zu ökonomischen Systemkonzepten führt sowie als Vorleistung für eine weitergehende Diensteintegration im ISDN gilt. Der vollständige Ausbau des Telefonnetzes mit digitaler Vermittlungstechnik wird voraussichtlich im Jahr 2020 abgeschlossen sein.

Welche Vorteile hat ISDN?
- Die Endgeräte sind komfortabler als im analogen System.
- Die Übertragungsgeschwindigkeit ist hoch.
- Die Übertragungsqualität ist hervorragend.
- Es können mehrere Dienste unter einer Rufnummer erreicht werden.
- Die Verbindung ist weltweit.

4379178

9.1.1 Übertragungstechnik. Bei der **Analogtechnik** werden die Schallwellen der Sprache im Mikrofon in elektrische Schwingungen umgewandelt und übertragen. Beim Empfänger werden diese elektrischen Schwingungen im Hörer wieder in Schallwellen zurückgewandelt. Analog bedeutet „ähnlich, entsprechend“ - die elektrischen Schwingungen auf der Leitung sind ähnliche, entsprechende bzw. analoge Umwandlungen der Schallwellen.

Bei der **Digitaltechnik** werden die Schallwellen wie bei der Analogtechnik in elektrische Schwingungen umgewandelt, jedoch anschließend schnell abgetastet und „digitalisiert“, d. h., in Bit-Folgen verschlüsselt und als elektrische Impulse übertragen. Beim Empfänger werden die elektrischen Impulse wieder in elektrische Schwingungen zurückgewandelt und im Hörer sind sie als Schallwellen wahrzunehmen.

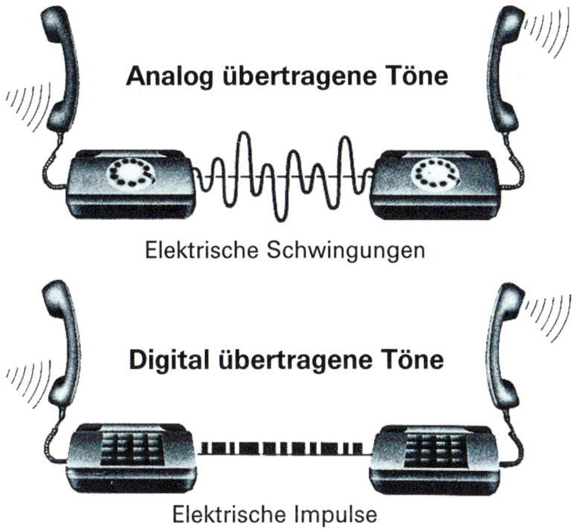

Digital bedeutet „ziffernmäßig“ - die Übertragung benötigt nur zwei Signale, nämlich 0 und 1 oder Strom/kein Strom. Bei einer digitalen Übertragung müssen alle Informationen in digitaler Form vorliegen. Im Bereich der Datenübertragung von Computer zu Computer oder von Telefon zu Telefon wird nach dem gleichen Prinzip gearbeitet. Aus diesem Grund ist es sehr einfach, Daten von digitalen Systemen über das ISDN zu übertragen.

Das ISDN ist ein einheitliches Netz für Sprache, Text, Bild und Daten. Der Telekomkunde erhält die Verbindung für seine Endgeräte über eine „Kommunikationssteckdose“. Das ISDN hat eine Standardübermittlungsrate von 64 KB/s, das sind 64 000 Binärzeichen (Nullen und Einsen) pro Sekunde. Das entspricht einer Verzehnfachung der Übertragungsleistung gegenüber der Analogtechnik.

Vorteile der Digitaltechnik

- Die Bauelemente eines digitalen Arbeitsmittels sind kleiner, dadurch wird erheblicher Aufwand gespart.
- Die Datenübertragung digitaler Signale ist weniger störanfällig im Vergleich zu analogen Signalen.
- Die Möglichkeit des Codierens gewährleistet eine sehr sichere Datenübertragung.
- Die Weiterbearbeitung der Übermittlungsdaten kann mit dem Computer erfolgen.

9.1.2 Kommunikationsnetze und Kommunikationsstruktur. Zur Übertragung der Informationen innerhalb der Telekommunikation stehen unterschiedliche technische Einrichtungen zur Verfügung. Für die Übertragung innerhalb der **Kommunikationsnetze** werden Kabel, Funkverbindungen und Satelliten eingesetzt. Die folgende Übersicht verdeutlicht die Unterscheidungsmerkmale mit entsprechenden Beispielen:

Merkmal	Beispiel
Entfernung	lokales Netz: LAN (**L**ocal **A**rea **N**etwork) - innerhalb von Gebäuden Weitverkehrsnetze: GAN (**G**lobal **A**rea **N**etwork) - weltweite Verbindung MAN (**M**etropolitan **A**rea **N**etwork) innerhalb von Orten WAN (**W**ide **A**rea **N**etwork) innerhalb von Staaten oder Kontinenten
Frequenz	schmalbandiges Netz: Kupferkabel breitbandiges Netz: Glasfaserkabel, Koaxialkabel, Satelliten
Topologie	Sternnetz: Jede Endeinrichtung ist mit einer eigenen Leitung mit der Netzzentrale verbunden, die eine Schaltung vornimmt. Der Leitungsaufwand ist gering. Im Störungsfall bei der Zentrale wird das gesamte Netz lahmgelegt. Ringnetz: Jede Endeinrichtung ist mit zwei anderen Endeinrichtungen verbunden, wobei die Verbindungen im Ring ausgeführt werden. Im Störungsfall kann die Verbindung evtl. zu einer anderen Endeinrichtung aufgenommen werden. Maschennetz: Jede Endeinrichtung ist mit jeder anderen Endeinrichtung verbunden. Eine Netzzentrale ist nicht vorhanden. Der Leitungsaufwand ist sehr hoch. Im Störungsfall fällt nur die Verbindung zu einer Gegenstelle aus. Baumnetz: Die Endeinrichtungen sind „baumförmig" mit der Netzzentrale verbunden. Im Störungsfall bei Ausfall des „Hauptstammes" tritt ein Gesamtausfall ein.
Vermittlung/ Verbindung	leitungsvermittelt: feste Leitung während der Verbindung paketvermittelt: Übertragung von Datenpaketen kanalvermittelt: Übertragung auf einem bestimmten Kanal verbindungslos: es besteht keine Verbindung verbindungsorientiert: nur bestimmte Verbindungen

4379180

Kommunikationsstruktur

Die Kommunikationsstruktur der folgenden Abbildung, wie ISDN- und Mobilfunknetze, Satellitenverbindungen, Punkt-zu-Punkt-Funkstrecken und störungssichere Glasfaserkabel ist die Grundlage für die Technik der Kommunikationsnetze und erreicht eine zeitgemäße Technologie, große Flexibilität und Zukunftsfähigkeit.

Kommunikationsdienste

Innerhalb der Kommunikationsnetze werden den Anwendern die Kommunikationsdienste zur Verfügung gestellt. Hiermit ist die Übertragung von Informationen möglich. Dabei spielen die Telekommunikationsdienste und die Zusatzdienste eine Rolle.

Next Generation Network

Das Handelsblatt vom 10.11.2007 berichtet, dass die Stadt Köln zum Modell für andere Ballungszentren wird. Die Deutsche Telekom und ihre Konkurrenten bereiten den größten Umbau ihrer Festnetz-Infrastruktur seit dem Fall des Netzmonopols vor 10 Jahren vor. Es wird ein modernes internetbasiertes Universalnetz gebaut, das in Fachkreisen „Next Generation Network“ genannt und mit superschnellen Glasfaseranschlüssen ausgerüstet wird.

9.1.3 Satellitenkommunikation. Ein Satellit ist ein künstlicher Himmelskörper, der mit einer Rakete oder mit einem Raumtransporter in eine Umlaufbahn um die Erde gebracht wird und zum Messen, zum Beobachten, zur Navigation oder zur Informationsübertragung eingesetzt wird.

Arbeitsweise von Satelliten
Die Ausbreitung elektromagnetischer Wellen (z.B. Radiowellen) auf einer geraden Linie ist über größere Entfernungen wegen der Erdkrümmung nicht möglich. Aus diesem Grund sorgen Nachrichtensatelliten als „Spiegel" dafür, die zu ihnen gesandten Signale auf ein bestimmtes Gebiet zurückzuwerfen. Voraussetzung ist, dass der Satellit ständig „sichtbar" ist, er muss über dem Sende- und Empfangsgebiet einen scheinbar festen Platz bezogen haben (geostationärer Satellit). Die Signale erreichen über eine Erdfunkstelle den Satelliten. Dieser verstärkt die Signale und strahlt sie in die Ausleuchtungsgebiete ab, wo sie von Parabolantennen empfangen werden.

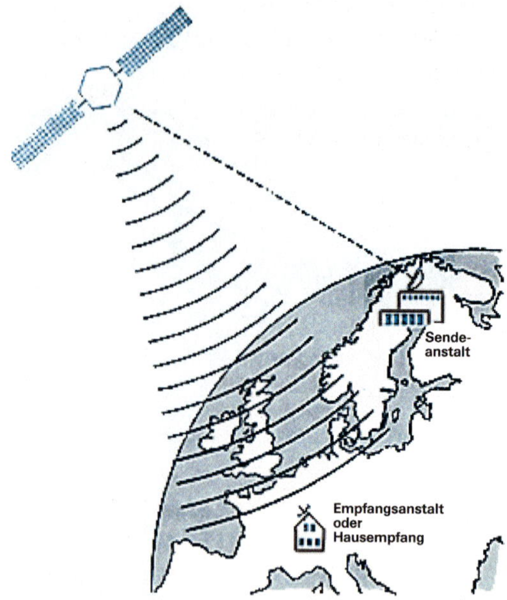

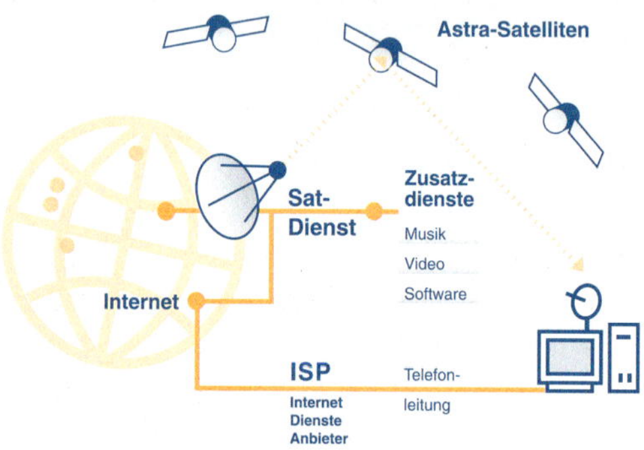

Einsatzbereiche
Verschiedene Satelliten stehen für folgende Aufgaben zur Verfügung:
- Telefon- und Datenverkehr
- Übertragung von Rundfunk- und Fernsehprogrammen
- Einspeisung in örtliche Kabelnetze
- Flächendeckende Übermittlung der
- „Neuen Dienste" (z.B. Internet, Videokonferenz)

9.1.4 ISDN. Die Abkürzung ISDN bedeutet „Integrated Services Digital Network" und besagt, dass es sich um eine Vielzahl von Verbindungen handelt. Man könnte es folgendermaßen übersetzen: „Diensteintegrierendes digitales Telekommunikationsnetz". Die folgenden Beschreibungen zeigen, dass jeder Begriff etwas über die Eigenschaft bzw. Technik aussagt: Integrated (= integriert) zeigt, dass alle Informationen über eine einheitliche „Leitung" übermittelt werden. Es ist nur ein Anschluss mit einer gemeinsamen Rufnummernbasis nötig, um das gesamte Angebot an „Diensten" zu nutzen, wobei der Einsatz multifunktionaler Endgeräte (Computer) ermöglicht wird. Services (= Dienste) beinhaltet, dass eine Vielzahl der Telekommunikationsdienste innerhalb dieser Integration möglich sind. In der folgenden Darstellung sehen Sie grundsätzliche Möglichkeiten der Nutzung:

Sprache | Text | Bilder | Daten

4379182

Anschlussarten im ISDN

Die folgende Übersicht zeigt die Möglichkeiten der verschiedenen Anschlüsse beim Euro-ISDN.

T-ISDN-Anschlussarten

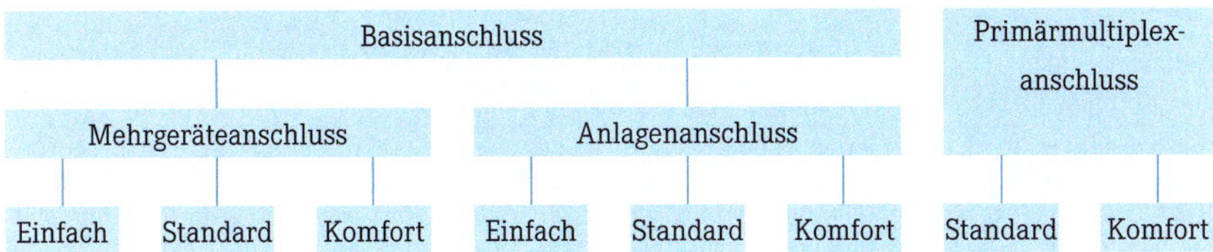

Anschlussarten im T-ISDN

Der **Basisanschluss** verfügt über 2 Nutzkanäle (B-Kanäle) mit einer Übertragungsgeschwindigkeit von je 64 Kbit/s, die gleichzeitige und unabhängige Kommunikation (z.B. Telefonieren und Datenempfang) ermöglichen sowie einem Steuerkanal (D-Kanal) mit 16 Kbit/s, der für das „Protokoll" zuständig ist. Diese Anschlussart wird für private Haushaltungen bzw. Kleinbetriebe angeboten.

Wie aus der Übersicht ersichtlich ist, wird der Basisanschluss als Mehrgeräteanschluss und als Anlagenanschluss angeboten. Beim **Mehrgeräteanschluss** sind bis zu acht Geräte, die parallel betrieben werden, direkt angeschlossen. Beim **Anlagenanschluss** ist eine Telekommunikationsanlage (Tk-Anlage) angeschlossen, die den Betrieb der Endgeräte ermöglicht. Die Unterscheidung Einfach, Standard oder Komfort bezieht sich auf die Anzahl der Leistungen, die im Grundpreis enthalten sind. Die folgende Internetseite ermöglicht Ihnen durch Eingabe des Suchbegriffs eine Leistungsbeschreibung zu erhalten bzw. nähere Einzelheiten zu erfahren:
www.telekom.de/

Der **Primärmultiplexanschluss** verfügt über 30 Nutzkanäle (B-Kanäle) mit einer Übertragungsgeschwindigkeit von je 64 Kbit/s, die gleichzeitige und unabhängige Kommunikation in 30facher Hinsicht ermöglicht, d.h., nach altem Standard wurden hier 30 „Leitungen vom Amt" benötigt. Der Steuerkanal (D-Kanal) arbeitet mit einer Übertragungsgeschwindigkeit von 64 Kbit/s. Außerdem hat der Primärmultiplexanschluss noch einen Synchronisationskanal mit ebenfalls 64 Kbit/s. Diese Anschlussart wird für größere Unternehmen, Behörden und Einrichtungen mit großen Kommunikationsaufkommen angeboten.

Die folgende Tabelle zeigt, wie sich die einzelnen Varianten des Euro-ISDN Basisanschlusses unterscheiden:

	Anlagenanschluss		Mehrgeräteanschluss	
Leistungsmerkmal	**Standard**	**Komfort**	**Standard**	**Komfort**
Rufnummern	Regelrufnummernblock		3	3
Anklopfen	über Nebenstellenanlage		●	●
Makeln	über Nebenstellenanlage		●	●
Dreierkonferenz	über Nebenstellenanlage		●	●
Anrufweiterschaltung	❍	●	❍	●
Übermittlung der Rufnummer des Anrufers	●	●	●	●
Übermittlung der Rufnummer an der Anrufer	●	●	●	●
Umstecken am S0-Bus	über Nebenstellenanlage		●	●
Rückruf bei Besetzt	●	●	●	●
Übermittlung der Verbindungsentgelte am Ende der Verbindung	❍	●	❍	●

● Leistung verfügbar und im Grundpreis enthalten ❍ Leistung verfügbar, aber im Grundpreis nicht enthalten

9.1.5 DSL. DSL ist die Abkürzung für „Digital Subscriber Line". Man versteht darunter eine schnelle Übertragungstechnik im Internet. Während die Geschwindigkeit mit einem Modem nur 56 kbit/s beträgt, ist die Übertragung im Internet wesentlich schneller, nämlich bei DSL 1000 beträgt sie 1024 kbit/s. Dass es noch schneller geht, können Sie der Abbildung auf der nächsten Seite entnehmen, dort werden die Unterschiede der Übermittlungskapazität bei den verschiedenen DSL-Angeboten aufgezeigt.

Nur ein Beispiel für die Vorteile von DSL: Ein Download, der mit ISDN eine Dreiviertelstunde dauert, ist mit einem DSL-1000-Anschluss in weniger als drei Minuten fertig.

ADSL, SDSL

Die beiden Grafiken auf der nächsten Seite zeigen deutlich den Unterschied. ADSL bedeutet „Asymmetrisches DSL", wobei der Download (= Downstream) schneller als der Upload (= Upstream) ist. Diese Variante ist für häufige Downloads von Software, Musik usw. sehr gut geeignet. Bei der Übertragung können Sprach- und Datendienste gleichzeitig genutzt werden. Voraussetzung für die Nutzung ist, dass der Anwender in der Nähe der Vermittlungsstelle (nicht weiter als rund fünf Kilometer Kabellänge) wohnt.

4379184

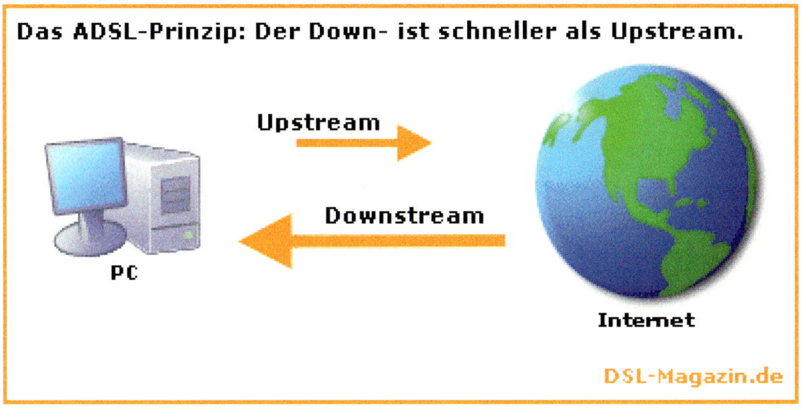

SDSL bedeutet „Symmetric Digital Subscriber Line". Dabei ist kein Unterschied beim Upstream und Downstream festzustellen, denn die Geschwindigkeit ist in beide Richtungen gleich groß = symmetrisch. Diese Variante wird vornehmlich von Geschäftskunden angewendet, bei denen der Empfang und Versand von Daten in einem ausgeglichenen Verhältnis liegt. Bei Videokonferenzen ist SDSL unbedingte Voraussetzung.

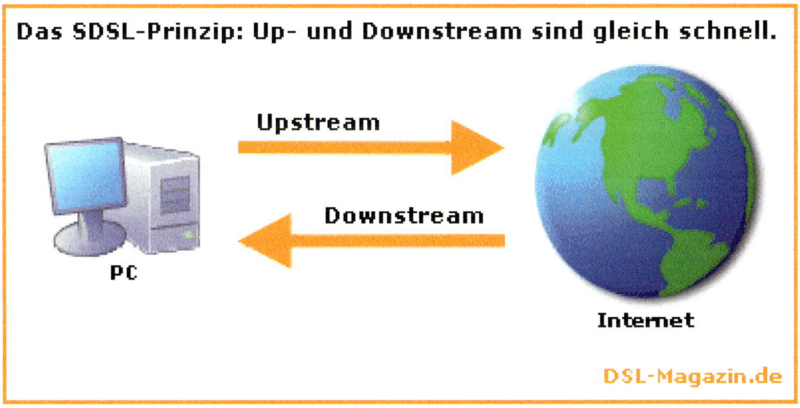

Alternativen zu DSL

In ländlichen Gebieten sind die Voraussetzungen für DSL oft nicht gegeben. Wenn Sie in einer derartigen Situation sind, sollten Sie sich nach folgenden Möglichkeiten erkundigen und vielleicht eine andere Wahl treffen:

- Internet über TV-Kabel
- Internet über Stromkabel
- Internet über Satellit

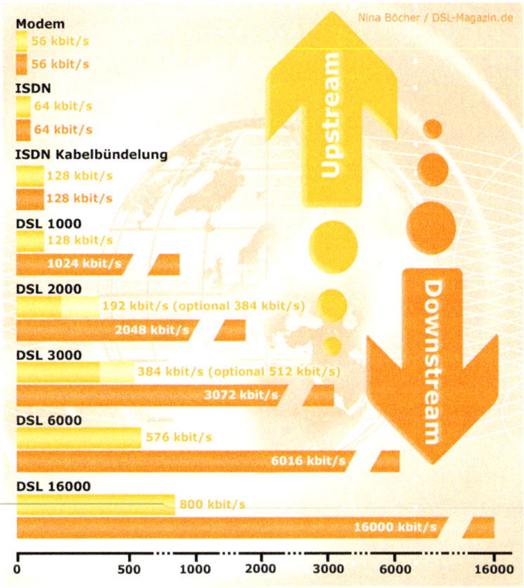

Die Grafik zeigt die Unterschiede der Übermittlungskapazität bei den verschiedenen DSL-Angeboten.

Voraussetzungen für DSL

1. Ein **Telefonanschluss** ist Grundvoraussetzung. Dabei ist es gleichgültig, ob es ein Analog- oder ISDN-Anschluss ist, sofern er von der Telekom zur Verfügung gestellt wird. Bei den Mitbewerbern können andere Regelungen gelten.

2. Ein **DSL-Anschluss** ist neben der Telefonleitung erforderlich und wird von der Telekom AG bzw. von einem Provider zur Verfügung gestellt.

3. Ein **DSL-Tarif** und der DSL-Anschluss stehen in engem Zusammenhang. Als Einsteiger sollten Sie die verschiedenen Angebote genau vergleichen. Achten Sie besonders darauf, ob Sie die Anschlussgebühr bezahlen müssen und/oder die Hardware subventioniert oder gratis zur Verfügung gestellt bekommen. Die Tarifmodelle sind entweder Volumentarife (Datenverbrauch) oder Zeittarife (Online-Zeit). Pauschaltarife werden als Flatrate bezeichnet.

4. Die **DSL-Hardware besteht** im Wesentlichen aus folgenden zwei Modellen:

   a) Einzelplatz-Zugang mit DSL-Modem oder WLAN-Router
   b) Mehrplatz-Zugang mit WLAN-Router

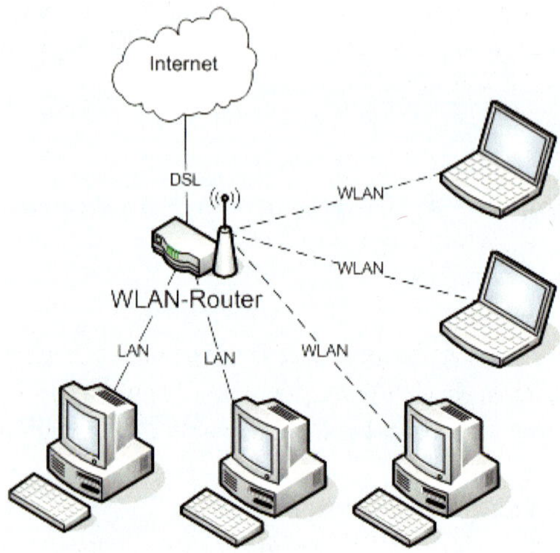

   Die Abbildung zeigt einen Mehrplatz-Zugang. LAN (local area network) ist die feste Installation innerhalb eines lokalen Netzwerkes. WLAN (wireless lokal area network) ist die „drahtlose" Arbeitsweise, wobei die Verbindung mit einem WLAN-Stick bzw. einer Cardbuskarte mit integrierter Antenne hergestellt wird.

9.1.6 Multimedia und PC. Der Begriff „Multimedia" ist vielseitig belegt. Er bezeichnet ganz allgemein Kombinationen unterschiedlicher Telekommunikationsformen, wie z. B. Sprach-, Ton-, Text-, Daten- und Bewegtbildübermittlung.

Die Bürokommunikationslandschaft eines Unternehmens stellte sich bisher als eine Ansammlung der verschiedensten Endgeräte dar: Telefon, Telefax, Telex, ein oder mehrere PCs und verschiedene andere Arbeitsmittel, je nach Anwendung. In der Regel handelte es sich dabei um Stand-alone-Geräte, die jeweils eigene Eingabe- und Ausgabeeinheiten und natürlich jeweils einen eigenen Zugang zum Telekommunikationsnetz hatten. Auch im Privat- und Unterhaltungsbereich wurden Einzellösungen verwendet, z. B. Telefon, Telefax, Radio, Fernseher, Videorecorder, DVD-Player usw.

Ein Personal Computer kann aufgrund seines modularen Aufbaus die Leistungsmerkmale der verschiedenen Endgeräte in einem Gehäuse vereinen. Neben den Einrichtungen eines Standardmodells sollte ein Multimedia-PC über zusätzliche Einrichtungen verfügen, z. B. TV-Karte, Mikrofon, Lautsprecher, Videokarte, DVD-Laufwerk, DVD-Brenner, Kamera.

Die Abbildung zeigt einen „Wohnzimmer-PC“ mit Multimedia-Technik, dessen Zentraleinheit nur 10 cm hoch ist. Die Bedientasten und das kleine Display erinnern an einen DVD-Player. Durch Öffnen einer Klappe sind der Speicherkartenleser und die USB-Anschlüsse zu erreichen. Der Anschluss erfolgt an das Fernsehgerät bzw. an die HiFi-Anlage. Kernstück dieses PCs ist das Programm Microsoft-Betriebssystem Windows Vista, das den Programmteil Media-Center beinhaltet.

Eine kabellose Tastatur mit Touchpad oder Trackpoint und die Fernbedienung ermöglichen es, vom Wohnzimmersessel aus zu surfen, E-Mails abzurufen, Urlaubsbilder und -videos zu bearbeiten oder ein Spiel zu starten.

Interaktive Arbeitsweise

Innerhalb der Multimedia-Technik kann interaktiv gearbeitet werden, d. h. Sender und Empfänger können das Programm bestimmen und zeitgleiche Aktionen veranstalten. Diese Vorteile ermöglichen den Einsatz von Lernprogrammen im Internet. Der Anschluss an das Internet erfolgt über ein Modem (externes Gerät) bzw. durch eine Steckkarte (interner Einbau).

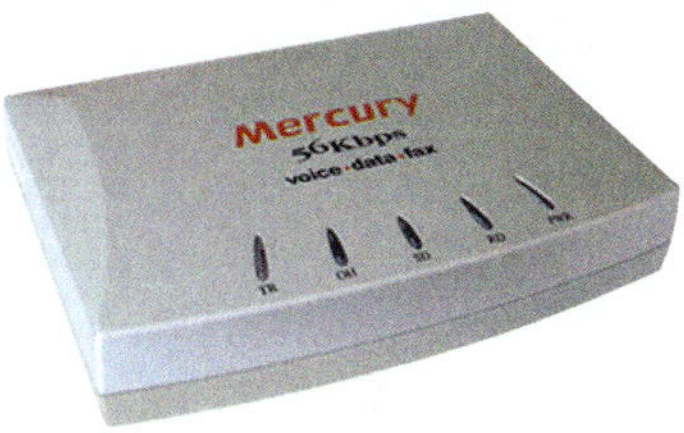

Praxistipps

- Informieren Sie sich bei der Deutschen Telekom und deren Mitbewerbern über das ISDN und die Neuentwicklungen im Bereich der Telekommunikationsdienste. Durch den Einsatz moderner Technik können erhebliche Kosten gespart werden.
- Der Büchermarkt bietet eine große Auswahl an Literatur zum Thema „ISDN", „DSL" und „Telekommunikation". Sowohl für die private als auch für die betriebliche Nutzung sind solche Informationen vor der Umstellung unbedingt erforderlich.

Internethinweise

Über Wissenswertes zum Thema ISDN informiert die folgende Internetseite unter dem Suchwort ISDN: www.igs-hagen.de/

Eine Übersicht zum DSL-Anschluss bietet Ihnen die folgende Internetseite, wenn Sie den Link „DSL" anklicken: www.tocker.de/

Die Arbeitsweise der Satellitentechnik steht im Mittelpunkt der folgenden Internetseite: www.fen-net.de/. Unter „Suchen im FEN ..." müssen Sie „Satellitentechnik" eingeben.

Begriffe zur Telekommunikation werden auf folgender Internetseite erläutert: www.computerlexikon.com/. Geben Sie dazu das Suchwort „Telekommunikation" ein und aktivieren Sie „Volltext".

Auf einen Blick

- Die Digitaltechnik ist die neuzeitliche Möglichkeit der Übertragung im Bereich des ISDN.
- Kommunikationsnetze, Kommunikationsstruktur und Kommunikationsdienste sind wichtige Einrichtungen innerhalb der modernen Telekommunikation.
- Die Satellitentechnik wird als Übertragungsmedium für vielfältige Bereiche (Telefon, Daten, Internet, Videokonferenz) usw. eingesetzt.
- Der Begriff „Multimedia" bezeichnet allgemein die Kommunikation unterschiedlicher Telekommunikationsformen.
- Das ISDN ist ein einheitliches Netz für Sprache, Text, Bild und Daten.
- DSL ist eine sehr schnelle Übertragungstechnik im Internet.
- Der PC bietet sich aufgrund seines modularen Aufbaus als multifunktionales Endgerät innerhalb der Bürokommunikation an.
- Man unterscheidet im ISDN zwischen Basisanschluss und Primärmultiplexanschluss. Innerhalb dieser Unterscheidung werden verschiedene Varianten angeboten.

Aufgaben

1. Welcher Unterschied besteht zwischen der Analog- und der Digitaltechnik? Grundlage Ihrer Beschreibung sollte die Übertragung von Tönen beim Telefon sein.

2. Welche Vorteile hat die Digitaltechnik?

3. Welche Arten von Netzen werden hinsichtlich der Entfernung unterschieden?

4. Geben Sie die Informationsträger für folgende Netze an:

   a) schmalbandiges Netz,
   b) breitbandiges Netz.

5. Welche Arten von Netzen werden nach dem Merkmal „Topologie" unterschieden?

6. Wie heißen die Unterscheidungsmerkmale von Netzen nach den Gesichtspunkten „Vermittlung/Verbindung"?

7. Welche Aufgaben übernehmen Satelliten innerhalb der Informationsübertragung?

8. Was bedeutet die Abkürzung ISDN? Geben Sie dabei die englische und die deutsche Bezeichnung an.

9. Welche allgemeinen Arten der Kommunikation werden im ISDN übertragen?

10. Erläutern Sie die vier Begriffe aus dem Kürzel ISDN.

11. Welche Telekommunikationsdienste sind über das ISDN möglich?

12. Welchen Arten von Anschlüssen werden im T-ISDN unterschieden?

13. Was versteht man unter DSL?

14. Nennen Sie die drei Alternativen zu DSL!

15. Geben Sie eine allgemeine Begriffsklärung für „Multimedia".

16. Welches Arbeitsmittel eignet sich in der modernen Bürotechnik als multifunktionales Gerät?

17. Welche Vorteile entstehen durch die Verbindung zwischen einem Computer und dem ISDN? Geben Sie die Voraussetzungen für DSL an!

18. Informieren Sie sich im Internet über das Thema „Satelliten und ihr Nutzen". Als Suchwörter dienen „Satelliten, Nutzen". Geben Sie drei Aufgabenbereiche von Satelliten an.

19. Geben Sie im Internet das Suchwort „ISDN-Lexikon" ein und geben Sie an, was über folgende Begriffe ausgesagt ist.

   a) Anklopfen
   b) Dauerüberwachung
   c) Endgerät
   d) Fangen böswilliger Anrufer
   e) Internverbindung
   f) Kanal
   g) Leistungsmerkmal
   h) Makeln
   i) Nutzkanal
   j) Rückruf bei Besetzt
   k) T-ISDN
   l) Übertragungsgeschwindigkeit

9.2 Telefon (Festnetz und Mobilfunk)

Diese Lektion informiert Sie über:

- **die verschiedenen Telefonanschlüsse und Endgeräte**
- **die Kosten beim Telefonieren im Festnetz**
- **besondere Leistungen beim Telefon**
- **Bedeutung und Möglichkeiten des Bildtelefons**
- **den Einsatz von Vordrucken beim Telefonieren**
- **Möglichkeiten beim Einsatz eines Funktelefons**

mit Praxistipps und Internethinweisen

Wissenswertes

Telephon, Telefon, Handy
Die Überschrift dieses Artikels soll dem aufmerksamen Leser einen Hinweis auf die geschichtliche Entwicklung des Telefons geben. Hier sind drei Begriffe für das Kommunikationsmittel Nr. 1 aufgeführt. Überlegen Sie einmal: Wie sah wohl dieses Arbeitsmittel im Jahr 1861 aus, als es von Johann Philipp Reis vorgestellt wurde. Oder denken Sie einmal darüber nach, wie es wohl in einigen Jahren aussehen wird.

Gesundheitliche Gefahren?
Immer wieder wird vor der Benutzung eines Handys gewarnt, weil gesundheitliche Gefahren vermutet werden. Die elektromagnetischen Hochfrequenzwellen werden in großer Nähe zum Gehirn ausgestrahlt und wirken sich bestimmt nicht gesundheitsfördernd aus.

Hundert und mehr
Es gibt über 100 Telefongesellschaften in Deutschland. Die Kunden können sich für die Deutsche Telekom oder für einen anderen Anbieter entscheiden. Nicht nur neue Technik, sondern auch neue Begriffe prägen die Arbeit mit dem Telefon. Beispiele:

Call by Call – Der Kunde behält seinen Telefonanschluss, wechselt jedoch durch die Eingabe einer fünfstelligen Netzbetreiberkennzahl die Telefongesellschaft und kann sich für den jeweils günstigsten Anbieter entscheiden.

Preselection – Dies ist eine dauerhafte Voreinstellung für einen Anbieter. Alle Gespräche, die mit einer 0 beginnen, werden mit diesem Anbieter ausgeführt und in Rechnung gestellt. Man kann mit der Netzkennziffer 01033 jederzeit zur Telekom überwechseln.

4379190

9.2.1 Telefon (Festnetz)

Die Bezeichnung „Telefon" (veraltete Schreibung = Telephon) stammt aus den griechischen Wörtern tele (= fern) und phon (= laut). Telefonieren hieß am Anfang der Ara „Fernsprechen". Als im Jahre 1881 in Berlin das erste Fernsprechamt eingerichtet wurde, konnte niemand voraussehen, dass Telefone einmal zum Massenkommunikationsmittel werden und den Standard der heutigen Zeit erreichen werden. Bis zum Mobiltelefon (Handy), wie es in der nebenstehenden Abbildung zu sehen ist, musste ein weiter Weg zurückgelegt werden.

Ein weiter Weg war es vom „Volkstelefon" bis zum Handy der neuesten Generation. Beide Arbeitsmittel haben eine Gemeinsamkeit „Sprachnachrichten lassen sich schnell und einfach übertragen".

Telefonanschlüsse und Endgeräte

Einen Telefonanschluss erhalten Privatleute und Unternehmen, nachdem sie der Deutschen Telekom AG einen Auftrag erteilt haben. Der Telefonkunde kann in seinem Auftrag bestimmte Wünsche (z.B. für den Anschlusstermin oder zu den Endgeräten) äußern.

Offizielle Unterlagen

Nach den offiziellen Unterlagen der Deutschen Telekom werden dem Telefonkunden folgende Arbeitsmittel übergeben, die in der Regel jährlich überarbeitet werden:

- Telefonbuch (für Rufnummern aus bestimmten Bereichen)
- Das Örtliche (= „Telefonbuch" für Rufnummern innerhalb einer bestimmten Region)
- Branchen-Telefonbuch (= „Gelbe Seiten")
- Informationen über Vorwahlnummern, Tarifstruktur und Preise

Eine andere Möglichkeit der „Information rund um das Telefonieren" ist eine CD-ROM, die für die Arbeit mit dem Computer von der Deutschen Telekom bzw. auch von anderen Anbietern erworben werden kann.

Beispiele für Internetseiten:

Telefonbuch	www.dastelefonbuch.de/
	www.teleauskunft.de/
Branchen-Telefonbuch	www.gelbeseiten.de/
Vorwahlnummern (Deutschland und international)	www.vorwahlnummern.de

Besonderheiten bei Einträgen im Telefonbuch

Hameln	05151	1 = Vorwahlnummer
Weckdienst	0800 226634	2 = Service freecall 0800 Telefonnummer, die im Bereich der Deutschen Telekom kostenlos ist.
Alte Heer-64		3 = Alte Heer-64 Der Bindestrich ersetzt das Wort „Straße“.
Wolfert Ernst Oster-3	0172 96543	4 = Funktelefonnummer im D2-Netz von Vodafone
Wolin Frank Fischbecker-70	<9397> 28120	5 = Teilnehmer erhält demnächst die in spitzen Klammern angegebene Telefonnummer.
Zentrum-Schuldnerberatung	+ 12954	6 = Die Telefonnummer des Anrufenden wird nicht übermittelt.
Ziep Autohaus Sand-5	188-0	7 = Telefonnummer einer Telefonanlage mit Durchwahlmöglichkeit
Ziepke Kai Wenger Wiese 3	Fax 14563	8 = Rufnummer für einen Telefaxanschluss
Zladow Miriam Mühlen-14	Tel/Fax 67345	9 = Rufnummer eines kombiniert genutzten Telefon- und Telefaxanschlusses

Signaltöne beim Telefonieren

	Tonfolge	Bedeutung
Wählton		Es kann gewählt werden.
Rufton		Der gewählte Anschluss ist frei und wird gerufen.
Besetztton		Der gewählte Anschluss oder die Leitungswege sind besetzt.
Aufschalteton		Eine Dienststelle der Deutschen Telekom hat sich eingeschaltet.

Störungen beim Telefonieren sollten nicht passieren. Wenn dieser Fall trotzdem eintritt, bietet die Deutsche Telekom folgende Möglichkeiten zur Störungsannahme:

Bei überwiegend privater Nutzung:	freecall 0800 3302000
Bei überwiegend geschäftlicher Nutzung:	freecall 0800 3301172

4379192

Tarif- und Kostenvergleiche

Bei Tarif- und Kostenvergleichen sind folgende Gesichtspunkte eines Telefongespräches entscheidend:

Gesichtspunkt	Beschreibung
Standort	Hierbei handelt es sich um den Ort, von dem telefoniert wird. Die Angabe erfolgt als Begriff oder als Vorwahlnummer.
Zielort	Hierbei handelt es sich um den Ort, der als Zielort für das Gespräch gilt. Die Angabe erfolgt als Begriff oder als Vorwahlnummer. Die Entfernung zwischen Standort und Zielort bestimmt die Kosten des Gesprächs. Faustregel: „Je weiter, desto teurer".
Tageszeit	Auch die Tageszeit (Uhrzeit) beeinflusst die Kosten des Gesprächs.
Tarifart	Hier wird u.a. berücksichtigt, ob es sich um einen durch Anruf Call-by-Call oder um Preselection handelt.
Wochentag	Auch die Wochentage beeinflussen die Gesprächskosten. Meist gibt es zwei Möglichkeiten: a) montags bis freitags, b) am Wochenende
Gesprächsdauer	Faustregel: „Je länger ein Gespräch ist, desto höher die Kosten".

Tarifrechner. Ein Telefon-Tarifrechner wird Ihnen auf folgender Internetseite unter den Links „Telefon und Festnetz" und „Telefon-Tarifrechner" angeboten: www.call-magazin.de/. Nur einige Angaben zu Ihrem Standort und dem Zielort (Vorwahl oder Ort) reichen aus, um die Verbindungspreise zu ermitteln.

Wichtige Komfortleistungen im T-Net (Auszug)

Die folgende Übersicht zeigt Komfortleistungen im T-Net für das Arbeiten mit dem Telefon. Weitere Leistungen, die das ISDN betreffen, können aus den Vorseiten entnommen werden.

	Bezeichnung	Beschreibung
ohne zusätzliche Grundpreise	**Anklopfen**	Ein kurzer Signalton kündigt Ihnen während eines Telefongesprächs an, wenn ein weiterer Anrufer Sie erreichen möchte. Sie können dann das andere Gespräch annehmen, ohne das erste abzubrechen.
	Rückfragen/Makeln	Während eines Telefongesprächs können Sie einen weiteren Anruf annehmen und im Wechsel mit dem einen oder anderen Gesprächspartner telefonieren.
	Dreierkonferenz	Sie telefonieren mit maximal zwei weiteren Telefonpartnern, die Sie per Knopfdruck zusammengeschaltet haben. Die Einleitung zu einer Dreierkonferenz kann durch den Erstanruf von Ihrem Anschluss erfolgen, es ist jedoch auch ein Erstanruf der anderen Telefonpartner möglich.
	Rufnummernübermittlung	Ihr Telefonpartner kann optisch sofort erkennen, dass Sie ihn anrufen, sofern Sie es wünschen. Die Übermittlung der Rufnummer können Sie jedoch auch unterdrücken.
	Einzelverbindungsübersicht	Ihre monatliche Abrechnung enthält zusätzlich in übersichtlicher Form jede einzelne Verbindung mit Datum, Telefonnummer, Gesprächsdauer, Tarif und Betrag.
ohne zusätzlichen Grundpreis	**Anzeige der Rufnummer des Anrufers**	Sie können sich die Rufnummer des Anrufers auf Ihrem Display anzeigen lassen, sofern Sie ein geeignetes Telefon haben und für den Anrufer die Rufnummernübertragung freigeschaltet ist.
	Rückruf bei Besetzt	Sofern der Anschluss eines gewünschten Telefonpartners besetzt ist, können Sie diese Funktion aktivieren und Ihr Telefon versucht erneute(n) Anruf(e). Bei erfolgreicher Verbindung meldet Ihnen dies Ihr Telefon mit einem Signalton.
	Sperre	Diese Funktion ermöglicht es Ihnen, dass Ihr Telefon nur von Ihnen genutzt werden kann. Hilfsmittel für diese Möglichkeit ist eine PIN-Nummer.
	Anrufweiterschaltung	Wenn Sie abwesend sind, können Sie in Ihr Telefon die Rufnummer eingeben, unter der Sie zu erreichen sind. Auf diese Weise wird jeder Anruf an das gewünschte Zieltelefon weitergeleitet.
	Verbindung ohne Wahl	Diese Möglichkeit verbindet beim Abnehmen Ihres Telefonhörers nach 5 Sekunden mit einer von Ihnen vorher eingegebenen Rufnummer. Diese Funktion ist für die Sicherheit und den Notruf gedacht.
	T-Net-Box	Dieses ist ein automatischer Anrufbeantworter, der bis zu 30 Nachrichten speichern kann, auch wenn Sie gerade telefonieren.

Bequem und kostengünstig telefonieren

Um dem Telefonkunden die Arbeit zu erleichtern, bieten die Telefongesellschaften eine Reihe besonderer Leistungen an. Hier eine kleine Auswahl der Deutschen Telekom AG:

Telekom Card

Nach dem Vorbild „Bargeldloser Zahlungsverkehr“ kann auch mit dem Telefon gearbeitet werden. „Telefonkarten“ gibt es seit vielen Jahren, hier wird die Telekom

4379194

Card vorgestellt. Man kann mit ihr bargeldlos und währungsunabhängig aus über 65 Ländern rund um die Welt aus dem Festnetz, vom Handy oder öffentlichen Telefonen anrufen. Bei der Telekom Card fallen neben den Gesprächspreisen keine weiteren Kosten an. Im Ausland sollte auf die Handy-Nutzung mit der Telekom Card verzichtet werden, da evtl. zusätzliche Roaming-Entgelte berechnet werden können.

Kostenlos bzw. mit besonderem Service telefonieren

Folgende besondere Telefonnummern für kostenloses Telefonieren bzw. für einen besonderen Service gibt es neben den Vorwahlnummern (Ortsnetzkennzahlen):

0800 = Freephone-Dienste ermöglichen es, dass der Anrufer zum Nulltarif telefonieren kann, d.h. der Angerufene übernimmt die Kosten. Dieses ist ein Service von Versandhäusern, Versicherungen, Zeitschriftenverlagen usw. Diese Sonderrufnummer ist auch für Privatleute möglich und zu empfehlen, wenn Kinder jederzeit kostenlos zu Hause anrufen sollen. Die Einrichtung muss bei der Bundesnetzagentur beantragt werden.

0180 = Shared Cost Service bietet das kostengünstige Anrufen. Es handelt sich um Rufnummern für folgende Praxisfälle: Hotline, Bestellannahme, Call-Center usw. Die Kosten aus dem Festnetz der Telekom für solche Anrufe werden in den Veröffentlichungen der Nummern angeben bzw. sind aus den Nummern der fünften Ziffer gemäß folgender Aufstellung zu erkennen:

Rufnummer	Kosten pro Minute	Kosten pro Anruf
0180-1	3,9 Cent	
0180-2		6 Cent
0180-3	9 Cent	
0180-4		20 Cent
0180-5	14 Cent	

Call-by-Call-Verfahren

Bei dieser Möglichkeit kann der Anrufer entscheiden, welchen Netzanbieter er aus dem Netz der Telekom durch Eingabe einer entsprechenden Nummer wählt. Zu beachten ist, dass bei den Tarifen erhebliche Unterschiede bestehen.

Die Tarife der Netzbetreiber werden in der Presse und auf verschiedenen Internetseiten veröffentlicht. Die folgenden Internetseiten sind eine Auswahl der Veröffentlichungen und zeigen Ihnen, welche Möglichkeiten zum jeweils aktuellen Zeitpunkt kostengünstig sind. Durch weitere Verlinkung werden dort auch Hintergrundinformationen angegeben:

www.teltarif.de/festnetz/call-by-call/
www.billiger-telefonieren.de/festnetz/schnellrechner/

Eine **Telefonkonferenz** kann bundesweit unter 0180 2016133 angemeldet werden. Im T-Net und ISDN können Telefonkonferenzen als Dreierkonferenzen selbst hergestellt werden.

Anrufbeantworter und -aufzeichner

Um bei Abwesenheit telefonische Nachrichten aufzuzeichnen, kann ein Anrufbeantworter eingesetzt werden. Diese Möglichkeit nutzen insbesondere Freiberufler und Unternehmen, um wichtige Informationen bzw. Aufträge entgegennehmen zu können. Folgende Arten von Anrufbeantwortern werden unterschieden:

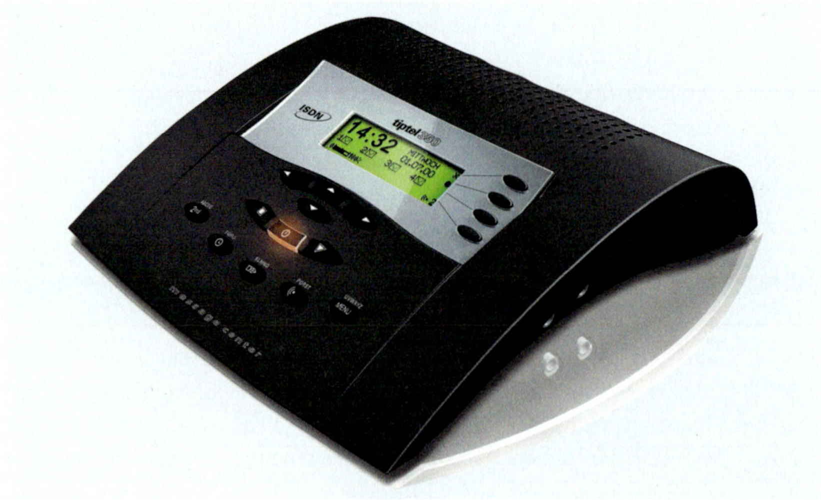

Anrufbeantworter ohne Aufzeichnungsmöglichkeit: Diese Geräte übermitteln dem Anrufer nur einen Ansagetext.
Beispiel: „Guten Tag, hier ist der automatische Anrufbeantworter ... Dieser Anschluss ist zurzeit nicht besetzt. Sie können uns werktags von 8 bis 18 Uhr erreichen. Vielen Dank für Ihren Anruf. Auf Wiedersehen."

Anrufbeantworter mit Aufzeichnungsmöglichkeit: Diese Geräte übermitteln dem Anrufer einen Ansagetext und anschließend hat der Anrufer die Möglichkeit zum Sprechen einer Nachricht, die aufgezeichnet wird. Je nach Gerätetyp und Einstellung beträgt die Aufzeichnungszeit max. 30 Minuten.
Beispiel: „Guten Tag, hier ist der automatische Anrufaufzeichner ... Dieser Anschluss ist nur werktags von 8 bis 18 Uhr besetzt. Sie können eine Nachricht aufzeichnen lassen. Geben Sie Ihre Anschrift sowie Telefonnummer an und sprechen Sie ohne längere Sprechpausen nach dem Signalton. Sie haben maximal fünf Minuten Sprechzeit. Bitte sprechen Sie jetzt, — (Signalton)."

Anrufbeantworter mit Fernabfrage- und Fernlöschmöglichkeit: Diese Geräte können durch die Eingabe eines Geheimcodes von jedem Telefon aus abgehört bzw. gelöscht werden. Außerdem können auf diese Weise bestimmte Gerätesteuerungen vorgenommen werden.

4379196

Begriff und Arbeitsweise einer Sprachbox

Eine Sprachbox ist ein „elektronischer Speicher für Sprache". Das entscheidende Merkmal besteht darin, dass man mit einem Partner telefonieren kann, ohne dass dieser zur gleichen Zeit anwesend ist. Die Nachrichten werden in einem Speicher, der Sprachbox (Voice Mail), elektronisch gespeichert und können später vom Empfänger abgerufen werden. Vorteilhaft ist auch, dass die Informationen nur einmal gesprochen werden müssen, wenn sie an mehrere Empfänger versendet werden sollen. Das folgende Anwendungsbeispiel zeigt wichtige Merkmale:

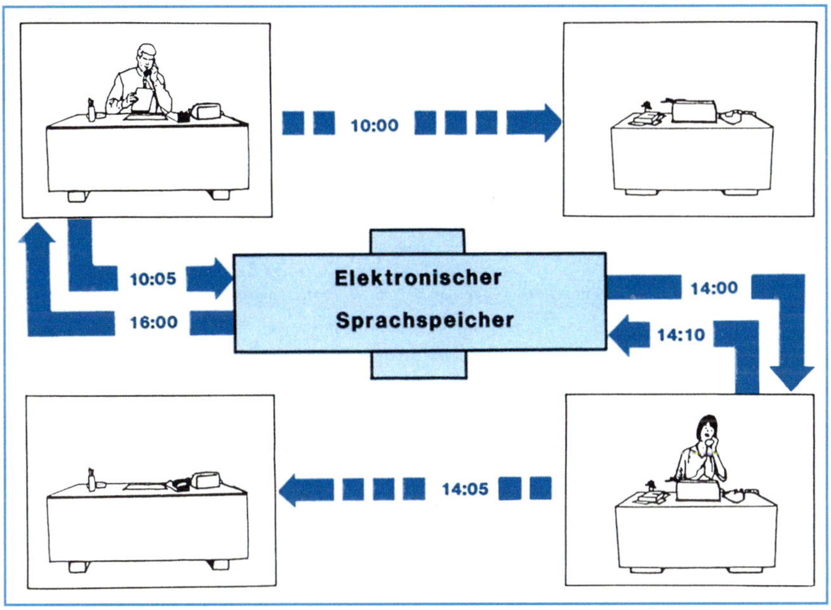

Herr Adam aus Hamburg ruft um 10:00 Uhr Frau Berger in München an, um eine telefonische Nachricht zu übermitteln. Frau Berger ist jedoch nicht im Büro.

Herr Adam spricht die Nachricht um 10:05 Uhr in den elektronischen Sprachspeicher von Frau Berger, nachdem er die Vorwahlnummer und die Systemrufnummer gewählt hat.

Frau Berger empfängt die Nachricht mithilfe des elektronischen Sprachspeichers um 14:00 Uhr und möchte um 14:05 Uhr mit Herrn Adam persönlich sprechen. Herr Adam ist jedoch nicht in seinem Büro.

Frau Berger spricht die Nachricht um 14:10 Uhr in den elektronischen Sprachspeicher von Herrn Adam.

Herr Adam empfängt die Nachricht um 16:00 Uhr mithilfe des elektronischen Sprachspeichers.

Leistungsmerkmale des Sprachspeichersystems
Eine gesprochene Benutzerführung und eine schriftliche Bedienungsanleitung helfen dem Teilnehmer bei der Nutzung des Systems. Sofern beim Anwender Schwierigkeiten auftreten, hat er die Möglichkeit, einen Operator um Rat zu fragen. Eine Sprachbox hat folgende Grundfunktionen bzw. Vorteile:

- Nachrichten abfragen
- Nachrichten aufsprechen
- Nachrichten an eine Sprachbox senden
- Nachrichten an mehrere Sprachboxen senden
- Informationen beim Eintreffen neuer Nachrichten
- Zugang zum Eurosignal-Empfänger
- Nachrichten an andere Teilnehmer senden
- Arbeitsweise „rund um die Uhr“
- Mitteilungen können an mehrere Empfänger gleichzeitig gesendet werden
- Datenschutz durch Zugangsberechtigung (Identifikationsnummer) und Passwort

Computerunterstütztes Telefonieren
Durch eine Kombination von Computer und Telefon wird das Telefonieren wesentlich erleichtert. Voraussetzungen für diese Arbeitsweise sind eine spezielle Software und eine Steckkarte des Computers, die mit dem Telefon verbunden ist. Folgende Möglichkeiten können genutzt werden:

- Das Suchen der Teilnehmerrufnummern bzw. eine Selektion von Gesprächspartnern kann auf einfache Weise erfolgen.

- Neben den Telefonnummern können zusätzliche Informationen angezeigt und gespeichert werden.

- Die Daten können auf einfache Weise geändert werden.

- Nach dem Anzeigen der Telefonpartner auf dem Bildschirm des Computers kann der gewünschte Anschluss automatisch gewählt werden.

- Wichtige Angaben zum Telefonierverhalten (z. B. Häufigkeit und Dauer von Telefongesprächen) können ermittelt und gespeichert werden.

Das Telefon der Zukunft
Hörer abnehmen, wählen, sprechen – das sind die Grundtätigkeiten des Telefonierens der letzten Jahrzehnte seit der Erfindung des Telefons. Dass der Computer diese Tätigkeiten automatisiert hat, wurde in den vorangehenden Absätzen bereits erläutert. Man kann diese Grundtätigkeiten im Zeichen moderner ISDN-Technik in der Zukunft durch eine weitere Möglichkeit, nämlich „Sehen“ ergänzen. Dieser Vorteil des direkten Blickkontakts erhöht den Kommunikationskomfort, überbrückt Entfernungen und erleichtert die Verständigung im Privat- und Geschäftsbereich.

4379198

Bildtelefon

Das Telefon der Zukunft wird das Bildtelefon sein. Zwei wichtige ISDN-Leistungsmerkmale sind in diesem neuen Arbeitsmittel vereint, nämlich die Teilnehmeridentifizierung und die Bildfähigkeit.

In Verbindung mit diesem Bildtelefon stehen eine USB-Kamera und eine anwenderfreundliche ISDN-Software zum Senden und Empfangen von Audio- und Videodaten. Der Computer ermöglicht eine gleichzeitige Bild- und Tonübertragung. Dadurch sind folgende allgemeine Anwendungen möglich:

- Videokonferenz
- Fernüberwachung
- Teleshopping
- Hilfe durch Bildunterstützung für Hörgeschädigte oder Kranke
- Verbindung zur Familie und Freunden

Ratschläge für das Telefonieren

- Begrüßen Sie Ihren Gesprächspartner freundlich.
- Nennen Sie Ihren Namen.
- Reden Sie Ihren Gesprächspartner mit Namen an.
- Sprechen Sie deutlich und nicht zu schnell.
- Beschränken Sie das Gespräch auf wichtige Punkte und Inhalte.
- Nutzen Sie das Buchstabieralphabet bei schwierigen Namen und Begriffen.
- Arbeiten Sie mit schriftlichen Unterlagen, z. B. mit einem Vordruck „Telefongespräch“ als Vorbereitung bzw. Notiz.

Vordruck „Telefongespräch“

Wichtige Telefongespräche sollte man vorbereiten. Dazu bietet sich der Vordruck „Telefongespräch“ an. Beim Telefonieren erleichtert eine schriftliche Vorbereitung die Arbeit, da man wichtige Informationen „schwarz auf weiß“ vor Augen hat und nicht in anderen Unterlagen blättern muss.

Mit der sorgfältigen Vorbereitung des Telefongesprächs und der einwandfreien Gesprächsführung ist die „Arbeit rund ums Telefon“ noch nicht abgeschlossen. Von jedem wichtigen Telefongespräch sollte man schriftliche Aufzeichnungen anfertigen und aufbewahren.

Vordruck „Telefongespräch"

Wichtige Telefongespräche sollte man vorbereiten. Dazu bietet sich der Vordruck „Telefongespräch" an. Beim Telefonieren erleichtert eine schriftliche Vorbereitung die Arbeit, da man wichtige Informationen „schwarz auf weiß" vor Augen hat und nicht in anderen Unterlagen blättern muss.

Mit der sorgfältigen Vorbereitung des Telefongesprächs und der einwandfreien Gesprächsführung ist die „Arbeit rund ums Telefon" noch nicht abgeschlossen. Von jedem wichtigen Telefongespräch sollte man schriftliche Aufzeichnungen anfertigen und aufbewahren.

Telefongespräch

❒ Vorbereitung ❒ Notiz

Datum: ....

Uhrzeit: ....

Gesprächspartner: ....

Firma: ....

Telefon: ....

Inhalt des Gesprächs: ....

....

....

....

....

....

....

....

....

Bemerkungen: ....

....

....

Unterschrift: ....

Sofern man den o. a. Vordruck bereits für die Gesprächsvorbereitung eingesetzt hat, kann man unter dem Leitwort „Bemerkungen" das Ergebnis des Gesprächs aufführen. Der Vordruck „Telefongespräch" leistet auch als Notiz gute Dienste, wenn man z. B. einen Anruf erhalten hat und das Gespräch schriftlich festhalten möchte.

4379200

9.2.2 Telefon (Mobilfunk). Im Bereich des Mobilfunks werden das Funktelefon und der Funkrufdienst unterschieden. Wer per Mobilfunk telefonieren möchte, hat zwei Möglichkeiten für die Wahl eines Handys:

- mit Kartenvertrag
- ohne Kartenvertrag

In der Startphase des mobilen Telefons hatte die Bundespost bzw. die Telekom ein Monopol. Seit 1992 treten private Mitbewerber als Netzbetreiber und Service- bzw. Mobilfunkbetreiber auf. Wer mit der modernen Technik wirtschaftlich arbeiten möchte, sollte die Geschäftsgrundlagen kennen. Ein gründlicher Vergleich ist sehr lohneswert.

Übertragungsmerkmale

Handys = Mobiltelefone sind kleine Sender und Empfänger. Sie sind mit einem geordneten Netz von Basisstationen (= Sende-Empfangsstationen), Mobilvermittlungsstellen (= Funkvermittlungsstellen) und Satelliten verbunden.

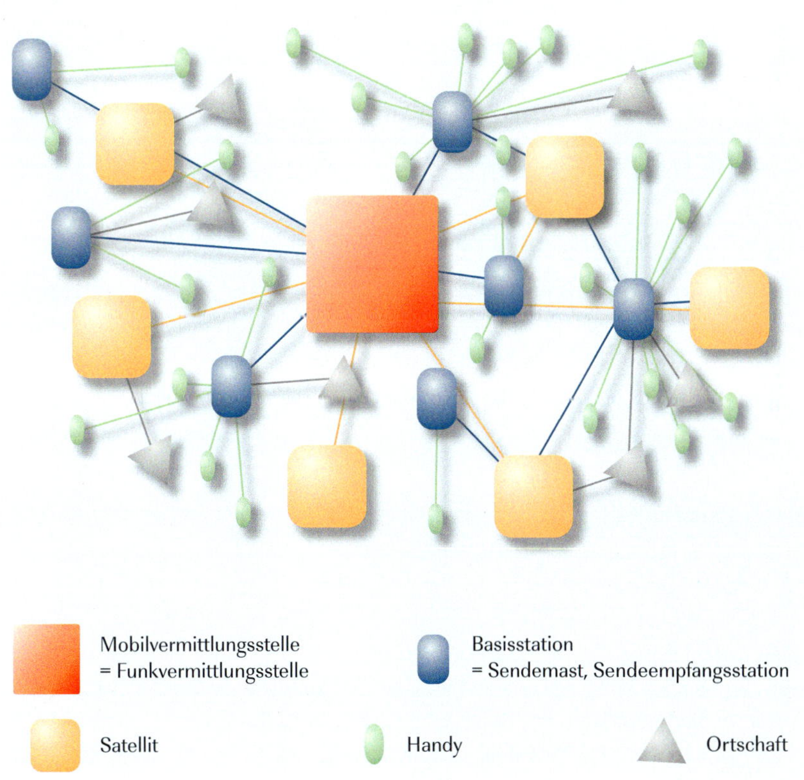

Zellenprinzip

Die Mobilvermittlungsstellen sind die computergesteuerten Schnittstellen zwischen Basisstationen und den anderen Telefonnetzen (öffentliche Fernsprech- und Datennetze, andere Mobilfunknetze). In der Fachsprache heißt es „Zellenprinzip". Die Basisstationen als Mittelpunkt einer Zelle befinden sich in den Städten, auf dem Land und entlang der Autobahnen. Die Zellen haben in ländlichen Gebieten (Großzelle) einen Durchmesser von rund 30 km, in Städten (Kleinzelle) sind sie mit 1 bis 3 km wesentlich kleiner. Auf Messen, in Fußgängerzonen sowie in der City (Mikrozelle) schrumpfen sie auf ein geringes Maß zwischen 100 und 300 m.

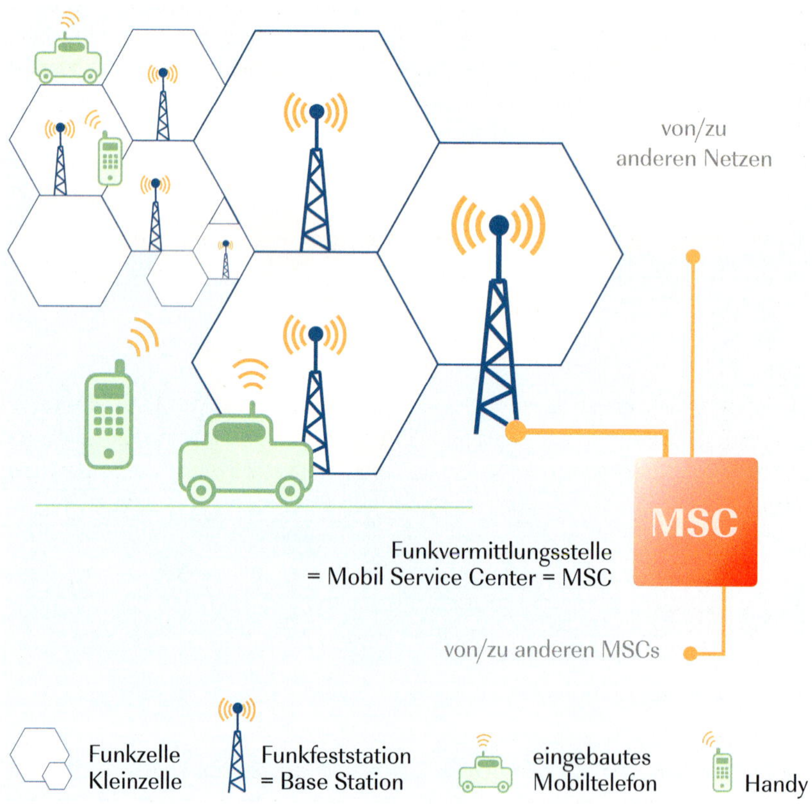

Erläuterung:
Jede Zelle hat als Mittelpunkt eine Basisstation (hier als Base Station bzw. Funkfeststation bezeichnet). Man unterscheidet Kleinzellen (siehe oben, links) und Großzellen (siehe oben, rechts). Daneben gibt es Mikrozellen, in denen Basisstationen für einen noch kleineren Bereich zuständig sind.

Fallbeispiel
Wenn Sie mit Ihrem Handy z. B. ihren Freund anrufen, strahlt das Handy, in diesem Fall ist es ein Sender, Signale aus. Wenn diese auf die Basisstation treffen, werden die Signale erkannt und an die Mobilvermittlungsstellen weitergeleitet. Dort erkennt der Computer, ob die Signale zu einer anderen Basisstation geleitet werden müssen, wenn z. B. der Freund mit dem Handy unterwegs ist. Die Signale können aber auch in das öffentliche Telefonnetz übermittelt werden, wenn es sich beim Empfänger um einen Festnetzanschluss handelt. Innerhalb dieses Übertragungsschemas können auch Satelliten eingesetzt werden.

Die Abkürzung **GSM** wird im Bereich der Handytechnik angewendet und bedeutet „Global System for Mobile Communication", das heißt übersetzt „Globales System für mobile Kommunikation". Dabei handelt es sich um einen Standard für die verschiedenen Mobilfunknetze. Dieser Standard hat folgende Arbeitsweise und Vorteile:

- Umwandlung der Sprachschwingungen in digitale Daten
- Einteilung der Versorgungsgebiete in verschiedene Zellen (Zellenprinzip)
- Möglichkeit der Übertragung von Sprache und Daten
- einheitliche Arbeitsweise auf internationaler Ebene

Netzbetreiber
Vier Unternehmen, die ein eigenes Mobilfunknetz betreiben, werden als Netzbetreiber bezeichnet. Sie verkaufen in eigenen Vertriebsstätten Handys und Karten an die Endkunden, außerdem überlassen sie anderen Service- bzw. Mobilfunkprovidern weitere Netzkapazitäten.

e·plus O2 ·······T·· vodafone

Service- bzw. Mobilfunkbetreiber
Diese Unternehmen kaufen von den Netzbetreibern die erforderlichen Netzkapazitäten, haben eigene Geschäftsbedingungen, Tarife und Serviceleistungen für ihre Kunden. Im Folgenden handelt es sich um eine Auswahl:

debitel® KOMMUNIKATION IST ALLES freenet MOBIL COM Cellway.

Laufzeitvertrag bzw. Guthabenkarte

Viele unterschiedliche **Tarifmodelle** werden angeboten und es lohnt sich ein Vergleich. Ermitteln Sie vor Ihrer Entscheidung Ihr „Telefonierverhalten“.

Bei einem **Laufzeitvertrag** erhalten Sie Ihr Handy ganz günstig. Sie schließen einen Vertrag mit einer Laufzeit von z. B. 24 Monaten ab und müssen monatliche Grundgebühren entrichten. Mit diesen Grundgebühren wird das subventionierte Handy indirekt bezahlt. Es fallen dabei evtl. auch noch Anschlussgebühren und auf jeden Fall die Gesprächskosten an.

Eine **Guthabenkarte** oder **Prepaidkarte** wird oftmals von Jugendlichen und Einsteigern gewählt. Hier ist das Telefonieren und Simsen nur bis zum vorher eingezahlten Betrag bzw. bis zu einer „Kreditgrenze“ möglich. Eine Grundgebühr wird nicht erhoben, allerdings ein Anschaffungspreis für das Handy.

Leistungsmerkmale

Die Leistungsmerkmale eines Handys begrenzen sich nicht nur auf das Telefonieren. Moderne Handys sind mit zahlreichen Möglichkeiten der Nachrichtenübermittlung und Zusatzfunktionen ausgestattet. Die folgende Übersicht zeigt nähere Einzelheiten:

Nachrichtenübermittlung

- Telefonieren (anrufen)
- Telefonieren (angerufen werden)
- SMS (senden)
- SMS (empfangen)
- E-Mail (senden)
- E-Mail (empfangen)
- Anrufe speichern (Mailbox)
- Internetverbindung
- Finanzgeschäfte

Zusatzfunktionen

- Terminkalender mit Erinnerungsfunktion
- Telefonbuch (Nummerspeicher)
- Taschenrechner
- Uhr
- Digitalkamera
- Spiele
- Währungsrechner
- Biorhythmus
- Chatfunktion
- Rufumleitung

Das Senden und Empfangen von **SMS** (SMS = Short Message Service = Kurzmitteilungsdienst) hat besonders bei Jugendlichen und jungen Erwachsenen einen großen Stellenwert eingenommen. Bei diesem Dienst ist die Übertragung einer begrenzten Zeichenanzahl von Handy zu Handy oder an eine E-Mail-Adresse möglich. Das „neudeutsche“ Wort „simmsen“ wurde hieraus abgeleitet.

Die **Speicherung von Anrufen** innerhalb einer Mobilbox hat sich zum selbstverständlichen Standard entwickelt.

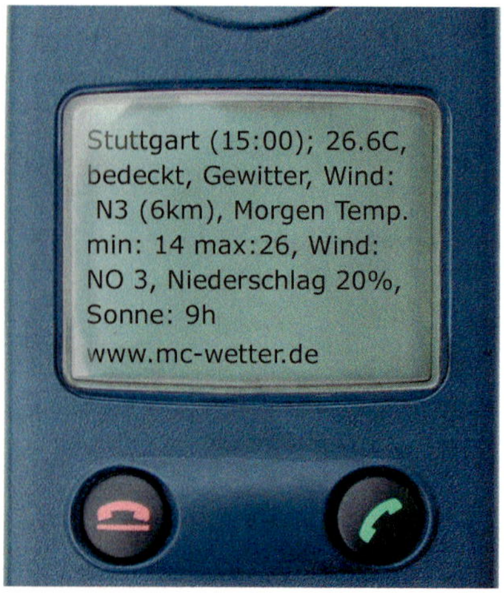

Auf dem Display eines Handys kann der Wetterbericht als SMS angezeigt werden.

4379204

Auswahl wichtiger Abkürzungen

EFR (Enhanced Full Rate) = Sprachübertragungsstandard für hohe Sprachübertragungsqualität.

EMS (Enhanced Message Service) = Ergänzung zur populären SMS mit folgenden Vorteilen: beliebige Länge, Versand von Tonfolgen, Bildchen und Animationen.

GPRS (General Packet Radio Service) = Service für die Datenübertragung mit optimaler Nutzung der Bandbreite und sehr schneller Datenübertragungsrate.

GSM (Global System for Mobile Communication) = internationaler Standard, der das Arbeiten zwischen verschiedenen Netzbetreibern in Europa ermöglicht.

MMS (Multimedia Messaging) - siehe EMS

PIN (Personal Identification Number) = Sicherheits- und Zugangscode in Verbindung mit der SIM-Karte eines Handys. Dieser Code muss vor dem Aktivieren des Handys eingegeben werden.

PUK (Personal Unblocking Key) = Superpin = Sicherheitscode, der eingegeben werden muss, wenn der PIN-Code dreimal hintereinander falsch eingegeben wurde.

SIM (Subscriber Identification Modul) = Karte mit einem Datenchip, z. B. PIN, eigene Rufnummer und Telefonbuch. Diese Karte ist das „Herzstück" eines Handys.

SMCS (Short Messaging Service Center) = Server, der Kurzmitteilungen speichert, die nicht unmittelbar zugestellt werden können.

T9 Einrichtung zum schnellen Schreiben von Wörtern. Man drückt nur die Tasten mit der entsprechenden Buchstaben-Dreierkombination und das Programm vergleicht die möglichen Buchstabenkombinationen eines Wortes. Auf diese Weise können viele Wörter vereinfacht eingegeben werden.

UMTS (Universal Mobile Tele Standard) = moderne Übertragungstechnik mit hoher Übertragungsgeschwindigkeit in der Breitbandfunktechnik.

WAP (Wireless Application Protocoll) = Standard, der das Surfen im Internet für spezielle Seiten mit dem Handy regelt und Anwendungen, wie z. B. E-Mail, Onlinebanking und Auskünfte ermöglicht. Voraussetzung ist u. a., dass die Handys über ein entsprechend großes Display verfügen.

Trends für die Zukunft

Welche technischen Entwicklungen bietet die Zukunft? Diese Frage lässt sich nicht leicht beantworten. Die folgende Übersicht zeigt verschiedene neuzeitliche Kommunikationsmöglichkeiten und Zusatzeinrichtungen von professionellen Handys:

- Übertragung von Bewegbildern
- Übertragung von Musik
- farbiges Handydisplay
- Einsatz in Verbindung mit dem Festnetz
- Kamera
- Fernseher
- volle Internetfähigkeit
- Hi-Fi-Fähigkeit
- PC-Anbindung
- Navigationssystem
- Radio
- Alarmanlage

Praxistipps

- Bereiten Sie Ihre täglichen Telefongespräche möglichst im Verlauf des Vormittags vor und führen Sie die Gespräche im Tagesablauf.
- Der Vordruck „Telefongespräch" gibt dem Gespräch einen „schriftlichen Charakter". Diese Arbeitshilfe ist zugleich eine wichtige Unterlage für die spätere Bearbeitung bzw. eine Information an andere Mitarbeiter.
- Informieren Sie sich auf den ersten Seiten des Telefonbuchs über wichtige Hinweise beim Telefonieren.
- Überprüfen Sie, ob Gespräche mit mehreren Teilnehmern durch eine Telefonkonferenz abgewickelt werden können.
- Erkundigen Sie sich bei verschiedenen Netzbetreibern und Service- bzw. Mobilfunkbetreibern nach den Geschäftsbedingungen, bevor Sie sich ein Handy anschaffen.
- Der Versand einer SMS ist auch im geschäftlichen Bereich oftmals kostengünstiger als ein Telefongespräch.
- Wenn man vom Arbeitsplatz ein privates Gespräch führen möchte, kann die Telekom Card gute Dienste leisten, denn durch die kostenfreie Wahl und die Eingabe der Daten erscheint ein derartiges Gespräch nicht auf der Rechnung des Arbeitgebers.

Internethinweise

Ein Telefon-ABC mit vielen Erläuterungen wird auf folgender Internetseite unter dem Suchwort „Telefon-ABC" angeboten: www.uni-bielefeld.de/

Über die Kosten der Telekom Card informiert Sie die folgende Internetseite: www.teltarif.de/arch/2005/kw38/s18750.html

Ein ISDN-Bildtelefon steht unter den Links „Telekommunikation" und „Bildtelefon" im Mittelpunkt der folgenden Internetseite: www.deaftec.de/

Auf einen Blick

- Telefone (Festnetz und Mobilfunk) sind das Kommunikationsmittel Nr. 1 in der ganzen Welt.
- Die Kosten beim Telefonieren sind u. a. von folgenden Gesichtspunkten abhängig: Standort, Zielort, Tageszeit, Tarifart, Wochentag und Gesprächsdauer.
- Das computerunterstützte Telefonieren ist mit einem Arbeitsplatzcomputer sowie entsprechender Software möglich und erleichtert die Arbeit.
- Das Bildtelefon ermöglicht u. a. Videokonferenzen, Fernüberwachung und Teleshopping.
- Beim Telefonieren sind wichtige Grundsätze zu beachten. Man sollte Telefongespräche schriftlich planen und den Inhalt schriftlich fixieren. Hierzu bieten sich Vordrucke an.
- Das mobile Telefonieren und verschiedene andere Übertragungsmöglichkeiten sowie Zusatzfunktionen sind mit einem Handy möglich.
- Die technische Entwicklung des Telefons ist noch nicht abgeschlossen und wird weitere Arbeitserleichterungen bringen.

Aufgaben

1. Welche Unterlagen werden dem Telefonkunden als Arbeitsmittel von der Telekom zur Verfügung gestellt?

2. Welche modernen Möglichkeiten der „Literatur rund um das Telefonieren“ sind Ihnen bekannt?

3. Nennen Sie die vier wichtigsten Signaltöne beim Telefonieren und beschreiben Sie die Bedeutung.

4. Was sagen Ihnen die folgenden Telefonnummern?
   a) 35460
   b) 0800 33425
   c) 0173 876544
   d) <249674>

5. Welche Gesichtspunkte sind bei Kostenvergleichen von Telefongesprächen entscheidend?

6. Was versteht man unter einer Dreierkonferenz?

7. Beschreiben Sie folgende Begriffe:
   a) Call by Call
   b) Preselection
   c) Telekom Card

8. Welche Arten von Anrufbeantwortern werden unterschieden?

9. Was versteht man unter dem Begriff „Sprachbox“?

10. Nennen Sie fünf Leistungsmerkmale eines Sprachspeichersystems.

11. Beschreiben Sie den Begriff „Computerunterstütztes Telefonieren“.

12. Nennen Sie fünf Anwendungen, die mit einem Bildtelefon verwirklicht werden können.

13. Geben Sie vier Vorteile an, die beim computerunterstützten Telefonieren entstehen.

14. Nennen Sie sieben Ratschläge für das Telefonieren.

15. Welche Möglichkeiten hinsichtlich der Kartenwahl sind bei der Anschaffung eines Handys zu berücksichtigen

16. Welche Einrichtungen spielen bei den Übertragungsmerkmalen von Handys eine Rolle?

17. Was versteht man unter folgenden Begriffen:
    a) Netzbetreiber
    b) Service- bzw. Mobilfunkbetreiber

18. Welche Einrichtung dient zur Speicherung von Anrufen bei einem Handy?

19. Erläutern Sie die Abkürzung SMS.

20. Geben Sie Merkmale professioneller Handys an.

21. Informieren Sie sich auf der folgenden Internetseite über die Telefonnummern von Herrn Santozki in Hess. Oldendorf: www.dastelefonbuch.de/

22. Geben Sie den Namen des Geschäftes und die Telefonnummer für die Branche „Kachelofenbau“ in Hessisch Oldendorf an, nachdem Sie sich auf der folgenden Internetseite informiert haben: www.gelbeseiten.de/

23. Unter dem Suchwort „Geschichte des Handys“ erfahren Sie bemerkenswerte Einzelheiten aus der Entwicklung dieses Arbeitsmittels. Geben Sie folgende Jahreszahlen an:
    a) Start der D1- und D2-Netze,
    b) Start der Kurzmitteilungen,
    c) Start der WAP-Handys

9.3 Telex – Telefax – E-Mail

Diese Lektion informiert Sie über:

- **die Bedeutung des Telexdienstes und der Telexmail**
- **die Merkmale, Arbeitsweise und Betriebsarten beim Fernkopieren**
- **verschiedene Möglichkeiten der Vorlagen für das Fernkopieren**
- **Arbeitsweise und Vorteile von Mailboxdiensten**

mit Praxistipps und Internethinweisen

Wissenswertes

Nur Redewendungen überleben
Das rhythmisch tickende Geräusch eines Fernschreibers hat sich in der Redewendung «Nachrichten laufen über den Ticker» festgesetzt, obwohl die News heute eher über den Bildschirm rauschen. Doch Redewendungen haben schon viele technologische Neuerungen überlebt.
Heutige Telexstationen sehen nicht mehr aus wie in den alten Filmen. So ist für die PC-Software WinTelex32 dial keine dedizierte Telexleitung mehr erforderlich („Dem Ticker schlägt die Stunde. Die letzten Fernschreiber tun in der Finanzbranche Dienst“ www.nzz.ch/2006/01/27/em/articleDIPB6.html).

Private E-Mails – Zwei Drittel verschicken welche
Die E-Mail erobert weiterhin rasant auch die private Kommunikation der Deutschen. Mit 37 Millionen Nutzern haben fast zwei Drittel (60 Prozent) der zwischen 16 und 74 Jahre alten Bundesbürger die elektronische Post für private Zwecke genutzt, teilte der Bundesverband Informationswirtschaft, Telekommunikation und neue Medien (BITKOM) mit. Im Jahr 2004 lag der Anteil noch bei 51 Prozent und 32 Millionen E-Mail-Nutzern. Im europäischen Vergleich liegt Deutschland damit unter den Spitzenreitern (Meldung vom 14.05.2007, www.n-tv.de/802453.html).

Faxen – „faxen“
Das aus dem Begriff „Telefax“ abgeleitete Wort war schon in der 1989er-Ausgabe des „Duden“ zu finden. Das großgeschriebene Substantiv „Faxen“ bedeutet etwas ganz anderes als das kleingeschriebene Verb.

Telefax und E-Mail gegen Telex
Die Zahl der Fernschreiber ist seit Mitte der 80er- Jahre in Deutschland zugunsten von Telefax und E-Mail gesunken.

Faustregel: Alles, was sich kopieren lässt, kann auch gefaxt werden.

9.3.1 Telex. Die Bezeichnung „Telex“ (Tx) bedeutet teleprinter exchange (Austausch von Fernschreiben). Mit dem Fernschreiber kann man weltweit schriftliche Nachrichten austauschen.

Die Hauptbestandteile eines Fernschreibers sind die Tastatur, der Sende- und Empfangsteil sowie die Druckeinrichtung.

Der Sendeteil setzt die Tastenanschläge in elektrische Impulse um, die zur Empfangseinrichtung des anderen Teilnehmers übertragen werden. Der Empfangsteil wandelt die ankommenden Impulse um und der Fernschreiber schreibt.

Anwendungsbereiche und Merkmale für Fernschreiben
Fernschreiben haben als schriftliche Nachricht die Eigenschaft eines „Einschreibebriefes“ und sind auch ohne Unterschrift rechtlich gültig. Weitere Vorteile des Fernschreibens sind:

- preiswerter als Telefon und Brief
- wiederholtes Senden gespeicherter Nachrichten
- empfangsbereit auch außerhalb der Geschäftszeit
- Überbrückung des Zeitunterschiedes bei Überseeländern

Nachteilig wirken sich beim Telexdienst der begrenzte Zeichensatz (Fehlen der Großbuchstaben, Umlaute und einiger Zeichen), die verhältnismäßig geringe Übertragungsgeschwindigkeit und der geringe Teilnehmerkreis aus.

TelexMail
Um die Übertragung zwischen dem veralteten Telexnetz, das in der Welt noch verbreitet ist, und den modernen Arbeitsmitteln der Telekommunikation (Computer, Internet) zu ermöglichen, kann eine TelexMail versendet bzw. empfangen werden.

Im Gegensatz zum klassischen Telex wird bei TelexMail kein eigenes Telex-Endgerät und auch kein Telex-Anschluss benötigt. Mithilfe eines Computers und dem Internet können Telexe als gewöhnliche E-Mails versendet werden. Der Empfang ist sogar über ein Telefaxgerät möglich. Voraussetzung ist eine Schnittstelle zum internationalen Telexnetz, dem Telex/Mail-Gateway der Deutschen Telekom, wo die E-Mails in Telexe konvertiert werden und umgekehrt.

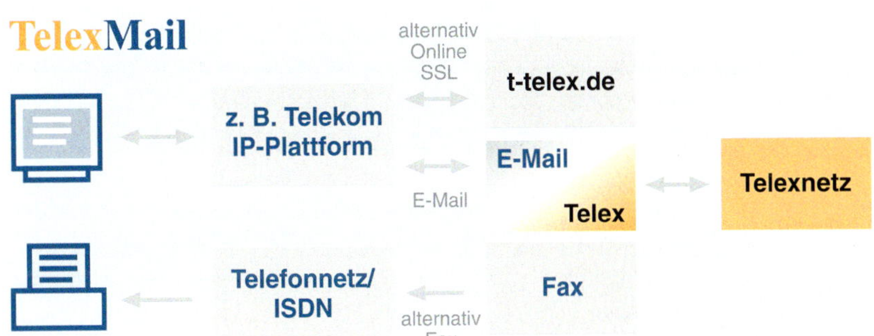

9.3.2 Telefax. Die Bezeichnung „Telefax“ ist abgeleitet von tele (= fern) und fax (= faksimile = ähnlich machen). Telefax ist seit 1979 ein Telekommunikationsdienst für den elektronischen Austausch von Texten, Zeichnungen (Grafik) und Abbildungen. Die Übertragung der Vorlage erfolgt über das Telefonnetz, über das ISDN-Netz bzw. über das Internet.

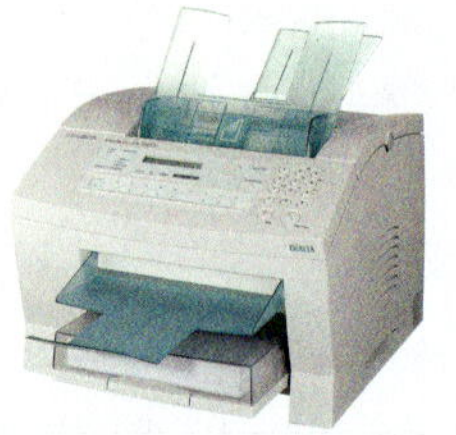

Der **Fernkopierer** dient als Endgerät für die Übertragung im Telefaxdienst. Man unterscheidet dabei kompakte Fernkopierer (siehe Abbildung), größere Telefaxanlagen (mit mehreren Endgeräten), Mehrdienstanlagen (Telefon mit Fernkopierer, Fernkopierer mit Drucker und Kopiergerät sowie Fernkopierer mit Drucker und Scanner).

Arbeitsweise und Kopierverfahren für Fernkopierer

Eine **Fotozelle** („elektrisches Auge“) liest die Vorlage. Die unterschiedlichen Helligkeitswerte werden in elektrische Signale umgewandelt und über die Telefonleitung bzw. über das ISDN-Netz zum Empfänger übertragen. Im Fernkopierer des Empfängers werden die elektrischen Signale reproduziert und als Kopie dargestellt.

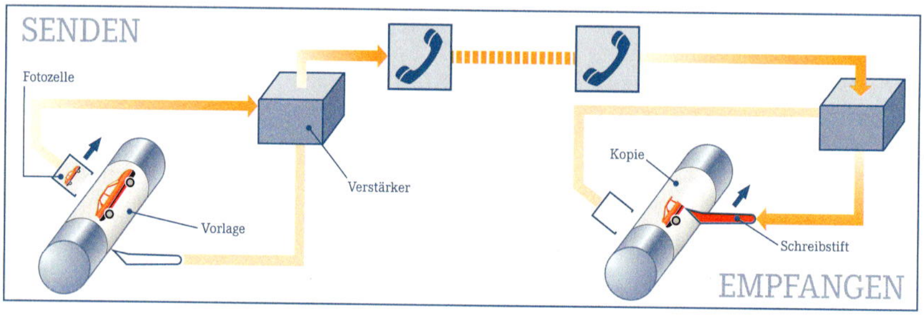

Für das Verfahren, das in der Abbildung dargestellt ist, wird Spezialpapier verwendet. Es handelt sich um das elektrosensitive Kopierverfahren. Daneben gibt es folgende Möglichkeiten:

- elektrostatisches Kopierverfahren mit Normalpapier
- Thermokopierverfahren mit Spezialpapier
- EDV-Druckverfahren mit Normalpapier
- Farbstrahldruck, Laserdruck

Neben der Qualität der Kopie sind die Kosten für Verbrauchsmaterial und die Wartungskosten ausschlaggebend für die Auswahl eines bestimmten Kopierverfahrens.

Alternative Übermittlungen von Telefaxen

Beim **PC-Fax** ist ein Computer und Drucker mit spezieller Software sowie Modem bzw. ISDN-Karte als Endgerät möglich. In Verbindung mit einem Scanner können auch vorhandene Vorlagen übertragen werden. Das **Internet-Fax** hat eine besondere Faxnummer als Grundlage. Eingehende Faxe werden über das Internet als E-Mail weitergeleitet und es können auch Faxe über die E-Mail-Adresse versendet werden.

Gerätegruppen im Telefaxdienst

Im Telefaxdienst werden nach den Vereinheitlichungen des CCITT (Comité Consultatif International Télégraphique et Téléphonique) weltweit zwei Telefaxgruppen gemäß nebenstehender Abbildung angewendet.

Gruppe	Geschwindigkeit	Dauer
3	14 400 Bit/s	40 Sekunden
4	64 000 Bit/s	weniger als 10 Sekunden

Telefax-Betriebsarten

Der **Empfang** einer Fernkopie erfolgt bei den modernen Geräten automatisch. Für das **Senden** gibt es zwei Betriebsarten: Entweder durch manuelle Bedienung oder durch einen automatischen Sendevorgang. Bei Fernkopierern mit einem „Kennungsaustausch" wird geprüft, ob der gewünschte Anschluss erreicht ist. Die „Kennung" erscheint in der Anzeige (Display) und/oder wird von einem Druckwerk auf die Fernkopie gedruckt.

Vorlagen für Fernkopierer

Als Vorlagen eignen sich die folgenden Formen von Text und Grafik:

Handschrift, die mit deutlichem Strich geschrieben ist.

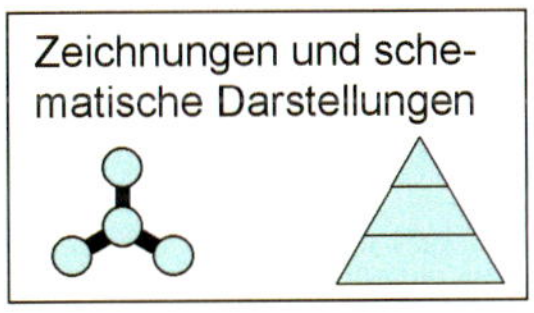

Gedrucktes in 10-Punkt-Schrift
und größer

Telefax-Teilnehmer

Der Telefaxdienst ist öffentlich; teilnehmen kann jedermann. Jeder Telefonanschluss kann in einen Telefaxanschluss umgewandelt werden. Die Teilnehmer des Dienstes können sich im Telefonbuch eintragen lassen. Vor der Telefonnummer steht „Fax", z. B. Fax 8986.

Kosten im Telefaxdienst

Neben den Kosten, die durch die Anschaffung und den Betrieb der Fernkopierer entstehen, berechnet die Telekom folgende Gebühren:

- monatliche Grundgebühr
- Verbindungsgebühren

Vorteile von Fernkopien

Die Einsparung der herkömmlichen Arbeiten im Postausgang und im Posteingang wirken sich Kosten dämpfend aus. Daneben bietet der Telefaxdienst folgende Vorteile:

- unmittelbare Übermittlung von Text und Abbildungen
- sehr leichte Bedienung der Geräte
- automatisches Senden und Empfangen der Nachrichten
- weltweite Verbindungen (Telefonnetz)
- preiswerte Endgeräte
- Betrieb auch über Arbeitsplatzcomputer (Doppelnutzung)

9.3.3 E-Mail. Das Versenden von „elektronischer Post“ = E-Mail ist der Dienst des Internets, der am meisten genutzt wird.

E-Mails sind so beliebt, weil der Versand schnell, zuverlässig und günstig ist.

Das at-Zeichen, liebevoll auch „Klammeraffe“ genannt, ist das Symbol der E-Mail-Dienste.

Stefan Reinebeck
EDV-Beratung
Lerchenweg 11 * 31840 Hess. Oldendorf
Telefon: 05152 8469 · Handy: 0172 6948340
E-Mail: SReinebeck@yahoo.de

In einer Visitenkarte sollte die Angabe der E-Mail-Adresse nicht fehlen.

Voraussetzung für das Arbeiten mit E-Mails ist eine E-Mail-Adresse, die z. B. folgendermaßen aussieht: name@domain.de

Der erste Teil „name“ ist der Benutzername, der frei wählbar ist. Das folgende at-Zeichen gilt als Trennzeichen zu „domain“, womit der Name des Providers augedrückt wird. „de“ ist die Abkürzung für das Land, in diesem Fall Deutschland.

Jede E-Mail-Adresse gibt es bei einem Provider nur einmal. Deshalb sind bei der Einrichtung evtl. mehrere Versuche erforderlich. Der große Vorteil der E-Mail-Dienste ist darin zu sehen, dass die Teilnahme mit den Grundfunktionen kostenlos ist.

Ein E-Mail-Account setzt sich aus dem Benutzernamen und einem Zugangspasswort zusammen – das ist eine Buchstaben- bzw. Zahlenkombination, die vom Provider mitgeteilt bzw. vom Anwender bestimmt wird. Vor dem Lesen bzw. Schreiben von E-Mails muss man sich beim Provider anmelden.

Arbeitsablauf

1. Internetseite des Providers öffnen
2. Bereich „E-Mail“ aktivieren
3. Benutzername und Passwort eingeben
4. Standardfunktion auswählen

Beispiele zu Standardfunktionen

Posteingang = Lesen der eingegangenen Mails
Postausgang = Übersicht der gesendeten Mails
Neue Mail = Mail verfassen und versenden

Neben den Standardfunktionen gibt es u. a. folgende weitere Hilfen:

- Spamordner
- Entwurfsordner
- Papierkorb
- Adressbuch
- Kalender

Arbeitsweise

Der E-Mail-Provider stellt dem Anwender über das Internet eine spezielle Software zur Verfügung. Bei der Wahl des Betreibers sollte man die verschiedenen Funktionsmöglichkeiten vergleichen und auf die eigenen Bedürfnisse abstimmen. MS Outlook ist ein spezielles E-Mail-Programm, mit dem man als Client direkt über einen Mail-Server zugreifen kann. Dabei werden die eingehenden E-Mails vom Programm geladen und auf dem PC gespeichert.

4379212

Aufbau einer E-Mail

Die Norm DIN 5008 „Schreib- und Gestaltungsregeln für die Textverarbeitung“ sieht für E-Mails u. a. folgende Regelungen vor:

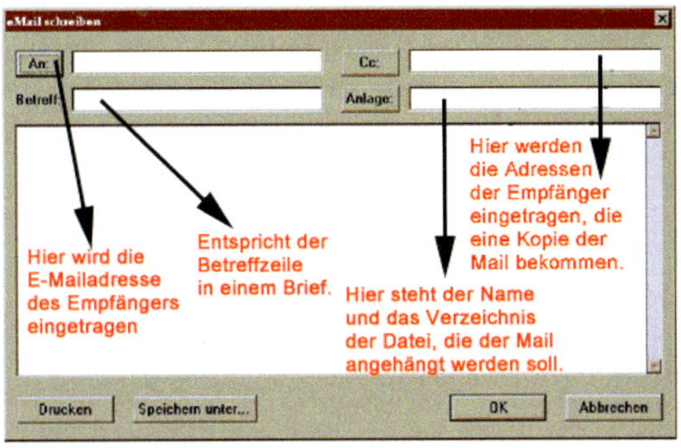

1. Die E-Mail-Adresse muss eindeutig eingegeben werden.
2. Der Betreff ist immer anzugeben.
3. Empfänger von Kopien der Mail werden unter CC (= Carbon Copy) eingetragen. Unter BCC (= Blind Carbon Copy) erscheinen Empfänger, von denen die anderen Empfänger nichts erfahren.
4. Die Anrede wird durch eine Leerzeile vom Text getrennt.
5. Der Text wird im Zeilenabstand 1 ohne Worttrennungen erfasst.
6. Der Abschluss enthält einen Gruß sowie Firmen- und Kommunikationsangaben.
7. Als Anlage können Dateien versendet werden.
8. Wichtige Mitteilungen sollten mit elektronischer Signatur bzw. Verschlüsselung versehen sein.

Besondere Hinweise

- E-Mails sollten zwar kurz, jedoch nicht im Telegrammstil, verfasst werden. Kurzwörter sollten nur dann verwendet werden, wenn beide Anwender die Bedeutung kennen. Beispiele: CD-ROM (= Compact Disk – Read Only Memory) ist jedem bekannt, während IMO (In my opinion = Meiner Meinung nach ...) weniger bekannt ist.
- Trennen Sie die Angaben mehrerer Empfänger durch Semikola, z. B. frank.meiser@gmx.de; juttaweinrich@yahoo.de, einradfahrer@directbox.com
- Wenn E-Mail-Anlagen im Umfang sehr groß sind, sollten sie mit einem Pack- und Komprimierungsprogramm bearbeitet werden.
- E-Mails sollten genauso sorgfältig wie die Papierpost bearbeitet werden.
- Im E-Mail-Verkehr sind die Bestimmungen des Bundesdatenschutzgesetzes zu beachten.
- Für die geschäftliche E-Mail gelten die gleichen gesetzlichen Vorschriften wie für den Geschäftsbrief.

Die Nachrichtenübermittlung im Vergleich

	Brief	Telefon	Telex	Telefax	E-Mail
Darstellung	Text/Bild	Ton	Text/Bild	Text/Bild	Text/Bild Multimedia
Übermittlungszeit	Stunden	Sekunden	Minuten	Sekunden	Sekunden
Kostengrundlage	Gewicht	Zeit und Entfernung	Zeit	Zeit	Umfang
Kosten	hoch	niedrig	niedrig	niedrig	sehr niedrig

Praxistipps

- Vor der Anschaffung eines Telefaxgerätes sollte man sich genau informieren, in welcher Zeit eine Seite im Format A4 übermittelt werden kann, weil durch diesen Faktor die Verbindungsgebühren stark beeinflusst werden.
- Der Personal Computer eignet sich hervorragend als multifunktionales Arbeitsmittel im Rahmen der Telekommunikation; er eignet sich für die Übertragung in folgenden Bereichen: Telefon, Telefax, TelexMail und bietet im Rahmen des Internets die Teilnahme an den Mailboxdiensten.

Internethinweise

Die folgende Internetseite zeigt Ihnen, wie Sie Faxe per E-Mail bzw. über das Internet senden und empfangen können: www.faxen-online.de/

Über die Themen „Fernschreiber und Fernschreibnetze", die zwar veraltet sind, jedoch in einigen Ländern noch eine Rolle spielen, informiert die folgende Internetseite unter dem Suchwort „Fernschreiber": www.robotrontechnik.de/

„Dem Ticker schlägt die Stunde" ist die Überschrift eines Artikels, der auf der folgenden Internetseite unter dem Suchwort „Fernschreiber" erscheint: www.nzz.ch/

Die folgende Internetseite erläutert unter „Lexikon" viele Begriffen aus der Telekommunikation: www.at-mix.de/

Auf einen Blick

- Der Telexdienst ist zwar wegen der geringen Übermittlungsgeschwindigkeit und des begrenzten Zeichensatzes nicht mehr zeitgemäß, er spielt jedoch immer noch eine Rolle.
- Im Telefaxdienst können Texte sowie Abbildungen originalgetreu und sehr schnell übermittelt werden.
- Telefaxe lassen sich mit speziellen Fernkopierern, Gerätekombinationen oder mit Arbeitsplatzcomputern übertragen.
- Beim Betrieb von Fernkopierern unterscheidet man zwei Gerätegruppen mit unterschiedlichen Übermittlungszeiten.
- Als Vorlagen für die Übermittlung mit einem Telefaxgerät eignen sich hand- und maschinenschriftliche Vorlagen sowie Zeichnungen und Drucke.
- Bei Telex, Telefax und E-Mail werden die Kosten für Arbeiten im Postein- und -ausgang eingespart.
- Im Vergleich der Nachrichtenübermittlung beim Brief, Telefon, Telex Telefax und E-Mail hat die E-Mail viele Vorteile.

Aufgaben

1. Was versteht man unter Telex?

2. Welchen großen Vorteil hat der Fernschreiber gegenüber dem Telefon?

3. Was sind die Hauptbestandteile des Fernschreibers und welche Aufgaben haben sie?

4. Welche Merkmale hat ein Fernschreiber?

5. Was wirkt sich nachteilig im Telexdienst aus?

6. Welches Arbeitsmittel steht bei einer Telex-Mail im Vordergrund?

7. Beschreiben Sie den Begriff „Telefax".

8. Mit welchen Arbeitsmitteln lassen sich Fernkopien (= Telefaxe) übermitteln?

9. Beschreiben Sie, welche Voraussetzungen erforderlich sind, um einen Arbeitsplatzcomputer als Fernkopierer einzusetzen.

10. Was versteht man unter Internet-Fax?

11. Erläutern Sie die Arbeitsweise mit einem Fernkopierer.

12. Welche Kopierverfahren bzw. Druckverfahren spielen im Telefaxdienst eine Rolle?

13. Nennen Sie die verschiedenen Betriebsarten beim Fernkopieren und deren wesentliche Merkmale.

14. Welche Formen von Text und Grafik eignen sich als Vorlagen im Telefaxdienst?

15. Welche Kosten entstehen einem Unternehmen beim Einsatz eines Fernkopierers?

16. Wonach richtet sich die Verbindungszeit beim Fernkopieren?

17. Mit welchem Schreibgerät würden Sie eine handschriftliche Vorlage für die Übermittlung im Telefaxdienst erstellen? Begründen Sie Ihre Aussage.

18. Woran erkennen Sie im Telefonbuch einen Anschluss mit Fernkopierer?

19. Fallbeispiel: Sie arbeiten in einem Versandunternehmen und erhalten aufgrund einer Sonderaktion viele Bestellungen. Mit Ihrem Faxgerät können Sie die große Anzahl der eingehenden Faxe nicht empfangen. Informieren Sie sich im Internet unter dem Suchwort „Speicherung von Faxseiten". Geben Sie Folgendes an:
    a) Welche Möglichkeiten haben Sie?
    b) Welche Vorteile ergeben sich?
    c) Welche Kosten entstehen (allgemeine Beschreibung)?

20. Erläutern Sie die Bestandteile einer E-Mail-Adresse.

21. Welche Standardfunktionen bietet ein E-Mail-Dienst?

22. Geben Sie drei Vorteile an, die der Einsatz einer E-Mail bietet.

9.4 Internet – Videokonferenz

Diese Lektion informiert Sie über:
- das größte Computernetzwerk der Welt
- die Voraussetzungen zur Teilnahme am Internet
- die Basisdienste des Internets
- wichtige Begriffe aus dem Bereich Internet
- die Möglichkeiten einer Videokonferenz
- den Ablauf einer Videokonferenz
- die Vorteile einer Videokonferenz

mit Praxistipps und Internethinweisen

Wissenswertes

Zwei bis sechs Prozent der Internetnutzer sind „internetsüchtig"
Fast jeder Mensch der industrialisierten Welt kennt heutzutage das Internet. Viele haben einen eigenen Zugang in die virtuelle Welt oder haben sie zumindest schon besucht. Die Besucher erahnen schnell, welch unendliches Potenzial das Netz enthält. Niemand kommt zu kurz; für jeden Geschmack gibt es mehr als genug Websites. In der Fülle der Informationen kann sich der User schnell verirren. Was einerseits gut für die Bildung, Vernetzung und Globalisierung ist, birgt andererseits die große Gefahr, sich in der virtuellen Welt zu verlieren. Es wird geschätzt, dass zwischen zwei und sechs Prozent der Internetnutzer internetsüchtig sind (www.onlinesucht.de/maturarbeit.pdf).

Ergebnisse der Suchmaschine Google können direkt übersetzt werden. Anstatt die gefundenen Seiten im Original anzusehen, können Sie aus dem Englischen oder dem Französischen ins Deutsche übersetzt werden.

E-Commerce weckt Hoffnungen
Nicht nur Computer, auch Flugtickets, Autos, Versicherungspolicen, Lebensmittel und viele andere Produkte, können mittlerweile im Internet direkt bei den Herstellern gekauft werden. Die Online-Konsumenten freuen sich und erwarten günstigere Preise (www.ecin.de/strategie/chancen-risiken/index-2.html).

Videokonferenz
Die Abbildung zeigt eine Videokonferenz. Links eine Referentin, rechts eine grafische Erläuterung, in diesem Fall eine PowerPoint-Präsentation.

4379216

9.4.1 Internet. Das Internet ist das größte Computernetzwerk der Welt. Dieses Netz wurde in den 60er-Jahren in den USA als militärisches Netz eingeführt. Die dezentrale Netzstruktur stellt sicher, dass es auch beim Ausfall einzelner Leitungen einsatzbereit bleibt. Die einfache Anwendung hat dem Internet zu seiner schnellen Verbreitung verholfen und es sind mehrere Millionen Computer angeschlossen. Einheitliche Standards und Arbeitsweisen regeln den reibungslosen Ablauf. Die Übertragung innerhalb der Netzwerke ist durch das TCP (Transmission Control Protocol) und IP (Internet Protocol) geregelt.

Die Teilnahme am Internet setzt einen Computer mit folgender Konfiguration voraus.

Hardware	Software	Zugang/Provider
• Telefon-, ISDN- oder TDSL-Anschluss • Arbeitsspeicher mindestens 256 MB RAM • Zusatzeinrichtung, wie Modem, ISDN-Karte, Netzkarte, DSL-Modem, WLAN-Router	• Internet-Browser, (wie z. B. Internet-Explorer, Netscape Navigator oder Web-Explorer) • E-Mail-Software • Kommunikationssoftware	• Onlinedienst • Direktprovider • Call-by-Call-Provider

Die **Hardware** und die Anschlussart mit entsprechender Zusatzeinrichtung beeinflussen die Übertragungsgeschwindigkeit. Eine ISDN-Karte, die bei vorhandenem ISDN-Anschluss genutzt werden kann, ist schneller als ein Modem bei analogem Telefonanschluss. Eine wesentlich höhere Arbeitsgeschwindigkeit erreicht man mit TDSL-Anschluss.

Die **Software,** ein Browser, übersetzt die Internetseiten und ermöglicht die grafische Darstellung auf dem Bildschirm. Der E-Mail-Verkehr ist oft ein Service der Onlinedienste. Auch Internet-Provider und andere Unternehmen bieten E-Mail-Software an. Für verschiedene Nutzungen (Chats, Newsgroups oder SMS) ist der Einsatz von Kommunikationssoftware erforderlich.

Der **Zugang** zum Internet und der „Transport der Daten" ist gegen Berechnung einer Gebühr (z. B. Grundgebühr und Verbindungsgebühr) oder Flatrate möglich. Man unterscheidet zwischen Onlinediensten, Direktprovidern und Call-by-Call-Providern, die sich in den Basisaufgaben nicht unterscheiden – wobei Onlinedienste ein größeres Angebot zusätzlicher Möglichkeiten (Homebanking und Servicedienste) haben. Folgende Punkte spielen bei dem paketorientierten Netzwerk eine Rolle:

- Inhalt der Nachricht
- Verpackung der Nachricht
- Adresse des Empfängers
- Absenderangabe

Arbeitsablauf

1. Die im Computer des Absenders „elektronisch verpackte Nachricht“ geht ihren Weg z. B. vom Modem über das Telefonnetz zum Server des Providers bzw. Onlinedienstes.
2. Im Server des Providers erfolgt eine Ablage in einem elektronischen „Ausgangspostfach“. Hier wird die Nachricht gesammelt und zusammen mit anderen als Paket in gebündelter Form weitertransportiert.
3. Den Transport übernehmen Spezialcomputer des Internets, die als Router bezeichnet werden und die Knotenpunkte des Internets darstellen. Wenn man die Router mit der herkömmlichen Post vergleicht, könnte man sie als „Verteilerpostämter“ bezeichnen.
4. Nachdem der schnellste Weg ermittelt wurde, wird die Nachricht an den Empfängercomputer weitergeleitet.

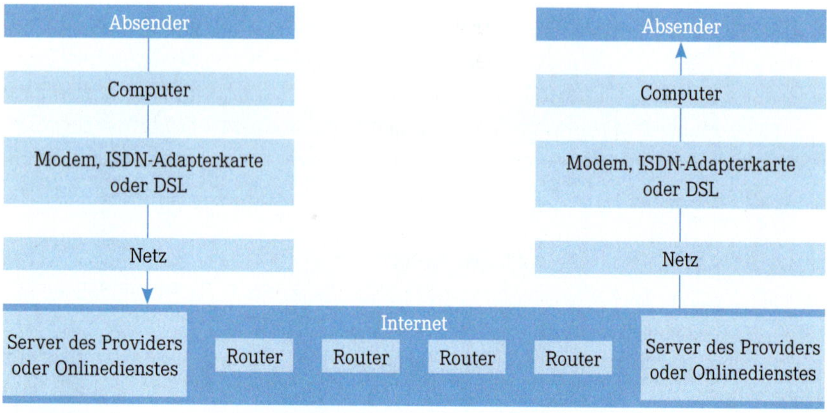

Intranet

Bei dieser Einrichtung handelt es sich um ein abgeschlossenes (Firmen-)Netzwerk, das z. B. nur auf die Mitarbeiter eines Unternehmens begrenzt ist. Auch die Verbindung zum „großen Internet“ ist möglich, jedoch sind Firewalls (= „Brandmauern“) vorgesehen, die eine starke Abgrenzung ermöglichen. Anwendungsbereiche: Datenbanken, Dokumentenservice, Terminplanung, Videokonferenzen usw.

Extranet

Sofern das Intranet über den Standort des Betriebes hinaus erweitert ist, spricht man von einem Extranet. Hier können Außendienstmitarbeiter, Filialen oder Geschäftspartner mit dem Unternehmen in Verbindung treten.

4379218

Basisdienste
Das Internet hat eine große Auswahl von Basisdiensten. Besondere Bedeutung haben die folgenden Dienste:

World Wide Web = WWW = „weltweites Gewebe"
Das WWW wird oftmals gemeint, wenn man vom Internet spricht, es ist jedoch ein spezieller Dienst des Internets mit dem Ziel, durch ein technisches Verfahren den Zugriff auf seitenbasierte Informationen zu ermöglichen.

Electronic Mail = E-Mail
Dies ist der Informationsdienst Nr. 1 des Internets. E-Mail ist mit Telefax vergleichbar, jedoch bedeutend vielseitiger. Neben der schriftlichen Nachricht können auch Bild-, Ton- oder Multimediadateien versendet werden. Für E-Mail ist eine spezielle Software und eine E-Mail-Adresse erforderlich.

Filetransfer = FTP (File Transfer Protocol) = Übertragung von Dateien
Bei diesem Basisdienst besteht der Zugang zu Archiven, Datenbanken und Diensten mit dem Ziel, Programme und Dateien zu übertragen. Auf diese Weise kann man sich Anwenderprogramme und Informationen in kurzer Zeit oftmals sogar kostenlos beschaffen. Die Zugangsberechtigung ist durch Anwenderidentifikation und Passwort geschützt.

Newsgroups = News = Gesprächsrunden
Newsgroups werden auch Netnews oder Usernet genannt. Dabei handelt es sich um Gesprächsrunden in schriftlicher Form. Man kann diese Möglichkeit mit einem „Schwarzen Brett" vergleichen. Hier werden Meinungen und Neuigkeiten zu den verschiedensten Themen veröffentlicht. Die interessierten Teilnehmer aus aller Welt können die Veröffentlichungen lesen, beantworten, ergänzen oder kommentieren.

Telnet = Verbindung zu anderen Computern
Telnet bzw. Remote Computing ist die Möglichkeit, sich in andere Rechner einzuloggen um damit zu arbeiten. Es können z. B. Programme gestartet, Nachrichten gelesen oder hinterlegt werden. Auf diese Weise ist die „Telearbeit" möglich. Zur Nutzung dieses Basisdienstes ist oftmals die Eingabe eines Passwortes erforderlich.

Internet Relay Chat = IRC = Live-Kommunikation
Hierbei handelt es sich um eine zeitgleiche elektronische Onlinekonferenz mit mehreren Teilnehmern. Auf dem Programm stehen die unterschiedlichsten Themen, z. B. Börse, Computer, Liebeskummer, Singletreff, Sport, Zweiter Frühling. Dieser Basisdienst wird oftmals „Kaffeeklatsch" bezeichnet.

9.4.2 Die Videokonferenz. Bei einer Videokonferenz befinden sich die Teilnehmer an verschiedenen Orten, sie können akustisch und visuell in Echtzeit auf der ganzen Welt kommunizieren.

Um eine Videokonferenz einzuleiten, gibt es verschiedene Möglichkeiten. Die einfachste ist über jeden Internetcomputer in Verbindung mit Microsoft Netmeeting möglich. Dazu werden neben der Software eine Webcam, ein Mikrofon und Lautsprecherboxen benötigt. Verschiedene Unternehmen haben sich auf diese neue Technik spezialisiert und Videokonferenzsysteme als Komplettlösung für kleinere und größere Projekte (siehe Abbildung) entwickelt. Besondere Software ermöglicht es, dass sich die Teilnehmer bei einem speziellen Anbieter einwählen, der die Verteilung der Bild- und Tondaten übernimmt.

Allgemeiner Arbeitsablauf

- Anruf entgegennehmen bzw. Nummer des/der Partner wählen.
- Kameraposition und Lautstärke einstellen.
- sprechen, hören und betrachten.
- Menüeingabe, um ein Dokument oder eine Zeichnung zu zeigen bzw. Daten oder Videos zu übertragen.

Vorteile

- keine kostenaufwändige Anreise zum Konferenzort
- einfacher und schneller Informationsaustausch
- kurze und gut aufbereitete Besprechungen
- Austausch von Dokumenten, Unterlagen und Dateien

Kleines Internet ABC

Das Internet hat eine Vielzahl von Begriffen in unser Leben eingebracht, die es vor einigen Jahren noch nicht gab. An dieser Stelle werden nur die wichtigsten Begriffe aufgeführt. Weitere Informationen erhalten Sie, wenn Sie in eine Internet-Suchmaschine das Suchwort „Internet-Lexikon“ eingeben.

Administrator: Verwalter eines Netzwerkes. Bei einer → Homepage ist der → Webmaster der zuständige Administrator.

Banner: (engl. Fahne) – Im Internet bezeichnet man damit bestimmte Felder, die auf einer → Homepage für Werbezwecke zur Verfügung stehen. Oftmals werden Internetseiten durch diese Werbung finanziert.

Bookmark: (engl. Lesezeichen) – Hiermit kann man sich besondere Internetseiten, die man wieder aufrufen möchte, markieren. Ein Bookmark wird im Browser unter den Leitwörtern „Lesezeichen hinzufügen“, „Bookmark setzen“ oder „Zu den Favoriten hinzufügen“ gesetzt.

Browser: (engl. to browse = schmökern, blättern). Dabei handelt es sich um eine Software (z. B. Internet-Explorer, Netscape-Navigator oder Web-Explorer), mit der Internetseiten gelesen werden können.

chatten – Chat: (engl. plaudern, schwatzen – Geschwätz) – Möglichkeit im Internet über einen Chatroom mit anderen Chattern seine Gedanken auszutauschen. Die Chatrooms sind nach Interessengebieten geordnet. Wichtig dabei ist, dass man die „Chatiquette“, das sind bestimmte Chat-Regeln, beachtet.

Cookie: (engl. Keks) – Damit sind kleine Dateien gemeint, die Informationen über besuchte Internetseiten speichern. Das hat den Vorteil, dass bei weiteren Besuchen bereits registriert ist, wie lange man eine Seite betrachtet hat, an welchen Inhalten man interessiert war usw. Das Speichern von Cookies kann man verhindern, indem man im → Browser bestimmte Einstellungen vornimmt.

Client: (engl. Kunde) – Anwender eines Computers, der im Internet bestimmte Daten von einem Server verarbeitet.

Community: (engl. Gemeinschaft) – Zusammenschluss von Internetanwendern, die z. B. über bestimmte Themen diskutieren und regelmäßig die dafür infrage kommenden Internetseiten besuchen.

4379220

Counter: (engl. Zähler) – Hiermit werden die Besucherzahlen einer Internetseite ermittelt und oftmals auch veröffentlicht.
Cracker: Person, die unberechtigten Zugriff auf ein Computersystem vornimmt, um sich dadurch Vorteile zu verschaffen. Andere Bezeichnung: → Hacker

Datenautobahn: Verbindungswege für den Datentransport zwischen den einzelnen Computersystemen, die am Internet beteiligt sind.
Datenbank: Sammlung von Daten, die zu einem Thema gesammelt werden, in einer entsprechenden Ordnung abgelegt und im Computer gespeichert werden.
Domain: Bestandteil einer Internetadresse, z. B. bei http://www.ksbuekom-abc.de ist ksbuekom-abc.de die Domain.

E-Commerce: – (E = Electronic) = elektronischer Handel, der sich mit Waren beschäftigt, auch elektronische Bezahlung (Kreditkarte) und Abruf von Daten.
einloggen: Log-in = Anmelden bei einem Computersystem mit Benutzernamen und Passwort.

Flatrate: „Festpreis“ für einen Internetzugang für Vielsurfer zum Pauschalpreis.

Hacker: Person, die sich unbefugt in ein Computersystem einloggt (siehe auch → Cracker).

Homepage: ursprünglich Startseite mehrerer Internetseiten, wird aber auch oft als „Interveröffentlichung“ allgemein angesehen.
HTML: Abkürzung für Hypertext Markup Language = Programmsprache für den Aufbau von Internetseiten.
http: Hypertext Transfer Protocoll = Hypertext-Übertragungsverfahren. Diese Angabe steht oftmals vor der Internetadresse und gibt an, in welcher Weise die Daten im Internet übertragen werden.
Hyperlink: Verknüpfung verschiedener Internetseiten, wobei sowohl Wörter als auch Bilder einen Link erhalten.

ICQ: Instant Messenging Programm, mit dem man feststellen kann, ob bestimmte Anwender (Freunde) online im Internet sind. ICQ ist entstanden aus „I seek you“ = Ich suche dich.
Instant Messenging Programm: Software, wie z. B. ICQ, auch AIM (AOL-Instant-Messenger), leistet derartige Dienste.
IP-Adresse: Möglichkeit zur Identifizierung eines Rechners im Internet. IP = Abkürzung für Internet Protokoll. Die IP-Adresse besteht aus vier Zahlen, die durch einen Punkt abgetrennt sind, z. B. 213.7.142.197

Link: (engl. Verbindung) – Kurzform für → Hyperlink

Netiquette: Wortbildung aus net = Netz und Etikette = Umgangsform. N. ist ein Fachbegriff für „Umgangsformen im Internet“, insbesondere als Regeln in Chaträumen.
Newsletter: Rundschreiben zur Veröffentlichung von Nachrichten. Privatpersonen, Unternehmen und Organisationen bieten diesen Service an, um bestimmte Interessenten mit Informationen zu versorgen.
Nickname: Benutzername, den sich ein Anwender aussucht, um z. B. beim Chatten nicht mit dem richtigen Namen aufzutreten. Ein Nickname ist bildlich mit einer Maske zu vergleichen.

offline: Zustand eines Computers, der nicht mit dem Internet verbunden ist.
online: Gegenteil von offline, d. h., der Computer ist mit dem Internet verbunden.
Online Banking: Direkter Zugriff auf den Bankrechner durch Datenfernübertragung
Passwort: geheimes Kennwort, das für das Einwählen ins Internet erforderlich ist.

Proxy Server: Server, der Angaben die Empfangsseiten speichert und dadurch einen schnelleren Zugriff bei erneuter Anforderung ermöglicht.
Suchmaschine: Hilfe beim Suchen bestimmter Internetseiten durch Eingabe eines Stichwortes über den Inhalt.
Surfen: Tätigkeit im Internet, wobei der Anwender mithilfe von Hyperlinks von Seite zu Seite wechselt.

Top-Level-Domain: rechter Teil einer Internetadresse, z. B. bei ksbuekom.de das „de“. Dabei handelt es sich um eine Landeskennung (de = Deutschland). In den USA sind die Domains nach verschiedenen Bereichen geordnet, dort bedeutet z. B. „com“, dass es sich um eine kommerzielle Seite handelt.
Trojaner: Trojanisches Pferd = Startprogramm, das unerwünschte Aktionen (→ Virus) auslöst.

Update: Möglichkeit, ein Computerprogramm auf den neuesten Stand zu bringen.
virtuell: Simulation im Internet, die sich in der Vorstellung des Anwenders so auswirkt, dass er die Wirklichkeit empfindet. Beispiele: Chaträume, Autorennen, Stadtführung usw.

Webcam: Livecam = digitale Kamera, die bewegte Aufnahmen in das Internet überträgt, z. B. Ampelanlagen, Stadtansichten, Chatpartner, Videokonferenz

Praxistipps

- Versenden Sie niemals Passwörter, Kreditkarten oder Daten für Onlinebanking in einer E-Mail, das gilt auch für das Speichern auf Ihrem Computer.
- Installieren Sie ein Virenschutzprogramm und achten Sie darauf, dass Sie von Zeit zu Zeit ein Update durchführen.
- Hinweise auf besuchte Internetseiten können Sie folgendermaßen beseitigen: Start, Einstellungen, Systemsteuerung, Internetoptionen. Hier können Sie entscheiden, ob Sie temporäre Internetdateien löschen und den Verlauf leeren möchten.

Internethinweise

Über alles Wichtige zum Internet informiert Sie die folgende Seite leicht und verständlich: www.internet-abc.de/ – Diese Seite informiert u.a. über folgende Themen: Suchmaschinen, E-Mails, Chat, E-Commerce, Computerspiele, Hotlines, Filtersoftware, Internet in der Schule usw. Die Seiten sind nach Inhalten für Erwachsene und Kinder geordnet.

Die folgende Internetseite, herausgegeben vom Bundesamt für Sicherheit in der Informationstechnik, informiert über die Sicherheit im Internet:
www.bsi.de – Suchbegriff: Sicherheit

Die allerneuesten Nachrichten aus der Telekommunikation und ein umfangreiches Archiv von Veröffentlichungen bietet die folgende Internetseite: www.heise.de

Über ein Videokonferenz-Handbuch können Sie sich auf folgender Internetseite informieren: bzvd.urz.tu-dresden.de

Auf einen Blick

- Das Internet ist das größte Computernetz der Welt. Die einfache Anwendung hat diesem Netz zu seiner schnellen Verbreitung verholfen.
- Das Intranet ist ein abgeschlossenes (Firmennetzwerk) für Datenbanken, Dokumentenservice, Terminplanung, Videokonferenzen usw.
- Das Extranet arbeitet ähnlich wie das Intranet, jedoch über den Standort des Betriebes hinaus. Außendienstmitarbeiter, Filialen oder Geschäftspartner können mit dem Unternehmen kommunizieren.
- Wichtige Basisdienste des Internets sind E-Mail, WWW, Filetransfer, Newsgroups, Telnet und Internet Relay-Chat.
- Bei einer Videokonferenz ist eine Kommunikation in akustischer und visueller Form in der ganzen Welt in Echtzeit möglich.
- Videokonferenzen sind fast so einfach wie Telefonieren.
- Die Deutsche Telekom bietet in allen größeren Wirtschaftsgebieten geeignete Videokonferenzräume an.

Aufgaben

1. Was versteht man unter dem Begriff „Internet“?

2. Was hat dem Internet zu seiner schnellen Verbreitung verholfen?

3. Welche drei Grundlagen müssen für die Teilnahme am Internet vorhanden sein?

4. Erläutern Sie den Begriff „Intranet“.

5. Geben Sie drei Anwendungsbereiche für das Intranet an.

6. Erläutern Sie den Begriff „Extranet“.

7. Was unterscheidet das Extranet vom Intranet.

8. Geben Sie sechs Basisdienste für das Internet an.

9. Nennen Sie drei Themenbereiche, die in einem Chatraum vorkommen können.

10. Erläutern Sie die folgenden Begriffe
    a) Administrator,
    b) Bookmark,
    c) Counter,
    d) Datenautobahn,
    e) HTML,
    f) Link,
    g) Newsletter,
    h) offline,
    i) online,
    j) Suchmaschine,
    k) Top-Level-Domain,
    l) Webcam.

11. Was wird auf der folgenden Internetseite des Bundesamtes für Sicherheit in der Informationstechnik unter dem Link über Online-Banking zu diesem Thema ausgesagt? www.bsi-fuer-buerger.de/geld/10_02.htm

12. Welche anderen Begriffe gibt es für Online-Banking?

13. Erläutern Sie den Begriff „Videokonferenz“.

14. Beschreiben Sie eine einfache Möglichkeit, um eine Videokonferenz durchzuführen.

15. Geben Sie zwei weitere Möglichkeiten zur Durchführung einer Videokonferenz an.

16. Schildern Sie einen allgemeinen Arbeitsablauf für eine Videokonferenz.

17. Welche Vorteile hat eine Videokonferenz?

Wort

Bildquellen

advantage media services, Vechta: 191.2 (M. Niehus);
AVM Computersysteme, Berlin: 124.1, 199.1;
Bayerisches Landesamt für Arbeitsschutz, Arbeitsmedizin und Sicherheitstechnik, München: 18.1;
Borchert Verpackungen, Langenhagen: 35.1;
Büromöbel Trendline GmbH, Mannheim: 81.2;
Callmagazin, Wetzlar: 193.1;
Canon Deutschland GmbH, Krefeld: 128.2;
Classei Egon Heinemann GmbH, Marquartstein: 75.1;
Club 3d: 124.4;
Dane-Elec GmbH, München: 127.2;
Dauphin HumanDesign Group GmbH & Co. KG, Wiesenfeld: 17.1, 17.2;
Debitel AG, Stuttgart: 203.5;
Deutsche Post AG, Bonn: 60.1, 61.1, 64.1, 64.2, 65.1, 66.1;
Deutsche Telekom AG, Darmstadt: 203.3;
Die Bahn, Frankfurt am Main: 165.1, 165.2, 166.1, 166.2;
DreiM Touch Systems, Düsseldorf: 123.4;
DSL-Magazin, Wetzlar: 185 (alle: Nina Böcher);
Eckel, Jochen, Berlin: 24.1;
Ehlers, Michael: 21.1;
E-Plus Service GmbH & CoKG, Potsdam: 203.1;
Esselte-Leitz, Stuttgart: 80.1-4, 81.1;
Evangelisches Waldkrankenhaus Bad Godesberg, Bonn: 23.1;
Fachhochschule Deggendorf: 220.2;
Francotyp Postalia, Finkenwerder: 68.1;
Frauenhofer Institut, Stuttgart: 24.2;
Freenet AG, Hamburg: 203.6;
Gesundheitsstuhl.de, Cloppenburg: 19.1;
Hewlett Packard GmbH, Böblingen: 86.1, 86.2, 86.5, 121.1, 123.2;
Hörster's Büro-Organisation GmbH, Hahn: 81.4;
HRS Hotel Reservation Service, Köln: 164.1, 164.2;
IBM Deutschland GmbH, Stuttgart: 112.1, 124.3, 125.1;
Infineon Technologies AG, München: 124.2;
JDC GmbH & Co KG, Neuss: 97.1, 99.1;
JÜSCHA GmbH, Wermelskirchen: 146.1, 146.2;
Kreickenbaum, Stefan: 84.1;
Lingua et opinio: 112.2 (Christian Thanninger);
Logitech, Germering: 122.1, 122.2, 221.3;
Minolta Europe GmbH, Langenhagen: 210.1;
Mobilcom Communicationstechnik GmbH, Büdelsdorf: 203.7, 203.8,
Moderne Industrie Verlag Buch AG, Bonn: 221.1;
Möhle, Jutta, Braunschweig: 15.1;
Neopost AG, CH-Schlieren: 59.1, 59.3, 59.4, 59.5;
Norsonic Tipp-Kemper GmbH, Oelde-Stromberg: 12.1;
O2 GmbH & Co KG, München: 203.2;
okerland archiv, Braunschweig: Titel
Olbrich, Thomas: 134.1, 181.1, 182.1, 201.1, 202.1, 204.1, 209.1;
Olympus Optical, Hamburg: 106.2;
Panasonic Deutschland GmbH, Hamburg: 127.1;
Philips AEG Licht, Springe: 11.1;
Pitnew Bowes Deutschland GmbH, Heppenheim: 59.2;
Plantronics GmbH, Fürth: 121.3;
Reiner GmbH, Furtwangen: 54.3;
Ruthe & Dino entertainment AG: 221.2 (Ralf Ruthe);
Santozki, Klaus, Fischbeck: 34.1;
Sharp Electronics, Hamburg: 121.2;
Skebba GmbH, Lahr: 54.4;
Sony Deutschland GmbH, Köln: 123.3;
Spicers Ltd. Deutschland, Sehnde/ Höver: 82.1;
Stielow GmbH, Norderstedt: 54.2, 59.6;
Stokke AG, CH-Othmarsingen: 19.2;
Tack, Jochen Fotografie, Essen: 23.2;
TCO Development, München: 19.3;
TEAC-Contact TIEM, München: 126.1;
Tiptel AG, Ratingen: 196.1;
Triway Internet Service: 106.4;
Umweltbundesamt, Dessau: 19.4;
Universität des Saarlandes, Saarbrücken: 18.2;
Victorinox AG, CH-Ibach-Schyz: 127.3;
Viewsonic, Berlin: 128.1;
Vodafone D2 GmbH, Düsseldorf: 203.4;
Wangerooger Inselboote: 51.1 (Hans-Friedrich Stenzel);
Warrelmann, Ole: 191.1;
ZBV Lagertechnik GmbH, Weissenburg i. Bay.: 81.3

Hinweis: Für den Fall, dass berechtigte Ansprüche von Rechteinhabern unbeabsichtigt nicht berücksichtigt wurden, sichert der Verlag die Vergütung im Rahmen der üblichen Vereinbarungen zu.

4379228